50 ARRÊTS SUR IMAGE

DÉBARQUEMENT LIBÉRATION

EMMANUEL THIÉBOT

50 ARRÊTS SUR IMAGE

DÉBARQUEMENT LIBÉRATION

DES PRÉPARATIONS AUX COMMÉMORATIONS

ARMAND COLIN

Maquette intérieure : Nicolas Wiel
Mise en pages : Nord Compo

Ce projet a obtenu le
LABEL MISSION LIBÉRATION de l'État.

defense.gouv.fr/mission-liberation

NOUS NOUS ENGAGEONS EN FAVEUR DE L'ENVIRONNEMENT :

PAPIER CERTIFIÉ

Nos livres sont imprimés sur des papiers certifiés pour réduire notre impact sur l'environnement.

Le format de nos ouvrages est pensé afin d'optimiser l'utilisation du papier.

Depuis plus de 30 ans, nous imprimons 70 % de nos livres en France et 25 % en Europe et nous mettons tout en œuvre pour augmenter cet engagement auprès des imprimeurs français.

Nous limitons l'utilisation du plastique sur nos ouvrages (film sur les couvertures et les livres).

Armand Colin est une marque de Dunod Éditeur,
11 rue Paul-Bert, 92240 Malakoff
www.dunod.com

ISBN 978-2-200-63777-4

SOMMAIRE

SOMMAIRE

SOMMAIRE

AVANT-PROPOS

Le Débarquement du 6 juin 1944 fait partie des dates incontournables de la Seconde Guerre mondiale. L'événement militaire, qui fut un tournant capital dans la lutte contre le fascisme et le nazisme en Europe, a été analysé et raconté par tous les échelons militaires, de l'état-major au simple soldat. L'histoire-bataille comme elle fut appelée dans les années 1950-1970, présentant les faits du point de vue des officiers supérieurs et des leaders politiques, va progressivement laisser la place aux souvenirs de simples soldats engagés dans le combat. Puis au gré des commémorations, le vétéran ayant débarqué ou sauté en parachute sur la Normandie en ce « jour le plus long » est présenté dans les médias comme un « héros », quelle que fut sa trajectoire de combattant en amont ou en aval de cette journée historique. Car ce D-Day s'est transformé en une épopée héroïque sous la caméra d'un Steven Spielberg pour s'inscrire définitivement en mythe. Manne économique dont s'est emparée depuis 1984 la Basse-Normandie, puis l'actuelle région Normandie, en créant un tourisme de mémoire. Le prisme mémoriel s'est d'ailleurs déplacé, minimisant d'autres dates clés, comme la libération de Paris ou la capitulation allemande du 8 mai 1945, au bénéfice de cette commémoration internationale partagée par un nombre impressionnant de chefs d'État étrangers.

Lors de ces commémorations du Jour J, nombreux ont oublié la mission donnée à Eisenhower, lorsqu'il prend le commandement du SHAEF fin 1943, d'ouvrir un second front à l'ouest pour reconquérir l'Europe jusqu'à Berlin, avec l'aide de l'URSS sur la partie orientale du Vieux Continent. L'opération Neptune n'est que la phase initiale d'Overlord, consistant à poursuivre les combats outre-Rhin puis libérer le pays, et non l'inverse. Il faudra attendre plusieurs décennies pour que le grand public découvre ce qui s'était passé entre le 6 juin 1944 et la libération de Paris, le 25 août 1944.

Afin de ne pas écrire l'histoire avec les mêmes œillères, cet ouvrage a pris le parti de se placer dans un récit global qui dépasse les bornes chronologiques et géographiques trop restrictives à notre sens dans une guerre mondiale. Il décrit les conséquences que les années 1944 et 1945 auront sur les sociétés alliées ou de l'Axe ou encore les enjeux géopolitiques de la victoire des Alliés. Au-delà d'un simple récit factuel, un regard sociologique – à l'aune d'une historiographie sans cesse renouvelée ces dernières années – permet de mieux comprendre la mentalité des soldats anglo-américains, soviétiques, allemands ou nippons aussi bien lors des combats qu'au contact des populations civiles.

Une importante collection de presse française permet de revivre les événements, de voir se construire les mémoires gaullistes et communistes à chaud, de comprendre le choc de la découverte des camps nazis, ou de l'emploi de l'arme atomique. Elle montre comment l'opinion publique a traversé ces deux années décisives du conflit et comment la longue sortie de guerre a été vécue par les populations sinistrées.

Enfin, l'ouvrage entreprend de répondre aux interrogations légitimes, auxquelles il est temps de se confronter 80 ans après les événements, concernant l'efficacité des bombardements stratégiques alliés sur l'Allemagne et la France, la destruction massive de villes normandes à l'été 1944 ou encore l'utilité réelle de l'emploi de l'arme atomique sur deux villes japonaises.

Cette approche historique propose de se pencher sur 50 dates ou événements en s'appuyant sur un document inédit ou une photo plus célèbre présentée dans son contexte d'origine. D'autres fois, ce sont des jeux pour enfants, des cartes postales ou encore les articles de presse d'époque qui montrent au lecteur le point de vue des gens de 1944 ou 1945 cherchant à saisir le cours de leur actualité, en pleine guerre mondiale.

Emmanuel Thiébot

LE SECOND FRONT

Depuis l'opération Barbarossa, le 22 juin 1941, le IIIe Reich a lancé l'invasion de l'Union soviétique en ouvrant en Europe son front le plus vaste et étendu. Afin de soulager l'URSS, Staline insiste pour ouvrir un second front. Cette perspective est définitivement actée lors de la conférence de Téhéran qui se tient du 28 novembre au 1er décembre 1943. Elle rassemble Roosevelt, Churchill et Staline qui décident de l'opération Overlord.

Quand débarquer en Europe ?

Les Anglo-Américains envisagent, depuis 1942, de conduire des opérations sur le sol européen. Mais en juillet 1942, ils prennent conscience que l'opération stratégique majeure ne pourra être menée à bien, en raison du manque de matériel et d'effectifs, avant la fin 1943. Cette opération militaire, baptisée Round Up (« rassemblement ») et prévue au printemps 1943, ne peut être programmée à l'automne, saison la plus défavorable. Elle est donc planifiée pour le printemps 1944. En janvier 1943, la conférence de Casablanca réunit Roosevelt, Churchill, de Gaulle et Giraud, afin de discuter du second front. Là sont mis au point les débarquements de Sicile puis d'Italie, tout comme un débarquement sur les côtes du nord-ouest de l'Europe, sans précision ni de lieu ni de date. La conférence de Téhéran entérine la décision : l'opération Overlord se concrétise. Avec elle, il sera question de mener d'autres débarquements aux Balkans ou en Provence, à la croisée de différents intérêts stratégiques.

L'opération va prendre forme après quelques arbitrages. Force est de constater le manque de moyens. Depuis l'opération Torch – nom de code donné au débarquement des Alliés en Afrique du Nord, le 8 novembre 1942 –, il ne reste plus que 105 000 soldats américains en Grande-Bretagne. Afin de reformer les troupes, il est prévu de faire embarquer, dans des navires de transport, soldats américains et infrastructures en direction de la Grande-Bretagne (opération Bolero). Le transfert de soldats sera toutefois ralenti en raison du manque de navires. Le Royaume-Uni a réservé les siens aux importations alimentaires – tombées de 42 à 23 millions de tonnes entre 1940 et 1942, en raison de la bataille de l'Atlantique – afin de répondre aux besoins de sa population. Cette priorité britannique, acceptée par Roosevelt, a pour conséquence de ralentir Bolero et de décaler Overlord. Autre conséquence, la mobilisation des navires américains pour l'opération Bolero, en plus de ceux du ravitaillement civil, empêche une opération militaire prévue en Birmanie.

Un autre projet connexe à Overlord, l'opération Anvil, est décidé à Téhéran ; il s'agit d'un débarquement en Provence dans l'objectif d'affaiblir davantage les troupes allemandes, en créant un front au sud de la France qui obligera les

L'Amérique en Guerre

LE 8 DECEMBRE 1943 No. 79

ROOSEVELT, STALINE ET CHURCHILL décident l'assaut à l'ouest, à l'est, au sud

Le Maréchal Staline, le Président Roosevelt et le Premier Ministre Churchill, photographiés sur les marches de la Légation Soviétique à Téhéran. Derrière eux se trouvent (de gauche à droite au premier rang) : le Maréchal Sir John Dill (Grande-Bretagne), le général George C. Marshall (Etats-Unis), le Maréchal Voroshilov (URSS), le général Sir Alan Brooke (Grande-Bretagne) et l'amiral William Leahy (Etats-Unis).

Atmosphère cordiale

Téhéran, 5 décembre.—Les solides bâtiments de l'Ambassade de Russie et de la Légation Britannique, au milieu de leurs parcs privés entourés de murs, étaient le cadre idéal pour une conférence de guerre. Situés parmi des parterres de roses et de chrysanthèmes en fleurs, les deux hôtels ne sont éloignés l'un de l'autre que de quelque cent mètres. Pendant les quatre jours ce secteur fut entièrement isolé du

(Suite à la page 2)

ACCORD COMPLET A TEHERAN

Téhéran, 8 décembre.—La dernière pierre de l'édifice de la solidarité des Nations Unies pour la poursuite de la guerre dans le monde entier et pour l'établissement d'une paix juste et durable, a été posée la semaine dernière à Téhéran lors de la réunion du Président Roosevelt, du Maréchal Staline et du Premier Ministre Churchill.

Tandis que les puissantes forces armées des Nations Unies prenaient l'offensive sur tous les fronts, une série de conférences avait lieu pour étudier en détail la fin

(Suite à la page 3)

Allemands à répartir leurs divisions et qui devra prendre en tenaille le maximum de divisions. Faute de péniches nécessaires pour le réaliser le même jour qu'Overlord, ce débarquement est décalé et renommé Dragoon par Churchill.
À Téhéran, Staline est, contre toute attente, en position de force. L'Armée rouge a en effet réussi à retourner la situation militaire contre l'Allemagne en sa faveur en remportant quelques batailles décisives dans la reconquête de son territoire. Désormais le second front ne lui sert qu'à accélérer la fin de la guerre et change la donne. Roosevelt, qui a toujours considéré l'URSS comme un allié et non un rival, ne perd cependant pas de vue l'après-guerre et sent que le moment est venu d'ouvrir rapidement ce front pour contrer l'expansion soviétique en Europe occidentale.

L'état-major allemand divisé

Alors que pour Roosevelt la guerre a débuté dans le Pacifique, l'état-major américain fait, à la surprise générale, de l'Allemagne son objectif prioritaire, résumé en deux mots : *Germany First*. Il faut mener une guerre offensive contre le IIIe Reich et défensive face au Japon. Hitler va devoir combattre sur plusieurs nouveaux fronts.
Parmi ces fronts à venir, une attaque au nord-ouest de l'Europe est prise au sérieux dès 1943. Pour répondre à l'anxiété de la population sur les risques de cette invasion, lors de son discours du nouvel an 1944, Hitler déclare : « J'affirme devant le peuple allemand en toute confiance que, où que les Alliés débarquent, l'accueil sera à la hauteur. Le soldat allemand accomplira également là son devoir en connaissant la signification décisive de ce combat[1]. »
Le lieu du débarquement est incertain. La Norvège fait partie des probabilités mais, malgré le plan d'intoxication allié Fortitude Nord, les Allemands ne la considèrent pas comme la principale menace. Les Balkans, choix initial de Churchill, sont aussi écartées, l'état-major allemand estimant que jamais Staline ne laissera ses alliés s'introduire dans cette zone géographique qu'il convoite. La Bretagne comme la côte atlantique et du sud de la France sont exclues. Le plus probable reste les côtes de l'Escaut à la Dives et de la presqu'île du Cotentin. Ces régions sont donc renforcées militairement dès le début 1944.
Au sein de l'état-major allemand, les avis divergent sur le lieu exact dans cette zone. Hitler se positionne, en mars, pour le Pas-de-Calais avant de se raviser pour la Normandie, plus particulièrement le Cotentin et la Bretagne, avec comme point de mire les ports de Cherbourg et de Brest. Les rares sorties aériennes allemandes au-dessus du sud de l'Angleterre confirment son intuition. En tournée d'inspection dans le Calvados, le 30 mai, Rommel rejoint l'avis du Führer, déclarant à ses soldats : « Messieurs, je connais les Anglais depuis l'Afrique et l'Italie. Et je vous dis qu'ils se choisiront un endroit pour débarquer où ils supposent que nous n'y attendons pas le débarquement. Et cela sera ici, à cet endroit, pas avant deux ou trois semaines[2]. » Mais par prudence, et craignant que ce lieu ne soit qu'une opération secondaire, précédant l'attaque principale, les unités militaires sont aussi renforcées d'Anvers à Rotterdam. Le plan d'intoxication allié Fortitude Sud renforce cette croyance.
L'intensification des bombardements sur les voies de communication de la Somme au Cotentin, sur les ponts de la Loire et sur les défenses côtières de la Seine à Cherbourg, persuade l'état-major allemand, fin mai, que la Normandie risque

d'être choisie comme tête de pont. De nouvelles dissensions voient le jour, entre un débarquement à marée haute ou basse. Cette dernière option est écartée, jusqu'à ce que, début mai, la Kriegsmarine surprenne un exercice grandeur réelle sur les côtes anglaises, à marée basse. Rommel comprenant alors que les obstacles de plage posés sur l'estran dans ce cas ne seraient d'aucune utilité, il ordonne le 3 juin d'en implanter de nouveaux en pleine eau, ignorant que sa directive arrive trop tard.

La psychose du débarquement chez les civils

Attendu et redouté à la fois, le débarquement tant annoncé engendre de l'impatience parmi la population française, surtout celle située du Nord-Pas-de-Calais à Cherbourg, qui finit par critiquer l'inertie des forces anglo-américaines. « La population manifeste de plus en plus sa nervosité et sa lassitude à mesure que les semaines s'écoulent[3]. » Avec les préparatifs fébriles des Allemands sur la côte et l'activité aérienne croissante des Alliés, l'inquiétude se mêle à la lassitude.
La guerre est devenue si insupportable que la population se résigne à subir l'épreuve à venir, si terrible soit-elle, pour être libérée du fardeau de l'Occupation, de la menace des bombardements et des privations qui s'accentuent dans tous les domaines : « On n'ignore pas que la libération coûtera cher, mais la liberté recouvrée ne doit-elle pas se payer[4] ? »

L'impatience chez les soldats alliés

Dans le sud de l'Angleterre, devenu un vaste camp d'entraînement, nombre de soldats stationnés depuis des mois attendent avec impatience le Jour J, pour en finir avec cette phase de préparation militaire. En effet, afin de rendre « séduisant » le combat, aux entraînements physiques s'ajoutent des mesquineries et humiliations quotidiennes, infligées par les sous-officiers. Ces comportements, qui rendent la vie militaire encore plus pénible qu'elle l'est par obligation, surnommés *Chickenshit* (« chiure de poussin ») par les GI's, sont censés pousser le soldat à désirer le combat pour sortir de cet enfer quotidien. Les inspections inopinées avec « revue détaillée » des baraquements et du paquetage, entraînant la punition collective du peloton pour un insigne mal cousu ou une jugulaire mal attachée, aboutissent à ce qu'en définitive l'unique façon d'échapper à la *Chickenshit* est d'être sur le front au risque de mourir.
Qu'il s'agisse des Allemands, des Alliés ou des populations civiles françaises, chacun attend avec impatience le Jour J, annoncé depuis des mois et dont les multiples reports provoquent la risée des propagandistes allemands et collaborationnistes. « On souhaite [le débarquement] victorieux et décisif en faisant des vœux pour qu'il ne se produise pas chez soi[5]. »

L'Amérique en Guerre
ROOSEVELT, STALINE ET CHURCHILL
décident l'assaut à l'ouest, à l'est, au sud
Atmosphère cordiale ACCORD COMPLET À TEHERAN

L'Amérique en guerre est un journal aéroporté, largué chaque semaine par des avions sur les principales agglomérations françaises, pour permettre à la population d'avoir des informations venant du « monde libre ». Bien évidemment, celles-ci sont soumises au contrôle des services de guerre psychologique alliés qui en élaborent le contenu.

LES ENSEIGNEMENTS DES DÉBARQUEMENTS ALLIÉS PRÉCÉDENTS

De nombreuses tensions divisent la coalition alliée quant aux méthodes à employer pour gagner la guerre. Au sein même de l'alliance américano-britannique, les stratégies divergent. Les Britanniques sont favorables à une guerre d'attrition consistant à harceler l'ennemi au moyen de bombardements intensifs et à multiplier les diversions périphériques, en visant à chaque fois ce que Churchill nomme son « ventre mou ». À la toute fin, une fois les forces nécessaires réunies, il lui faut porter le coup fatal par une attaque de grande envergure. Les Américains quant à eux, préfèrent attaquer frontalement l'ennemi le plus puissant parmi les forces de l'Axe, à savoir l'Allemagne, là où il est en plus grand nombre, en traversant la Manche, avec des troupes nombreuses disposant d'une forte supériorité matérielle. Cette attaque doit avoir lieu le plus rapidement possible, sans se laisser happer par des fronts secondaires dont on acceptera les défaites. Ces rivalités se retrouvent dans la préparation d'Overlord.

Bolero-Sledgehammer-Round Up

Après l'entrée en guerre des États-Unis, le 7 décembre 1941, lors de la conférence Arcadia[1], Roosevelt et Churchill font de l'Allemagne leur priorité absolue. Ils veulent avant tout la vaincre et créent à cet effet le Combined Chieff of Staff, un organisme militaire entre les deux pays. En avril 1942, ce dernier annonce le projet Bolero-Sledgehammer-Round Up. Bolero consiste à acheminer au Royaume-Uni 600 000 soldats américains pour septembre 1942. Sledgehammer a pour objectif risqué d'établir une tête de pont alliée dans le Cotentin ou en Bretagne, et de fournir des gages à Staline qui ne cesse de réclamer l'ouverture d'un second front pour soulager l'Armée rouge. Cette opération a aussi comme but de préparer la grande offensive, alors appelée Round Up. Réticent à ce projet, Churchill finit par accepter cette « proposition gigantesque » et annonce que « les deux nations marcheraient de l'avant, ensemble dans une grande fraternité d'armes ». Si bien que le 30 mai, Roosevelt déclare à Staline : « Nous nous attendons à l'ouverture d'un second front en 1942. »[2]

En réalité, l'acceptation de ce projet par les Britanniques est une manœuvre pour empêcher les États-Unis d'envoyer trop de forces dans le Pacifique. Et s'appuyant sur de réelles considérations logistiques, comme le fait qu'à cette date les chasseurs

ayant un faible rayon d'action ne peuvent fournir une protection aérienne efficace, Sledgehammer est abandonné en juillet, au profit du projet Gymnast, de débarquement en Afrique du Nord. Sous son nouveau nom de Torch, l'opération incombe à Eisenhower.

Le raid sur Dieppe

Seule concession faite à Staline, Jubilee, le raid sur Dieppe, du 19 août 1942. Montgomery désigne une division canadienne pour accomplir cette mission. Choix politique afin de donner enfin aux unités canadiennes l'expérience de la bataille dont elles ont besoin. Si les Alliés savent fort bien qu'il est impossible de prendre un port de front ou de débarquer des chars sur une plage de galets, l'objectif de ce raid est de tester, grandeur réelle, la réactivité des troupes allemandes face à une tentative de prise de batteries côtières, de destruction d'infrastructures militaires et de vol de matériel. Le raid doit aussi permettre de tester un débarquement amphibie sous le feu de l'action.

L'échec prévisible du raid a mis en lumière la nécessité d'améliorer les communications à tous les niveaux : sur le champ de bataille, entre les quartiers généraux de chaque formation et entre les forces terrestres, navales et aériennes. Il a aussi démontré la nécessité de détruire un maximum de défenses ennemies par des bombardements aériens précédant tout débarquement ; de fournir aux troupes d'assaut un appui d'artillerie à partir des navires et à partir des péniches de débarquement de matériel lourd et enfin, de perfectionner les outils et techniques d'élimination des obstacles placés pour barrer la route des hommes et des chars.

L'opération Torch en Afrique du Nord

« Tout était nouveau, c'était d'ailleurs une entreprise comme on n'en avait jamais conçu[3] », déclare Eisenhower à propos des préparatifs de Torch. Il faut concevoir la stratégie, les méthodes tactiques, rassembler les bateaux, organiser les forces aériennes, trouver des terrains d'entraînement et de regroupements des troupes et, bien sûr, évaluer les forces ennemies. Une répétition taille réelle est effectuée dans l'ouest de l'Écosse. Si devant Alger, le 8 novembre 1942, le débarquement se déroule sans incidents, sur le secteur d'Oran, les forces françaises résistent opiniâtrement pendant presque deux jours. Le débarquement s'étant relativement bien passé, il n'a fourni aucun enseignement stratégique pour la suite. En revanche, il retarde d'un an Round Up et ralentit Bolero, autant qu'il fâche Staline qui comprend que le second front réclamé est encore reporté.

Seule la campagne de Tunisie qui suit permet à Eisenhower de se rendre compte d'aspects négatifs au combat. Il déplore le « contentement de soi » de trop nombreux officiers sur le terrain qui entraîne un manque de réactivité et d'anticipation, résultant de l'inexpérience imputable au manque de formation et d'entraînement préalable. Comme il le constate : « Avant de les envoyer au combat, une nation doit donner à ses soldats un entraînement technique, psychologique et physique qui constituera pour eux une arme et une défense. Mais comme la guerre s'abat toujours sur les démocraties quand elles s'y attendent le moins, il importe de procéder à cet entraînement en temps de paix[4]. »

Autre erreur à corriger : le traitement des informations des services de renseignements qui ont tendance à trier les informations reçues pour ne retenir

que celles qui confirment leurs suppositions au détriment des autres. Il faudrait aussi évaluer davantage les positions de l'ennemi.
En revanche, la débâcle de l'Afrikakorps à El-Alamein (Égypte, 23 octobre 1942) a un impact psychologique puissant qui galvanise les Alliés et brise au passage le mythe de l'invincibilité de Rommel et des nazis sur le théâtre d'opérations méditerranéen.

Les débarquements de Sicile et d'Italie

Les débarquements de Sicile (opération Husky des 9 et 10 juillet 1943), de Salerne (opération Avalanche du 8 septembre 1943), puis d'Anzio (opération Shingle du 22 janvier 1944) vont être précieux pour préparer le 6 juin.
Après avoir hésité à débarquer en Corse et en Sardaigne, c'est la Sicile qui est finalement retenue comme première étape en Europe. Le choix résulte de sa position stratégique pour protéger les routes maritimes en Méditerranée et par ses dimensions réduites. L'île ne mobilisera en effet qu'un effectif réduit de 160 000 soldats alliés face à 40 000 Allemands et 350 000 Italiens. Surtout, les Alliés sont assurés par leurs services des renseignements du peu de combativité de ces derniers. La préparation de Husky débute en février 1943. Elle regroupe des divisions américaines, britanniques et canadiennes. La réussite de ce débarquement confirme l'efficacité des nouveaux matériels utilisés, comme les Landing Ship Transport (LST) pour le transport des hommes, les véhicules amphibies DUKW et les bâtiments lance-roquettes (*hedgerows*). Mais surtout, voire encore plus avec Avalanche, ces opérations prouvent la nécessité de disposer de la maîtrise des airs pour protéger la flotte en empêchant les renforts de s'approcher de la tête de pont.
L'appui naval, beaucoup plus précis que le largage de bombes par avion, pour viser les défenses côtières avant le débarquement a montré son efficacité tant à Salerne qu'à Anzio. Ce dernier débarquement a montré qu'un petit port peut permettre d'acheminer de grandes quantités d'hommes et de matériel. La diversion s'avère utile, comme l'ont montré les opérations Baytown à Calabre et Slapstick à Tarente lors d'Avalanche pour leurrer les Allemands sur le vrai lieu de débarquement.
Avalanche prouve aussi qu'il est impératif pour les unités de manœuvrer de façon rapprochée afin d'empêcher l'adversaire de s'engouffrer dans une brèche pour isoler des troupes. À Salerne les intervalles de 10 km ont affaibli la tête de pont. Enfin, ces expériences permettent de travailler sur l'un des points faibles, à savoir l'importante dispersion des états-majors sur le terrain et leur manque de liaison entre eux. Quant aux débarquements sur les îles du Pacifique, ils permettent aux Américains de tester et améliorer les types de péniches en fonction du matériel à acheminer.

Les débarquements de Sicile et d'Italie sont l'occasion de tester le matériel pour acheminer sur la plage des véhicules lourds, comme des chars Sherman ou des camions GMC, grâce à des pontons artificiels, comme ici en Sicile, le 10 juillet 1943.

LE MUR DE L'ATLANTIQUE

Craignant l'ouverture d'un second front à l'ouest, Hitler ordonne la construction de l'*Atlantikwall*, en décembre 1941, qui ne sera véritablement commencé qu'en août 1942. À cette date, malgré les succès allemands face à l'Armée rouge sur le front de l'Est et les bons résultats de la guerre sous-marine en Atlantique, l'état-major de Hitler craint que la stratégie globale de guerre puisse leur devenir moins favorable avec l'entrée en guerre des États-Unis, en décembre 1941. Le spectre d'un second front qui ne semblait qu'une possibilité avant 1941 est désormais une éventualité sérieuse. En ordonnant l'édification « avec fanatisme » de bunkers imprenables sur les côtes atlantiques, l'objectif de Hitler est clair : empêcher une invasion alliée depuis la Grande-Bretagne. Ce qu'il confirme en novembre 1943 : « Je ne veux pas prendre plus longtemps la responsabilité de continuer à affaiblir l'Ouest pour avantager d'autres théâtres d'opérations. J'ai donc décidé de renforcer ses défenses[1]. »

4 000 kilomètres de béton

La ligne de fortification devra s'étendre des côtes norvégiennes à la côte basque. Pour contrer le risque d'un débarquement dans le sud de la France, les côtes méditerranéennes sont elles aussi fortifiées, sous le nom de *Südwall*, qui s'étend de Cerbère à Menton. Hitler ordonne en août 1942 « de construire sur les côtes de l'Atlantique et de la Manche [...] une forteresse inexpugnable ». L'ambitieux programme projette de construire 15 000 casemates fortifiées pour le printemps suivant. Chaque port, de grande ou modeste envergure ainsi que tous les havres doivent être protégés et devenir infranchissables. Les grands ports comme Le Havre, Cherbourg, Brest, Lorient, Bordeaux, etc. doivent devenir des *Festung* (« forteresses ») imprenables. Au 1er juin 1944, des Pays-Bas à la frontière espagnole, îles anglo-normandes incluses, les 9 991 casemates construites ont nécessité de couler 9,3 millions de mètres cubes de béton et d'excaver 565 000 mètres cubes de terre et de pierres. À la même date, sur le *Südwall*, ce sont 1 019 casemates qui sont construites ayant nécessité 516 575 mètres cubes de béton et d'excaver 61 700 mètres carrés de matières au sol. En complément, 866 casemates sont en cours de construction sur l'*Atlantikwall* et 188 sur le *Südwall*. Les casemates en béton de l'Atlantique, avec ses 8 000 constructions de campagne plus légères (en pierre, terre et troncs d'arbres), abritent 85 634 hommes contre 2 334 sur les côtes méditerranéennes[2].

Une manne financière pour le BTP français

Les chantiers du mur de l'Atlantique sont gérés par l'Organisation Todt, un groupe de génie civil et militaire du IIIe Reich, qui va s'adjoindre l'aide de nombreuses entreprises françaises de BTP, dans toutes les régions de France. Des entreprises du bâtiment, des cimenteries françaises

Koralle

WOCHENSCHRIFT FÜR UNTERHALTUNG, WISSEN, LEBENSFREUDE

PREIS **20** PF.
Für die Zustellung ortsübliche Gebühr

HEFT NR. 21
NEUE FOLGE
11. JAHRGANG

DEUTSCHER VERLAG
BERLIN SW 68
KOCHSTR. 22-26

8. AUGUST 1943

AUS DEM INHALT:

Wacht am Mittelmeer

Ueberall an den südlichen Küsten des europäischen Festlandes recken inmitten der Bastionen aus Stahl und Beton auch die Geschütze der deutschen Flakartillerie ihre Rohre empor, ständig bereit, jeden Ueberraschungs - Angriff aus der Luft und von der See her mit geballter Wucht abzuwehren.

PK.-Zeichnung:
Kriegsberichter Walter Preiß

fournissant 80 % du ciment, mais aussi de nombreuses scieries pour le bois de coffrage et quantité de boutiques d'artisans participent aux chantiers du mur de l'Atlantique. En résulte une forme de collaboration économique de dirigeants ou gérants d'entreprises françaises. Quelque quinze mille entreprises hexagonales au moins auraient été mises à contribution et des dizaines de milliers d'ouvriers embauchés.
Ces commandes sont une manne rentable pour les entreprises comme pour les ouvriers qui peuvent être payés deux à trois fois le prix pratiqué dans le secteur, et bénéficier de la protection sociale allemande qui était meilleure que la française. C'est aussi un moyen d'échapper au service du travail obligatoire (STO), les ouvriers travaillant pour Todt n'étant pas requis puisque travaillant déjà volontairement pour l'effort de guerre allemand. Ainsi, de 60 000 Français ouvriers volontaires de la Todt en 1941, le chiffre grimpe à 200 000 au printemps 1943[3]. Rien que pour la Manche, les entreprises en BTP représentent 45 % des collaborateurs économiques.
Nombre d'entreprises saisissent cette opportunité de sortir du marasme financier dans lequel elles se trouvaient depuis une ordonnance allemande de mai 1942 qui limitait le montant des travaux à 100 000 francs pour la clientèle française, afin de pallier la raréfaction des matières premières. Ces entrepreneurs contribuent à ériger des blockhaus, des murs antichars et des bases de lancement de V1 et V2, à fabriquer des obstacles de plage ou à aménager des terrains d'aviation pour l'armée allemande.
Au côté d'entreprises françaises, 200 grandes entreprises allemandes ont travaillé à la construction du mur de l'Atlantique, en sous-traitant à 15 000 entreprises françaises dont certains grands noms de l'époque comme Sainrapt et Brice, la Société de constructions des Batignolles (SCB), Campenon Bernard Construction ou Lafarge.

Réquisitionner les civils

Ces gigantesques chantiers nécessitant toujours plus de bras, en complément des ouvriers volontaires, les Allemands vont y adjoindre des travailleurs forcés : des prisonniers de guerre comme les tirailleurs sénégalais captifs en France, 10 000 Juifs et des centaines de républicains espagnols pris dans les camps d'internement français et des milliers de prisonniers de guerre soviétiques acheminés des camps de l'Est, ainsi que des volontaires slaves des territoires sous contrôle allemand sur le front de l'Est.
Lors de son inspection des travaux en France, en février 1944, Erwin Rommel s'inquiète du retard pris et donne l'ordre d'accélérer les chantiers, ce qui va entraîner des conséquences sur les populations de la Manche et du Calvados. Tous les entrepreneurs en BTP doivent cesser leurs chantiers civils pour se mettre à la disposition de l'Organisation Todt. En mai, les tailleurs en habits sont astreints à trois jours de travail par semaine pour l'intendance allemande.
Dans chaque commune, les maires doivent établir la liste des hommes valides de 18 à 50 ans qui, par roulement, sont requis comme main-d'œuvre par les unités allemandes. Les hommes doivent creuser ou abattre des arbres qui seront ensuite taillés en pieux sur les plages, surnommés les « asperges de Rommel ». Travaux pour lesquels ils appliquent une grande inertie voire du sabotage. En réponse à la lente avancée des travaux, au 1er février, le régime de Vichy promulgue une loi

astreignant au travail obligatoire les hommes de 16 à 60 ans et les femmes sans enfants de 18 à 45 ans. Ces dernières doivent faire le ménage et la cuisine dans les cantonnements ou nettoyer les obus dans les dépôts de munitions.
Ces réquisitions, s'ajoutant à la garde des voies ferrées et des lignes téléphoniques la nuit pour éviter les sabotages, ont de lourdes conséquences sur l'activité économique des départements concernés.
Alors que des moyens considérables sont déployés pour la construction de cette défense, le retard ne sera jamais comblé au Jour J. Cela n'empêche pas la propagande nazie de présenter cette ligne défensive comme imprenable.

Mur invincible ou simple bluff ?

Goebbels instrumentalise le thème d'un mur de l'Atlantique invincible et l'utilise pour accroître les divisions chez les Alliés entre partisans et adversaires du projet de débarquement. Il sait aussi que Staline réclame ce nouveau front et que le retarder risque de diviser le bloc allié. En exagérant l'efficacité des défenses allemandes à l'Ouest et inventant le mythe des forteresses de l'Atlantique imprenables, il espère reculer le plus possible la date du débarquement, pour donner le temps nécessaire à la Wehrmacht de se ressaisir après ses défaites sur le front de l'Est.
Goebbels organise le voyage de presse de journalistes des pays neutres dont les reportages sur la « forteresse Europe » ont un large écho dans l'opinion. Dans une brochure, diffusée en France en 1943, il compare le travail de l'Organisation Todt aux citadelles de Vauban sous Louis XIV. Le maréchal von Rundstedt, commandant en chef de l'armée de l'ouest, qui soutient cette propagande, fait diffuser auprès des autorités françaises la fausse information d'un littoral miné jusqu'à 80 kilomètres des côtes, dans l'espoir qu'elle arrive aux Alliés *via* la Résistance.
A posteriori, von Rundstedt décrira le mur comme un « simple bluff » et dira « que cela le rendait furieux d'entendre raconter des bobards sur ces imprenables défenses[4] ». En effet, excepté les côtes du Pas-de-Calais, les principaux ports et les bases sous-marines allemandes, le reste du littoral atlantique est une vraie passoire. Le Jour J, les batteries seront incapables de tenir à distance les navires de guerre alliés et seront rapidement neutralisés par les tirs de l'artillerie navale. Quant aux obstacles de plage, débarquant à marée basse, ils devinrent obsolètes et freinèrent, sans la bloquer, la progression des soldats. Comme le conclut avec beaucoup d'optimisme la 2e armée britannique au soir du 6 juin : « les défenses ont failli » !

Ce magazine allemand *Korallen* (« coraux ») ayant comme sous-titre « Magazine hebdomadaire pour le divertissement, la connaissance, la joie de vivre », daté du 8 août 1943, reproduit un dessin digne de la propagande de Goebbels, qui présente un *Südwall* exagérément suréquipé ainsi légendé : « Veille sur la Méditerranée. Partout dans le sud du continent européen, les canons de l'artillerie antiaérienne allemande se tiennent prêts, leurs tubes s'élevant au milieu des bastions d'acier et de béton, pour repousser avec une grande force les attaques aériennes et maritimes. »

LES BOMBARDEMENTS ALLIÉS EN EUROPE

Entre 1940 et 1945, les estimations font état de 50 000 à 70 000 civils tués lors des bombardements sur la France, dont 17 à 25 % durant la phase préparatoire du Débarquement. La paternité de ces opérations aériennes sur le sol français, connues sous le nom de code Transportation Plan, revient à Solly Zuckerman, un scientifique britannique. Début 1943, il va planifier les bombardements et provoquer une importante controverse au sein des états-majors alliés. Les conséquences du Transportation Plan seront la destruction de nombreuses villes et villages, accompagnée de pertes civiles. À l'image de la photographie de ce paysan normand qui appelle à l'aide pour dégager le corps de son fils.

Le plan Pointblank

Intégré à l'opération Round Up (future Overlord), le plan Pointblank est décidé en juin 1943. Il vise à réduire le potentiel militaire de l'Axe, à commencer par son aviation. En effet la réussite de tout débarquement réside dans la maîtrise du ciel. Il faut donc bombarder sans relâche les industries aériennes et pétrolières. Ce plan prévoit aussi la destruction des chantiers de construction de sous-marins, les transports ferroviaires et les industries de guerre (usines de roulements à billes et de caoutchouc synthétique). Cette pression sur le potentiel de guerre ennemi autant que sur son moral doit s'exercer jour et nuit. En France, le plan prévoit l'intensification des bombardements sur Lorient et Saint-Nazaire censés contrer le départ de sous-marins pour la bataille de l'Atlantique. Entre janvier et mai 1943, malgré les 5 429 tonnes de bombes explosives et 3 704 tonnes de bombes incendiaires larguées et les 98 appareils abattus, l'opération est un tel échec que le Bomber Command allié décide de la suspendre. Côté allemand, le grand amiral Dönitz fait ce cruel constat : « Il ne reste plus ni chien ni chat dans ces villes. Rien ne subsiste sauf les bases d'U-Booten[1]. »

La fin des bombardements sur la France marque le lancement de l'opération Gomorrhe sur la Ruhr et sur le port de Hambourg, du 25 juillet au 3 août 1943. Le 28 juillet, la ville de Hambourg subit le raid le plus meurtrier de la guerre en Europe avec 729 appareils bombardiers qui déclenchent tant d'incendies qu'une tempête de feu asphyxie et carbonise plus de 40 000 personnes. Des victimes bien plus nombreuses qu'à Dresde, considéré à tort comme la plus touchée en Allemagne avec ses 20 000 à 25 000 tués.

À partir de juin 1943, les forteresses volantes américaines visent les villes de Kassel, Kiel, Hanovre et Hambourg, avec des pertes de 38 % en moyenne parmi les équipages. En septembre, les

DANS LES DÉCOMBRES DE SA FERME CE PAYSAN NORMAND APPELLE A L'AIDE POUR DÉGAGER LE CORPS DE SON FILS

bombardements reprennent sur les usines françaises y compris dans le Sud. Malgré tout, ces campagnes de bombardements sont peu efficaces, à tel point que les largages sur l'Allemagne sont suspendus à la fin de l'automne. En France, au regard des victimes civiles, l'opinion publique commence à flétrir ces actes.

Bombardements stratégiques

Pour s'assurer du succès de l'opération Husky, en Sicile, il est décidé de détruire préalablement à l'assaut, les gares et les voies ferrées. Les ponts sont exclus des cibles étant trop difficile à atteindre pour un tonnage de bombes important. Ordre est donné de créer des *roadblocks*. Il s'agit de faire de l'obstruction routière en bombardant des villes et des petits villages. L'idée étant de ralentir autant que possible l'arrivée de renforts sur la côte afin de permettre aux troupes d'établir une tête de pont solide.

Le débarquement de Sicile est une réussite et donne raison aux stratèges qui constatent que les bombardements ont provoqué la destruction et l'endommagement du matériel roulant et des installations de maintenance. Cela a eu pour effet de fortement ralentir les mouvements ferroviaires pour l'acheminement et l'approvisionnement des troupes. Bien qu'Eisenhower considère cette tactique plus hasardeuse que fiable, l'idée de frapper le système ferroviaire pour paralyser les mouvements adverses est retenue pour les prochaines opérations de débarquement. La France et la Belgique seront les prochaines cibles de ces bombardements tactiques qui incombent à l'US Strategic Air Forces in Europe (USSTAF) créé en janvier 1944, en parallèle du SHAEF. Fort de ses 67 030 appareils, l'USSTAF surpasse toutes les autres flottes aériennes alliées ou ennemies.

Le Transportation Plan

« Faites en sorte que la 15e armée [allemande] ne se trouve pas dans mes jambes pendant deux jours. C'est tout ce que je demande[2] », déclare Eisenhower à l'USSTAF. Telle sera la mission du Transportation Plan de Zuckerman. Pour assurer la paralysie de l'ensemble du système ferroviaire français, il faut le bombarder de façon intensive et régulière trois mois avant le Jour J. L'opération nécessite de réquisitionner un nombre important de bombardiers alors en pleine offensive sur le terrain allemand. La proposition de Zuckerman provoque une rivalité entre Eisenhower et le maréchal de l'Air britannique, Arthur Harris, surnommé *Bomber Harris*, responsable de Pointblank.

L'intérêt de viser les infrastructures ferroviaires françaises réside dans le fait que les deux tiers du trafic sont réservés à l'armée allemande. Surtout au début 1944, il ne reste plus en France et en Belgique que 10 000 locomotives en état de marche, dont 5 600 concentrées au nord de la France. Sachant que 4 000 ont été réquisitionnées pour renforcer le réseau allemand ou expédiées sur le front de l'Est. Le plan est de bloquer le trafic, non en détruisant le réseau mais les gares de triage et les centres de réparations. Les voies ferrées sont réparables en un ou deux jours, contrairement à une locomotive endommagée.

Autre avantage, les bombardements endommageront aussi des infrastructures considérées comme des « sous-cibles », tels les équipements de signalisation, les tunnels et ponts, les réserves d'eau, de charbon et de pétrole, les câbles téléphoniques et électriques, les plateformes tournantes et les gares de triage.

En avril 1944, le Transportation Plan prévoit aussi de bombarder les usines pouvant servir à l'aviation ennemie, les 25 aérodromes situés dans un rayon de 200 km autour de Caen et dans l'aire Brest-Nantes, ainsi que les batteries côtières. Mais pour éviter de révéler les zones d'assaut, seules un tiers des 25 batteries doivent être visées.

Sur les 100 000 tonnes de bombes prévues pour la réussite de Neptune (la phase amphibie d'Overlord), 40 000 sont affectées au Transportation Plan pour la préinvasion. Le reste servira le Jour J et les suivants en soutien direct aux forces terrestres pour tenir la tête de pont.

Les *roadblocks*

S'appuyant sur des notes des services de renseignement, Zuckerman précise que le Transportation Plan doit être bénéfique à Neptune car « une large part des forces ennemies qui s'opposeront initialement au Débarquement et à la tête de pont se déplaceront, à moins d'en être empêchés, par rail. Si elles sont forcées d'utiliser la route, le taux de montée en ligne sera ralenti[3]. »

Reste la question des *roadblocks* sur les villes normandes. Les avis divergent. Pour Zuckerman, compte tenu du réseau routier dense, bloquer les axes principaux serait inefficace tant il existe de routes alternatives. De plus, cela entraînera des pertes civiles importantes sur un pays ami, ce qui répugne Churchill. La question des pertes civiles va être âprement débattue pendant plusieurs semaines au sein du SHAEF. Selon les premières estimations, 80 000 à 100 000 civils pourraient être impactés par ces bombardements dont 20 000 à 40 000 tués. Les équipes de Zuckerman s'évertuent donc à réévaluer à la baisse leurs estimations pour arriver à un nombre de victimes qui seraient de 48 000, dont 12 000 tués et 6 000 blessés graves.

Roosevelt tranche la question par un courrier adressé à Churchill : « Si regrettables que soient les pertes civiles consécutives, je ne suis pas prêt à imposer quelconque restriction d'action aux responsables militaires qui, de leur avis, pourrait être préjudiciable au succès d'Overlord ou provoquer des pertes additionnelles parmi les forces d'invasion alliées[4]. »

Une liste de 26 villes et villages à bombarder est dressée, avant d'être abaissée à 11, le 4 juin. Les bombardements débutent dans la nuit du 5 au 6 juin, avec des résultats insignifiants. Les Allemands déblaient ou contournent facilement les axes routiers impraticables. Seule la chasse aérienne alliée les ralentit, obligeant les convois à circuler de nuit pour être moins vulnérables.

En revanche, les dégâts sont considérables sur de nombreuses villes normandes, dès la nuit du 5 au 6 juin et le lendemain, avec 3 000 civils tués. Au total, durant les trois mois de la bataille de Normandie, le Transportation Plan a causé la mort de 20 000 civils sur les cinq départements normands.

Ce numéro de l'hebdomadaire collaborationniste, *Toute la vie*, daté du 10 août 1944, montre en Une les réfugiés sur le front de Normandie. Plusieurs envoyés spéciaux ont suivi l'exode des réfugiés dans la Manche (Mortain, Avranches, Granville), le Calvados (Vire) et l'Orne (Domfront, Tinchebray, Flers, Alençon). Sans précision de lieu, cette photo montre un paysan appelant à l'aide pour dégager le corps de son fils des ruines de sa ferme.

DE GAULLE CONTRE L'AMGOT

Dès les années 1941-1942, Washington prévoit d'imposer à la France un statut de protectorat réservé aux futurs vaincus : Italie, Allemagne, Japon. Testé en Italie en 1943, le Gouvernement militaire de l'armée des États-Unis (Allied Military Government of Occupied Territories, AMGOT) a pour vocation d'administrer, sous contrôle anglo-américain, les territoires libérés. En attendant l'établissement de gouvernements démocratiques élus, l'AMGOT assure ainsi l'administration civile, les transports, la justice ou encore la monnaie ; monnaie devenue le symbole visible de cette autorité transitoire. Protection démocratique, extension de la zone d'influence américaine ou mise sous tutelle des pays libérés, l'AMGOT est considérée comme illégitime par plusieurs pays. En France, de Gaulle s'y oppose.

Une commission discrète

Le 13 septembre 1942, la France libre élabore un projet de commissariat général dans les territoires libérés chargés « de contrôler et coordonner l'action des administrations régionales et locales préexistantes » et de « se substituer aux administrations centrales pour l'impulsion des services. » Par décret du 21 octobre 1942, de Gaulle donne vie à la commission de Débarquement en instituant, à Londres, une commission consultative responsable de « l'étude des mesures à prendre lors de la libération des territoires[1] ». Chargée de réfléchir à la remise en place des institutions démocratiques et républicaines dans les futurs territoires libérés de la métropole, elle est placée sous le contrôle du général de Gaulle.

Transférée de Londres à Alger en août 1943, elle voit ses huit membres permanents[2], sous la présidence de l'ancien ministre socialiste Henri Queuille, se réunir quasiment une fois par semaine. Pour ces hommes, il est inenvisageable que la libération se réalise sans que la France libre ne soit consultée et n'ait son mot à dire sur la reprise en main des affaires, une fois les Alliés débarqués. Pendant presque deux ans, dans la plus grande discrétion, ils vont imaginer l'ensemble des cas de figure à mettre en œuvre une fois le débarquement effectué.

Tout doit être pensé pour que la France, redevenue zone de combat, se redresse au plus vite et pour que la population souffre le moins possible des événements de guerre. Les membres de la commission ne laissent rien au hasard : épuration des collaborateurs ; rétablissement des infrastructures (électricité, gaz, chauffage) et des voies de communication ; sort des populations réfugiées ou évacuées ; restauration d'une presse libre et indépendante ; mesures de police et de défense passive ; ravitaillement ; gestion publique et administrative des communes ; etc.

Dans ses efforts pour mettre en place l'après-guerre, la commission manque de lucidité sur le rôle que les Alliés voudront bien donner à la France libre

5
ÉMIS EN
FRANCE
SÉRIE DE
1944
55963726
CINQ
5
FRANCS

LIBERTE
EGALITE
FRATERNITE

après le débarquement. Le spectre d'une administration militaire alliée croissant, Queuille imagine naïvement que plus la commission sera pointilleuse dans ses anticipations de situation, plus elle sera crédible et à même d'éviter un AMGOT à la France.

L'AMGOT des Alliés

En parallèle de la conquête de la Sicile, en 1943, les Alliés instaurent une administration provisoire chargée de gérer le quotidien des populations. Ce rôle incombe aux officiers des Affaires civiles, Britanniques ou Américains, dans le sillage des unités combattantes. Cet AMGOT est ensuite étendu à l'Italie, à l'Allemagne et au Japon.

Mais aussi à tous les pays d'Europe occupée, malgré le désaccord britannique qui souhaite éviter l'AMGOT aux territoires amis administrés par des gouvernements reconnus par les Alliés. En effet, ne sachant en qui avoir confiance une fois débarqué en France, le SHAEF souhaite conserver la main dans les zones de combat. Cela conforte aussi l'idée de Roosevelt pour qui le respect de la démocratie en France exige que le pays soit gouverné par l'armée américaine jusqu'au vote des Français.

Les Alliés font donc débarquer 1 552 hommes dont 400 officiers en charge des Affaires civiles. Une série de manuels, les *Zones Handbooks*, éditée par les Américains, doit les préparer à leur mission. Le manuel général prévoit que les hommes du gouvernement de Vichy ne seront pas utilisés au niveau national. Aux autres échelons, les hommes en place seront maintenus avec la possibilité pour les Alliés de mener toute action nécessaire à la sécurité des armées et à leur succès. Le chapitre législatif prévoit que les Français soient justiciables des tribunaux militaires alliés ; pour leurs distractions, des films « alliés ou inoffensifs » seront programmés. Rien ne semble avoir été oublié dans ces manuels, du nom des maires à ceux des commissaires de police, jusqu'au recensement des maisons closes.

Bien que le *Handbook* précise que « les officiers des Civil Affairs n'auront à exécuter les instructions qui leur sont données qu'en cas de défaillance des autorités administratives françaises, ou dans celui où l'action de ces autorités ne donnerait pas satisfaction au commandement allié[3] », la confiance est limitée, cette formule n'offrant aucune garantie sérieuse pour les autorités françaises.

De Gaulle reprend la main

Pour de Gaulle comme pour la Résistance, cet AMGOT est une ingérence dans les affaires françaises avec une prise en main totale de l'administration jusque dans ses moindres détails. Une nouvelle monnaie est même éditée par les Alliés avec des pièces et des billets. L'usage de celle-ci par les troupes débarquées – chaque soldat en possède une somme dans son paquetage –, est vivement contesté par de Gaulle qui réussit à la faire interdire en août. Les Normands qui ont reçu des Alliés ces « drôles de dollars décorés d'un drapeau tricolore[4] » comme les appelle François Coulet, le commissaire de la République pour la Normandie, s'en séparent prestement en payant leurs impôts.

Un accord est trouvé entre le Gouvernement provisoire de la République française (GPRF) et le SHAEF qui délimite une « zone de combat », dévolue aux Affaires civiles alliées, tandis que la « zone de l'intérieur » est de la responsabilité des autorités françaises. La limite entre ces deux zones peut-être floue à proximité des lignes de front, ce qui engendre des tensions quant aux prérogatives des Alliés et des commissaires de la République.

Finalement la commission de Débarquement n'aura réussi qu'à créer la Mission militaire de liaison administrative (MMLA) dont le but est défini en mai 1943 à Alger. Elle « s'attachera à organiser le concours que les autorités et la population française seront amenées à fournir aux armées alliées lors de l'invasion du continent[5] ». Partant du principe que « l'intervention alliée sera limitée à un strict minimum partout où cela sera possible », la MMLA permettra « de rétablir le fonctionnement normal de la vie en France si elle dispose du personnel nécessaire pour le faire »[6]. La constitution définitive de la Mission implique, au moment du Débarquement, « le maintien de l'ordre en France, la remise en marche normale des administrations et de la vie dans le pays libéré, et, dans une très large mesure, éliminera l'action alliée au-delà des opérations militaires[7] ». Au 16 mars 1944, l'état du personnel est de 412 personnes, sous les ordres du commandant Hettier de Boislambert. Ces hommes possèdent une carte d'identité, validée par les autorités alliées et un insigne distinctif cousu sur leur uniforme pour leur permettre la libre circulation.

Trente membres de la MMLA prennent pied sur les côtes françaises le 6 juin, parmi les premières vagues d'assaut avec comme mission d'« être à la disposition des autorités alliées auprès desquelles ils sont détachés pour faciliter leurs relations personnelles avec les populations civiles françaises. » Et de « s'informer des conditions existantes en territoires libérés »[8]. Dans la semaine qui suit le Débarquement, 80 officiers sont en opération. Malgré les désaccords entre de Gaulle et Roosevelt, ces hommes s'acquittent tant bien que mal de leur mission et sont souvent d'une parfaite efficacité pour servir d'intermédiaire entre les populations libérées et les Alliés, rassurant ces dernières et permettant ainsi une remise en marche de la vie française avec l'aide, plus que sous les ordres, des Civil Affairs alliés. La libération de Paris sonne le glas de la MMLA qui compte alors 856 officiers et une section féminine de 231 secouristes, ambulancières et aides-sociales. Effectif affecté à d'autres unités en octobre.

Même s'il est difficile de faire le bilan des recommandations de la commission de Débarquement qui se sont diluées dans les décrets du Comité français de libération nationale (CFLN), auxquels se greffent des paramètres imprévisibles comme l'ampleur et la durée des combats en France, le travail de ses membres aura peut-être contribué à écarter un éventuel AMGOT allié, à rallier les résistants aux décisions du CFLN et du GPRF, à assurer le ravitaillement des populations civiles et à éviter de plus grands troubles civils à la Libération.

Les billets, reprenant la forme du dollar sont frappés du drapeau français et appelés « francs ». La devise « Liberté, égalité, fraternité » et le mot « France » y figurent à la différence de celui de « République », ce qui n'a rien de fortuit : « Comment savez-vous quel type de gouvernement il y aura en France après la guerre ? Peut-être sera-ce un empire ou encore une monarchie », avait ironiquement fait valoir Roosevelt.

D-DAY

Le Jour J, le corps expéditionnaire allié, si longtemps tenu en haleine depuis 1943, en Angleterre, s'élance à travers la Manche en direction des côtes normandes. Totalisant près de 200 000 hommes, ils sont répartis dans huit divisions : cinq sur les plages et trois dans les airs. Les plages de débarquement sont divisées en cinq secteurs, deux américains (Utah et Omaha) et trois anglo-canadiens (Gold, Juno et Sword). Outre les États-Unis et le Royaume-Uni, auxquels il convient d'ajouter de nombreuses nations du Commonwealth comme le Canada, l'Australie ou la Nouvelle-Zélande, participent au Débarquement, puis à la bataille de Normandie, la France, la Belgique, les Pays-Bas, le Luxembourg, la Grèce, la Norvège, la Tchécoslovaquie, la Pologne et le Danemark.

La « grande croisade »

Le Débarquement se doit de réussir. Voilà ce qu'Eisenhower commandait à ses troupes, dans son ordre du jour du 6 juin : « Vous êtes sur le point de vous embarquer pour la grande croisade. Dans le monde entier les espoirs et les prières de tous les peuples épris de liberté vous accompagnent. Vous allez détruire la machine de guerre allemande, délivrer de la tyrannie les peuples opprimés d'Europe. Nous n'accepterons rien moins que la victoire totale. »

Dans la nuit du 5 au 6 juin, une attaque aérienne d'une ampleur inédite ouvre le chemin, avec 1 000 bombardiers lourds britanniques qui lâchent 5 000 tonnes de bombes sur une dizaine d'objectifs de la côte française. À l'aube, 1 300 quadrimoteurs américains, escortés par des centaines de bombardiers moyens et des chasseurs bombardiers, martèlent les défenses côtières, les voies de communication et les concentrations de troupes allemandes. Dans le même temps, 640 canons de marine, de calibres allant de 102 à 406 mm, entrent en action contre les batteries allemandes.

Chronologiquement les opérations aéroportées sont les premières du Jour J. Les assauts par air, avec 1 200 appareils, marquent le début des opérations amphibies pour protéger les flancs des cinq secteurs de plages du Débarquement. Les méthodes employées sont le parachutage ou l'atterrissage par planeurs. À l'est, la mission incombe à la 6e division aéroportée britannique dont les officiers, au cours du briefing du 5 juin, s'entendent dire qu'« en dépit de votre excellent entraînement et des ordres de votre commandement, ne vous découragez pas si le chaos règne. Ce sera certainement le cas ». À l'ouest, les 82e et 101e divisions aéroportées américaines, larguées dans le Cotentin, doivent capturer certaines fortifications et bloquer les routes non inondées pour empêcher la progression de troupes allemandes sur le front de mer.

VOIR

Publié chaque quinzaine par le Ministère américain de l'Information, VOIR a pour seul but de présenter des images du monde d'aujourd'hui à la France pendant sa libération et jusqu'au moment où la presse française sera en mesure de remplir elle-même librement cette tâche.

DES TROUPES D'ELITE AMERICAINES
AVANCENT SUR UNE PLAGE DE FRANCE

USF123

L'assaut naval lancé, Churchill peut annoncer à la Chambre des communes qu'« une flotte immense de plus de 4 000 navires, accompagné[e] de plusieurs milliers d'embarcations de moindre tonnage a traversé la Manche ».

L'opération Neptune

Le plan Neptune, préparé avec minutie depuis de longs mois, constitue la première étape de l'opération Overlord assignée à Eisenhower, laquelle devait aboutir à la capitulation allemande en Europe. Ce ne sont pas moins de 176 475 hommes et 20 111 véhicules dont 1 500 chars d'assaut, 5 000 véhicules de combat à chenilles, 3 000 canons de tous types et 10 500 autres véhicules, des Jeep aux bulldozers, qu'il est prévu de débarquer les jours J et J + 1, avec 4 266 péniches.

Au-delà de la maîtrise des airs, que les Alliés savent posséder, c'est la partie amphibie du Débarquement qui est redoutée. La traversée de la Manche s'effectue à bord de Landing Ship Infantry (LSI) qui transportent chacun un millier de soldats. À l'approche de la côte, par des filets accrochés au flanc des navires, les hommes descendent dans les Landing Craft Assaut (LCA), d'une capacité de 35 hommes, ou dans les Landing Craft Infantry (LCI), conçues pour 200 hommes. Cet exercice difficile fait chuter en mer certains soldats, déséquilibrés par le poids de leur équipement, et dès lors voués à la noyade.

Les premières vagues d'assaut sont parfois précédées de péniches. Certaines sont munies de mortiers et tirent dans l'eau afin de faire sauter les mines marines ; d'autres armées de canons, de lance-roquettes ou de mitrailleuses doivent assurer l'appui aux troupes. Suivent des péniches capables de contenir 20 chars ou une quarantaine de véhicules accompagnés de 150 soldats.

Nouvelles inventions

Au-delà de l'équipement militaire traditionnel, les Alliés ont rivalisé d'imagination et d'ingéniosité pour concevoir des équipements spécifiques qui ont déjà fait leurs preuves lors des débarquements d'Afrique du Nord en 1942, puis de Sicile et d'Italie en 1943. Selon Eisenhower, « les quatre engins que la plupart des officiers supérieurs considérèrent bientôt comme essentiels pour notre victoire en Afrique et en Europe étaient le bulldozer, la Jeep, le camion de deux tonnes et demie et l'avion C-47. Chose assez curieuse, aucun de ces engins n'avait été conçu pour le combat[1] ». Parmi les autres équipements importants, figure l'étonnant DUKW, surnommé *Duck* (« canard ») par les soldats. Ce camion amphibie s'avère indispensable pour faire la navette entre les navires au large et la plage pour décharger le matériel. Mais aussi cette gamme complète de chars spécialisés, à l'efficacité inégale, connus sous leur surnom de *funnies*. Ces créations britanniques ne retiennent guère l'attention des Américains qui n'utilisent sur leur secteur que quelques modèles du char amphibie Duplex Drive dont beaucoup coulent sans atteindre la plage. Plus efficaces sont le Crab (char-fléau), qui possède à l'avant un tambour rotatif muni de lourdes chaînes qui battent le sol pour faire détonner les mines, et le Petard, dont le canon remplacé par un mortier d'un calibre de 290 mm est utilisé contre les blockhaus.

L'effet de surprise

L'effet de surprise côté allemand fut au rendez-vous. Ces derniers attendaient l'offensive dans le Pas-de-Calais. De plus, tenter de débarquer dans la Manche un 5 juin, alors que la tempête sévissait, semblait impossible. « Ce temps capricieux fut notre cheval de Troie », écrira le général Bradley[2].

Les Alliés ont aussi bénéficié du doute de l'état-major qui, à l'instar du général Speidel, pense que l'assaut est une diversion et non une invasion. La méprise est telle qu'il juge inutile de prévenir Rommel. Seul von Rundstedt se montre plus réactif, en ordonnant à 5 heures du matin, à la Panzerdivision SS Hitlerjugend de monter sur la côte, en soutien de la 711e DI aux prises avec les paras britanniques.

Un éclaireur de cette Panzerdivision comprend qu'il s'agit bien de l'invasion alliée : « De mes jumelles, je reconnais maintenant les structures des navires. Jusqu'à l'horizon, des navires, des mâts, des passerelles de commandement. En arrière, des éclairs lumineux : l'artillerie de marine ! [...] Dans la mer grise des petits traits blancs ; des bateaux de débarquement qui arrivent rapidement vers la côte. Ils amènent des soldats et déversent leur masse brunâtre. De blanches colonnes d'eau devant eux. Probablement les impacts de nos batteries côtières. [...] Ainsi notre défense n'a pas été totalement submergée[3]. »

Un bilan mitigé

Malgré ce déploiement impressionnant d'hommes et de matériel, au soir du Jour J, le SHAEF constate que si le Débarquement a réussi, malgré les pertes estimées à 10 300 soldats dont un tiers tué, il n'est pas décisif.

Les Alliés ont pris pied sur les plages d'Omaha Beach sans de majeures difficultés, mais la tête de pont est plus étroite que prévu et les objectifs sont loin d'être atteints. La bataille de Normandie va durer beaucoup plus longtemps que prévu. Caen, que les troupes devaient atteindre au soir du 6 juin, ne sera libéré qu'un mois plus tard ; le crucial port de Cherbourg est atteint le 26 juin et non le 14 ; Saint-Lô le 18 juillet au lieu du 15 juin.

L'effet de surprise passé et malgré les 1 289 morts du Jour J, les troupes allemandes réagissent vite et mènent la contre-offensive dès le 7 juin.

La bataille de Normandie ne s'achève que fin août, au prix de lourdes pertes. Rien que pour les forces terrestres, on dénombre 63 000 morts côté allemand sur les 640 000 soldats comptabilisés et 46 000 morts chez les Alliés pour près de 2 millions de soldats engagés sur ce front. Le ratio s'établit donc à 2 % de tués dans le camp allié pour 10 % chez son adversaire.

La photo désormais célèbre de ce GI américain a été prise le 6 juin 1944 sur le secteur d'Omaha Beach. Elle est aussitôt diffusée dans la presse américaine. Elle figure ici au dos du n° 4 de *Voir. Images du monde d'aujourd'hui*, de juillet 1944. Cette revue de propagande américaine était distribuée gratuitement aux populations françaises libérées.

LES PORTS ARTIFICIELS

La réussite d'une action amphibie repose en grande partie sur le contrôle des ports et leur utilisation. Or la Normandie ne compte que deux ports : Le Havre et Cherbourg. Les Alliés décident donc de concentrer leurs efforts pour prendre Cherbourg et d'autre part, de trouver un moyen de débarquer sur les plages. Une solution est alors proposée par l'amiral britannique Mountbatten : construire des ports artificiels.

Première étape : débarquer le matériel sur les plages

Grâce aux navires de type Liberty ships à fond plat ou aux péniches de transport LST et LCT, il est possible d'approcher au plus près de la côte. Le déchargement est ensuite effectué par les navettes des véhicules amphibies DUKW. Problème : la forte houle forme un barrage naturel qui empêche l'accès aux plages. Le projet Gooseberry (« groseille ») prévoit donc d'envoyer une ligne de bateaux qui va se saborder. Positionnés côte à côte en guise de brise-lames, les bateaux de cette digue artificielle abriteront une portion de plage et permettront aux petites embarcations de décharger hommes et matériel par tous les temps, excepté en cas de grande tempête.
Cinq secteurs de plages sont identifiés et codifiés de G1 à G5 et la construction de ces cinq Gooseberries va nécessiter de couler 70 navires. Cargos hors d'usage et condamnés à la casse et vieux bâtiments de guerre de quatorze nationalités sont réquisitionnés.
Durant la première semaine qui suit le débarquement, la moyenne quotidienne d'arrivée des navires sur l'ensemble des cinq Gooseberries est de 25 Liberty ships, 38 caboteurs, 9 navires de transport de troupes, 20 LCI, 40 LST et 75 LCT. C'est d'ailleurs sur les secteurs de débarquement américain que les meilleurs débits sont atteints avec 10 000 tonnes d'équipement militaire par jour à Omaha et 5 000 tonnes à Utah jusqu'au 30 septembre. En revanche, sans cesse soumis au feu de l'ennemi et à ses incursions maritimes, le Gooseberry de Sword est abandonné fin juin.
Un journaliste français fait une description ébahie du Gooseberry d'Omaha : « Bientôt nous pénétrons dans une zone plus spécifiquement militaire. À perte de vue, par toutes les routes, à travers champs, déferlent vers nous le plus formidable armement de tous les temps. Trucks de toutes dimensions, du car amphibie au camion-grue roulent vers l'Est à soixante à l'heure en une file interrompue. Pendant des heures nous verrons défiler ces prodigieux convois. [...] La plage n'est plus qu'un immense port de débarquement[1]. »
Il faut attendre les années 1960 pour achever le renflouement ou la récupération de ces épaves par des entreprises spécialisées dans le ferraillage. Certaines gisent toujours au fond de la mer, telle l'épave du cuirassé *Courbet*.

Un caisson à flot. Ces caissons, dont certains font 6000 tonnes de déplacement, portent une batterie de D.C.A.

Les caissons ont été coulés. (voir 2 sur la photo ci-contre) Les plus grands pouvaient toucher le fond en 22 minutes.

Un navire-hôpital accoste à un musoir (voir 3 sur la photo ci-contre). Des ambulances roulent sur le quai flottant.

Construire des ports artificiels

L'autre stratégie est résumée par l'amiral britannique Mountbatten, au printemps 1942 : « Si nous ne pouvons compter sur les ports, nous pourrions peut-être en construire à l'aide d'éléments préfabriqués et les remorquer sur les lieux[2]. » Saluée par des railleries, cette idée va pourtant finir par être retenue sous le nom de Mulberry (« mûre »). Il est prévu d'en assembler deux, l'un en secteur américain à Saint-Laurent-sur-Mer et l'autre en secteur anglo-canadien à Arromanches. Leur fabrication, effectuée en Grande-Bretagne, mobilise environ 45 000 ouvriers, répartis dans 400 entreprises, chaque entreprise ne connaissant qu'une partie du tout sans en connaître l'usage définitif pour conserver le secret. La construction des ports, commencée le 14 juin, est considérablement ralentie par la tempête du 19 au 22 juin qui endommage tellement le port de Saint-Laurent-sur-Mer qu'il est décidé de l'abandonner et de récupérer les structures intactes pour réparer celui d'Arromanches, le 22 juin 1944. Ce dernier fonctionne jusqu'au 19 novembre 1944.

Les rares témoins ayant pu approcher le port d'Arromanches sont stupéfaits face au déferlement de matériel : « Des centaines d'embarcation allaient de la côte aux cargos ; ceux-ci, pressés comme dans un port, embrumaient le ciel de leurs fumées. [...] Les routes étaient remontées par des fantassins en file indienne et par des chars qui soulevaient des nuages de poussière épaisse[3]. »

Les restes des Mulberries sont à peine visible à Saint-Laurent-sur-Mer à l'exception d'un bout sur lequel repose une jetée destinée aux promeneurs. À Arromanches de nombreux vestiges subsistent tant sur la plage qu'au large, principalement les quelques caissons Phoenix encore immergés qui donnent une vision de l'ampleur du port artificiel, surtout si l'on se place au niveau du belvédère qui surplombe la mer.

Un port pétrolier

En février 1944 est créé un état-major Petrol, Oil, Lubricants (POL) qui regroupe des représentants de toutes les compagnies pétrolières : Shell, Esso, Motor Oil et Humble. Objectif : fournir l'armée en carburant. Le modeste port de pêche de Port-en-Bessin qui est choisi pour devenir une station off shore, sous le nom de code Tombola. Des tankers ancrés au large, un système de pipeline, dit Minor system (« système mineur »), permet d'acheminer le carburant jusqu'à des cuves sur la côte. Le pipeline est opérationnel le 16 juin côté britannique et le 25 côté américain. Des cuves, le carburant est ensuite acheminé en véhicules chargés de jerrycans ou de fûts vers les zones de stockage de la ligne de front et des aérodromes provisoires. Ce réseau de pipeline fait passer le Minor System des 45 km prévus à 115 km à la fin juillet et ses cuves de stockage de 11 à 30 millions de litres de réserve.

Le Major system (« système majeur »), appelé Pipeline under the ocean (PLUTO) est un oléoduc sous-marin, de deux modèles différents, qui traverse la Manche en partant de l'île de Wight pour arriver à Querqueville, à l'ouest de Cherbourg avant de continuer son chemin de façon terrestre. Le pipeline, opérationnel le 25 juin, suit la ligne de front, pour traverser, début 1945, la Champagne et la Lorraine pour entrer en Allemagne, où il atteint les environs de Francfort-sur-le-Main en avril.

Seul bémol pour l'efficacité du pipeline, il est fréquemment percé par des habitants qui se servent en carburant pour leur usage personnel. S'ajoute un véritable trafic de jerrycans qui disparaissent par milliers dans un marché noir instauré par les GI's avec les civils, à tel point qu'à l'automne 1944, les Alliés rencontrent une pénurie qui risque de nuire gravement aux troupes motorisées. Des appels sous forme d'affiches et de tracts sont adressés à la population : « On recherche jerrycan » ou encore « Avis important : Avez-vous un bidon d'essence ? ». Les élèves des écoles sont sollicités pour en récupérer et des diplômes avec la photo d'Eisenhower sont remis à ceux qui en collectent le plus grand nombre. De son côté, le SHAEF rédige ce communiqué : « Civils, remettez immédiatement soit à votre mairie, soit aux enfants chargés de les ramasser, TOUS LES BIDONS « JERRYCANS » que vous pourrez trouver. Surtout ne les donnez pas directement aux soldats, vous entraveriez la marche des convois ».

Bilan de l'activité des ports

Les services américains de la logistique ont chiffré à 7 442 529 tonnes le ravitaillement déchargé dans les ports de la Normandy Base Section du 6 juin 1944 au 8 mai 1945. Par ordre de grandeur, Cherbourg s'octroie de très loin la première place avec 2 690 538 tonnes de matériel. Viennent ensuite Le Havre avec 1 299 110 tonnes, puis Omaha Beach avec 1 264 999 tonnes, Rouen avec 1 165 631 tonnes, Utah Beach avec 726 014 tonnes et enfin Granville avec 296 237 tonnes.

Quant au port artificiel d'Arromanches, en juillet, il fonctionne à plein rendement passant d'une moyenne de 7 000 tonnes de matériel déchargé par jour à 20 000 tonnes lors de l'assaut de Montgomery sur Caen. Malgré ces succès, la capacité du Mulberry, dit « Port Winston », ne représente qu'entre 15 et 20 % du total de la logistique alliée de la bataille de Normandie.

Néanmoins, pour rendre hommage à cette commune et aux concepteurs britanniques du port artificiel, le porte-avions de la Royal Navy *Colossus* est rebaptisé *Arromanches* lorsque la Marine française le loue pour cinq ans en 1946, avant de l'acquérir définitivement en 1951.

En 1945, l'Office d'information de guerre des États-Unis publie la brochure *La Bataille de France* de 72 pages qui revient sur les étapes qui ont permis aux Alliés de remporter la victoire sur l'Allemagne nazie. Les aspects logistiques sont abordés comme cette page consacrée au port artificiel d'Arromanches. « Les débarquements n'auraient pu avoir le succès qu'ils ont connu sans une des plus grandes inventions de cette guerre : les ports préfabriqués, construits dans les îles britanniques, remorqués à travers la Manche et assemblés sur les côtes françaises. Des ports naquirent comme un coup de baguette magique là où autrefois se trouvaient des plages », précise le texte.

UNE INCROYABLE LOGISTIQUE

Du 7 au 25 août 1944, depuis les plages d'Omaha Beach, d'Utah Beach et du port de Cherbourg, l'armée américaine réussit le tour de force de décharger 646 657 tonnes de matériel en tout genre. Toutefois seules 68 948 tonnes sont acheminées jusqu'au front. Là réside le gros problème : si décharger le matériel est une chose, l'acheminer jusqu'au front en est une autre. Les unités du génie ont la charge d'ouvrir des routes ou de les rendre praticables pour les engins les plus lourds, construire des ponts et restaurer les lignes de chemin de fer en un temps record.

La Normandy Base Section

La Normandy Base Section (NBS) est le nom donné par les Américains à la Normandie en tant que région militaire de la zone arrière. Ce vocable désigne également le personnel assigné à ce dispositif logistique sans égal dans les armées modernes de l'époque. Au fur et à mesure de l'avancée du front, des zones de dépôt intermédiaires sont mises en place, appelées Communication Zones (Com Z).
Les effectifs de la NBS font état d'environ 150 000 GI's cantonnés dans le Cotentin et le Bessin en septembre-octobre, pour décliner vers 70 000 à 90 000 hommes entre janvier et mai 1945. Pour opérer les tâches non militaires, des bureaux d'embauche sont ouverts. Une moyenne de 7 000 hommes et femmes de nationalité française sont employés par l'armée américaine, après avoir fait l'objet d'une enquête approfondie afin d'éviter toute forme d'espionnage ou de sabotage. La méfiance est telle que l'armée refuse d'employer les dockers français du port de Cherbourg pour décharger les Liberty ships, car on suspectait de communisme un grand nombre d'entre eux qui étaient affiliés à la CGT avant la guerre.
Pour ces « volontaires de l'aide », comme les appellent les militaires, le travail est harassant. Vêtus de l'uniforme américain, ils travaillent douze heures par jour, avec une boîte de conserve comme seul déjeuner en compagnie des GI's. Inutile de chercher une quelconque compensation dans les salaires. On sait qu'ils ne sont pas mirobolants et ne tiennent pas compte de la législation française en termes de charges patronales et d'indemnités de chômage. Cette situation sera réglée en août, après l'intervention des autorités françaises, qui entraînera fatalement une baisse de salaire compensée par des primes octroyées par les Américains aux civils travaillant de nuit, le dimanche et pendant leurs congés. Les femmes touchent 75 % du salaire des hommes. Ces gestes ne calment pas la colère de certains travailleurs qui se trouvent moins payés que par l'armée allemande. Autre inquiétude pour les Américains : le retour du syndicalisme. Ces revendications surprennent les Américains aux yeux desquels contribuer à l'effort de guerre devrait être une motivation supérieure aux intérêts personnels. À la main-d'œuvre civile s'ajoutent les milliers

DES NOIRS figurent au nombre de 60% parmi les équipages du " Bal Rouge ". Certains ont accompli jusqu'à 20 heures de service par jour.

COURAGE, LES GARS! Tel est le sens général de cet écriteau planté au long de la route pour encourager les équipages de camions, travaillant parfois 20 heures par jour.

de prisonniers de guerre allemands utilisés comme manutentionnaires.

La Red Ball Highway Express

Les ports de Brest et du Havre n'ayant pas été atteints fin août, c'est depuis la Normandie que le matériel doit être acheminé à la 3e armée du général Patton, immobilisée à hauteur de Chartres. Concrètement, il faut transporter 72 000 tonnes de matériel jusqu'aux villes de Dreux et Chartres, du 25 août au 5 septembre.
Pour ce faire, on trace un axe routier baptisé Red Ball Highway Express, opérationnel du 25 août au 13 décembre 1944. Cette route, exclusivement réservée aux convois militaires, fonctionne 24 h/24 et est balisée par un symbole lisible de tous, une boule rouge. Des pancartes en français et en anglais sont placées à tous les croisements : « Réservé aux convois Red Ball. Circulation interdite aux véhicules civils sous peine de poursuite ». En 81 jours, cet axe stratégique va transporter 500 000 tonnes de matériel de toute sorte des zones de stockage jusqu'aux lignes de feu.
Les chauffeurs sont à 60 % des soldats afro-américains. Partant de Cherbourg ou des plages d'Utah et Omaha, les routes de départ se rejoignent à Saint-Lô pour ensuite continuer sur un axe aller et un autre retour, finissant par atteindre Nancy et la frontière belge. Une formule britannique résume la densité et la cadence de la Red Ball Express : « Pour éviter un convoi américain, dégager la route ne suffit pas ; mieux vaut grimper à un arbre. » Forte de son succès, elle encourage à la création de trois autres routes sur d'autres axes, jusqu'à l'entrée des Alliés en Allemagne. Par son efficacité, cette Red Ball Express a été l'une des clés de voûte de la réussite de la logistique alliée sur le front d'Europe occidentale.

Le transport ferroviaire préféré à la route

Les stratèges américains considèrent avec succès cette organisation. Toutefois les conditions climatiques de plus en plus difficiles et l'inconfort des routes incitent à privilégier le transport ferroviaire. Cette alternative aura en outre l'avantage de réduire les effectifs du personnel de maintenance de la flotte de camions et d'éviter les nombreux accidents – causés par la fatigue des chauffeurs – qui ralentissent les convois. Autre avantage : le train limite aussi le vol de matériel qui alimentait le marché noir entre civils et soldats.
Entre juillet 1944 et avril 1945, 1 246 locomotives américaines et britanniques sont acheminées *via* le port de Cherbourg. Tous les efforts sont alors effectués pour la remise en état rapide du réseau ferroviaire français. Un grand nombre de ces locomotives sont mises à la disposition de la SNCF, après la capitulation, pour lui permettre de reconstituer son réseau dont 2 400 km de voies ont été remises en état par l'armée américaine.

Les zones de dépôt anglo-canadiennes

Dans les premières heures qui suivent le Débarquement, d'immenses zones de dépôt, appelées « *supply depot* », sont constituées à proximité des plages alors placées sous le contrôle du Royal Army Service Corps. Le plus important dépôt est le camp Audrieu, une véritable ville de 25 hectares avec ses 200 hangars toilés et ses baraques Nissen arrondies en tôle ondulée. Construit du 30 juin au 25 juillet, il est utilisé jusqu'en février 1945, avec en permanence 4 000 hommes auxquels s'ajoutent des prisonniers de guerre allemands et des Français rémunérés, hommes et femmes confondus, âgés de 15 à 60 ans, à partir de la fin août 1944.

Ces « *french labours* » se voient remettre une fiche de pointage et une plaque d'identification gravée d'un matricule à porter autour du cou, comme les militaires. Bien qu'il ne soit pas obligatoire, la majorité revêt l'uniforme fourni par l'intendance britannique pour pallier le manque de vêtements dont la population souffre. Le déjeuner est pris sur place, ce sont les mêmes rations que les soldats.

Les camps cigarettes

À partir de février 1945, des camps de transit pour les soldats américains furent installés au sein de la Normandy Base Section, dans un périmètre triangulaire dont les trois côtés sont les villes du Havre, de Rouen et de Saint-Valery-en-Caux. Pour en préserver la localisation précise, les GI's leur ont donné des noms de marque de cigarettes : Twenty Grand, Philip Morris, Wings. Plus d'un million et demi de GI's vont y séjourner avant de quitter la France ou s'y faire soigner avant de retourner sur le front.

Ces camps servant à entreposer l'approvisionnement des troupes alliées sur le théâtre d'opérations européen, les riverains bénéficient des largesses des GI's qui n'hésitent pas à troquer boîtes de *corned beef*, chewing-gums, cigarettes, Coca-Cola ou jerrycans d'essence contre des produits fermiers frais et des bouteilles de Calvados. Les civils sont admis dans les camps pour consulter les dentistes ou les médecins militaires, profitant comme les soldats des bienfaits de la pénicilline et d'autres médicaments.

À la Libération, chaque camp possède une affectation spécifique. Les prisonniers américains rapatriés d'Allemagne sont amenés en forteresses volantes au camp de Lucky Strike ; les troupes destinées à continuer le combat dans le Pacifique vont au camp de Herbert Tareyton (du nom du dessinateur américain de pin-up) ; les permissionnaires pour l'Angleterre passent par Pall Mall ; les blessés sont dirigés vers Home Run et les soldats réformés sont démobilisés à Twenty Grand.

Chaque armée sait qu'une logistique maîtrisée est un gage de victoire. Raison pour laquelle le SHAEF a misé sur celle-ci et a imaginé toute une série de technologies nouvelles pour lui permettre de soutenir avec efficacité ses soldats au combat.

Le mensuel américain *Voir*, distribué gratuitement aux populations françaises, vante les mérites de la Red Ball Express sur 5 pages, dans son numéro 18 de 1945 : « L'express du Bal Rouge ! Aucun des hommes ayant participé à la guerre sur le front occidental n'oubliera jamais ce nom ni ce qu'il représente : l'interminable file de camions, de tracteurs de l'armée américaine qui, jour et nuit, vingt-quatre heures par jour, acheminent au long de 1500 km, des ports de la Manche jusqu'à la ligne de front, le ravitaillement nécessaire aux armées. » Cette route est devenue si mythique aux États-Unis, qu'au printemps 1945, à Broadway la comédie musicale *Call me Mister*, puis le film *Les Conducteurs du diable* en 1952, lui rendent hommage.

JUIN-AOÛT 1944

PROPAGANDE VICHYSTE ET COLLABORATIONNISTE

Les bombardements et la bataille de Normandie vont être l'ultime occasion pour les propagandistes vichystes et collaborationnistes de s'exprimer. En dénonçant la prétendue perfidie et inhumanité des bombardements sur les villes et en mettant en avant leurs conséquences sur les populations civiles, ils espèrent retourner l'opinion contre les Alliés.

Les « libéra-tueurs »

La propagande vichyste et collaborationniste utilise essentiellement l'argument des bombardements qu'ils condamnent dès 1942. Celui des usines Renault à Boulogne-Billancourt, la nuit du 3 mars 1942, fait l'objet d'une mise en scène morbide : obsèques nationales des victimes civiles en présence de représentants du régime de Vichy, cérémonie religieuse qui associe l'Église au discours officiel, présence au second rang des autorités allemandes. Le même cérémonial se répète lors des bombardements de Lille, en janvier 1943, de Rennes en mars 1943, de Billancourt en avril 1943, de Montbéliard en juillet 1943, de Paris le 26 avril 1944, etc.

L'intensification des bombardements, en 1943 et 1944, incite le ministère de l'Information à mettre en place de nombreuses campagnes de propagande dans les médias (presse, radio, actualités cinématographiques) et par affiches, tracts, brochures. La série *Nos villes dans la tourmente* présente en 32 pages les dommages des bombardements sur différentes villes : Le Creusot, Nantes, Montluçon, Lorient, Rouen, Le Portel, Toulon, etc. Imprimées de 15 000 à 30 000 exemplaires, ces brochures sont expédiées aux maires, conseillers départementaux, syndicats professionnels et Secours national, pour être ensuite distribuées gratuitement. Les affiches *Les Anglo-Américains délivrent la France en la bombardant* de novembre 1943 ou *Les Assassins reviennent toujours sur les lieux de leur crime*, après la Semaine rouge de Rouen, du 30 mai au 5 juin 1944, sont tirées à 250 000 exemplaires.

Les thèmes mis en avant par cette propagande sont récurrents. Ils exposent la souffrance par des images de cadavres, de cercueils, de familles en larmes. Les enfants, les femmes et les personnes âgées tuées ou qui ont tout perdu sont mis en avant. Le vocabulaire parle de crimes de guerre, d'assassins, de barbares, d'agression criminelle voire de « libéra-tueurs ». Un hommage est rendu aux services de secours, au Secours national et aux trains du Service interministériel de protection contre les événements de guerre (SIPEG).

FRANÇAIS !

Voici le denier modèle de bombe incendiaire que les « LIBERATORS » s'apprêtent à jeter par centaines de mille sur ta ville ou sur ton village.

C'est le dernier cri de la technique. Ses perfectionnements sont tels que tu pourras voir tes enfants déchiquetés d'un seul coup ou brûlés vivants, et ta maison détruite en un instant.

Garde donc cette reproduction. Si tu as la chance d'échapper à la nouvelle attaque que l'on te promet, tu auras devant toi l'image de l'arme avec laquelle tes amis sont venus « te libérer».

Si tu es de ceux qui, pendant quatre ans, ont attendu, appelé, « espéré » les libérateurs, tu pourras te dire que cette bombe qui détruit ton foyer et massacre ta famille, tu l'as attendue, tu l'as appelée, tu l'as espérée; tu pourras te dire que tu as « travaillé » pour qu'elle tombe là où elle est tombée.

Alors, tu regretteras amèrement d'avoir accordé ta confiance aux Anglo-Américains qui t'avaient promis de te libérer, de libérer ta maison et le sol sacré de ta patrie et qui te le promettent encore, aux Anglo-Américains qui n'ont jamais libéré personne, mais qui ont, au contraire, bâti leurs fortunes et leurs empires sur la conquête, l'oppression et l'esclavage.

MAIS IL SERA TROP TARD !

Si, au contraire, tu es de ceux qui ne comptent pas sur l'étranger pour recréer une France forte, saine et prospère, et qui se refusent à admettre que l'on peut libérer la France en assassinant les femmes et les enfants de chez nous :

garde aussi l'image de cette bombe, car, pour se rappeler les crimes hypocritement commis au nom d'une prétendue amitié,

IL N'EST JAMAIS NI TROP TÔT NI TROP TARD !

État d'esprit de la population

Pour désolidariser l'opinion française des Alliés, un discours alarmiste est distillé. Insistant sur d'autres raids à venir, il instaure un climat de peur. Le Débarquement imminent est présenté comme le pire des malheurs que la France aura à subir, malgré elle, avec son lot de famines, misère, destructions et victimes civiles.
Malgré tout l'opinion publique est partagée, comme le constatent les autorités. Les bombardements « trouvent leur justification aux yeux des gens dans des nécessités stratégiques et les lois de la guerre[1] ». Ils « n'ont pas suscité de réactions d'hostilité contre les Anglo-Américains[2] ». Mais si les bombardements touchent les civils de près, ils soulèvent une vague d'indignation.
Ainsi, les tirs du 26 mai sur Saint-Étienne, par l'aviation américaine, l'un des pires pour la France avec plus de 1 000 morts et 20 000 sinistrés, entraînent la réprobation : « Un retournement passager a été observé dans notre région lors des bombardements meurtriers de Lyon et Saint-Étienne par l'aviation américaine. Cette nation qui jouissait surtout d'une grande popularité et sympathie en France a été fortement critiquée. [...] Qu'ils lâchent leurs bombes sur l'Allemagne où ils veulent, mais qu'ils respectent en France, un pays ami et anciennement allié, une population innocente, déjà traquée par l'occupant et exposée à la famine, entend-on dire dans les cafés et les trains[3]. »
Après le Débarquement, l'état d'esprit de la population est analysé par le contrôle postal instauré par le régime de Vichy pendant toute la guerre. Il ne s'agit pas d'un sondage représentatif mais il permet d'avoir une idée de ce que pensent les Français. Ainsi, sur les 100 000 lettres ouvertes entre le 8 et le 15 juin, environ 17 197 font allusion au Débarquement. Si moins de 20 % des auteurs semblent satisfaits par cette annonce, la majorité des lettres font ressortir un sentiment de peur et d'inquiétude. Leurs auteurs appréhendent l'augmentation des bombardements, les problèmes de ravitaillement, les troubles intérieurs susceptibles d'entraîner des représailles allemandes et de la Milice[4]. Les partis collaborationnistes vont précisément insister sur cette anxiété dans leurs outils de propagande.

Ultimes propagandes après le Jour J

Dès le 7 juin, la presse dite officielle minimise la réussite du Jour J par des titres trompeurs. *La France socialiste*, déclare qu'« après douze heures de combat presque toutes les troupes de parachutistes sont anéanties ; celles de débarquement rejetées à la mer, entre Villers-sur-Mer et Trouville, où les assaillants tiennent encore une tête de pont[5] ». Étonnant quand on sait que le secteur évoqué ne fait pas partie des plages du Débarquement. *Le Matin* renchérit : « L'ennemi reconnaît qu'il a perdu 25 000 hommes au cours de cette première journée d'opération[6]. » Le communiqué officiel allemand, repris dans la presse, est quant à lui laconique : « Cette nuit l'ennemi a commencé sur l'ouest de l'Europe son attaque préparée depuis longtemps et à laquelle nous nous attendions. [...] Des combats acharnés sont en cours dans la zone côtière attaquée[7]. »
Très vite, des journalistes se rendent sur le front de Normandie pour y décrire les combats mais aussi insister sur les destructions des villes et l'exode des populations civiles. Des articles font l'éloge des troupes allemandes. *Paris-Soir*[8] publie l'article « En première ligne avec la

Hitlerjugend », ode à ces jeunes soldats fanatiques, surnommés la Baby Division par les Alliés. Ayant pu interroger un prisonnier anglais, le journaliste lui fait dire : « Ce sont peut-être des bébés ; ce sont des enfants terribles ! »
Un reporter de Radio-Paris membre du PPF de Doriot, Jean Loustau-Chartez[9], se rend à deux reprises sur le front normand avec une voiture équipée d'appareils d'enregistrement. Il fait un reportage sur les réfugiés dans les carrières de Fleury-sur-Orne[10] : « Là, dans ces conditions que je décrirai certainement mal, parce qu'elles dépassent tout en imagination, là vivent cinq mille habitants de Caen. Depuis un mois, ils partagent cette existence de troglodytes, qu'ils soient des vieillards impotents ou des bébés de quelques semaines seulement[11]. »

Les partis collaborationnistes entrent dans la bataille

Rares sont les personnalités françaises autorisées à se rendre sur le front de Normandie. Jacques Doriot, le leader collaborationniste du Parti populaire français, obtient cette faveur de la Wehrmacht. Vêtu de son uniforme allemand[12], accompagné d'Albert Beugras, le numéro deux de son parti, et de photographes allemands chargés d'immortaliser ce périple, ils traversent plusieurs villes détruites (Lisieux, Saint-Lô, Mortain, Caen) avant de rentrer à Paris[13].
Pour pallier la prétendue incurie administrative et politique du régime de Vichy, que les partis collaborationnistes fustigent depuis plus d'un an, Doriot crée un Commissariat général pour la Normandie, devant assurer l'aide aux sinistrés depuis Paris et la province à la « Normandie souillée et martyrisée par l'envahisseur ». Face à la désorganisation du pays, l'opération ne regroupe qu'entre 200 et 250 volontaires dont un tiers de femmes. Le PPF se targue d'avoir fait transiter en un mois 8 000 lettres de la Normandie au reste du pays et 12 000 dans le sens inverse[14].
D'autres mouvements collaborationnistes envoient leurs membres aider les sinistrés normands comme le Parti franciste[15] ou le Comité ouvrier de secours immédiat (COSI[16]). Au niveau gouvernemental, le Secours national tente lui aussi de soulager les populations réfugiées.
Toutes ces aides seront dérisoires face à l'ampleur des destructions et des besoins des sinistrés. Surtout, la violence des combats empêche les éventuels secours de venir rapidement en aide aux populations qui, parfois pendant plusieurs semaines, se trouvent isolées du reste du pays et ne doivent compter que sur elles-mêmes pour tenter de survivre au cœur des combats.

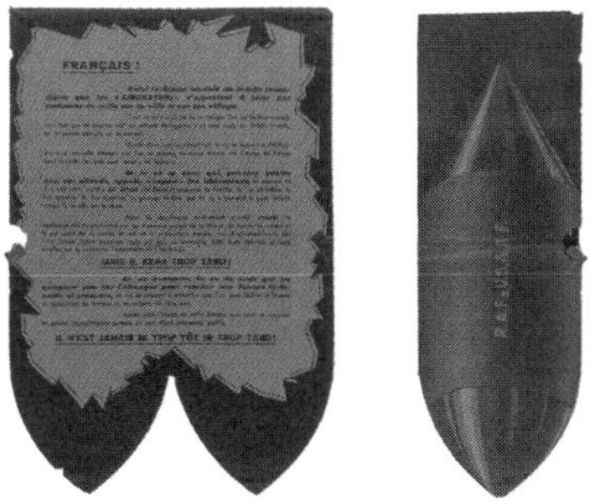

Afin d'impacter l'opinion, les officines de propagande collaborationniste imaginent, en 1943, ce tract en forme d'obus pour dénoncer les bombardements alliés sur la France.

COMBATIVITÉ ET ENDOCTRINEMENT DU SOLDAT ALLEMAND

L'annonce du Débarquement est un soulagement pour de nombreux soldats allemands prêts à en découdre avec l'ennemi. Ils sont las d'attendre cette invasion que beaucoup imaginaient se produire en mars 1944, y compris dans les états-majors. Le mois de mai ayant paru être la période la plus favorable, l'état d'alerte y fut maximum pour retomber début juin, par suite du changement météorologique. Cela explique la baisse d'effectifs de la 7e armée allemande, stationnée en Bretagne et en Basse-Normandie, qui est passée de 311 000 à 198 000 hommes, entre mars et juin 1944.

Une bataille décisive

Pour les soldats allemands, cette bataille décidera de l'issue de la guerre. Beaucoup ont à l'esprit les mots de Hitler déclarant, après la conférence alliée de Téhéran[1], que « si nous n'arrêtons pas l'invasion et ne rejetons pas l'ennemi à la mer, la guerre sera perdue ». Depuis 1940, les discours de Hitler soulignent toujours l'aspect décisif de chaque offensive et entretiennent ainsi une attitude combative. Les premiers jours de la bataille, les troupes se considèrent aux avant-postes de défense. Galvanisés, beaucoup veulent venger leurs proches, victimes des bombardements intensifs, des « incendiaires anglo-américains », sur l'Allemagne, depuis 1943. Les défaites allemandes sur le front de l'Est nourrissent aussi ces pulsions vengeresses et l'envie d'en découdre. Cette combativité résulte aussi d'une discipline qui s'est renforcée, depuis 1942, au sein de la Wehrmacht. Au principe de brutalisation des civils, instauré sur le front de l'Est, s'est ajouté, aussi bien pour l'homme de troupe que pour les officiers, la pratique du combat sur place jusqu'à la mort, sans discuter les ordres, y compris au prix de lourdes pertes. D'ailleurs, les officiers supérieurs qui refusent d'appliquer cette doctrine sont rapidement limogés et remplacés par des hommes dociles capables d'exécuter les ordres et prêts à sacrifier leurs hommes, y compris dans des stratégies dépourvues de bon sens.
Après la défaite de Stalingrad, en février 1943, une nouvelle étape est franchie : Hitler autorise les officiers à menacer, voire assassiner sur le théâtre d'opérations, tout soldat récalcitrant ou désobéissant aux ordres. Funeste usage appliqué en France, à l'été 1944, par de zélés officiers, censés intimider leurs soldats. Cette obéissance aveugle aux ordres se perçoit dans les interrogatoires de

Pk 13/8/44

Front und Heimat

Nr. 26 Juli 1944 Y

Verlag: Franz Eher Nachf. GmbH. (Zentralverlag der NSDAP.), Berlin SW 68, Zimmerstr. 88, Fernruf Nr. 11 55 86. Erscheinungsweise: 2 Mal wöchentlich.

DIE DEUTSCHE SOLDATENZEITUNG

Hauptschriftleiter: Heinz Liebscher. — Feldpostanschrift der Schriftleitung: Feldpostnummer 06 000. — Postanschrift: Berlin SW 68, Mauerstrasse 88, Fernruf 11 00 22, für Auslandsgespräche: 11 55 86.

So hat es die Front immer gewollt

Diesmal wird ernst gemacht!

Schluss mit der Scheinarbeit - Gesunde Frauen bis zu 50 Jahren in die Rüstung - Heranziehung der Heimarbeit

FH. Seinen ersten Ankündigungen hat der Reichsbevollmächtigte für den totalen Kriegseinsatz, Reichsminister Dr. Goebbels, sehr bald die ersten Massnahmen folgen lassen. Die beiden Verordnungen, die alle Scheinarbeitsverhältnisse anprangern, und die das Alter der meldepflichtigen weiblichen Arbeitskräfte vom 45. auf das 50. Lebensjahr heraufsetzen, stehen im Anfang jener umfassenden Massnahmen, durch die Soldaten für die Front freigemacht und der Rüstung neue Arbeitskräfte zugeführt werden sollen. Was Scheinarbeit ist, braucht kaum jemandem gesagt zu werden. Viele unter uns kennen Fälle, in denen etwa die Frau eines Geschäftsinhabers zum Schein in das Geschäft ihres Mannes eintrat, sich ein Arbeitsbuch ausstellen liess und damit als berufstätig galt, obwohl sie in Wahrheit gar nicht daran dachte, auch nur einen Finger krumm zu machen. Manche unter uns wissen auch von jüngeren Frauen und Mädchen zu berichten, die sich dank ihrer Beziehungen zu Behörden- und Büroleitern zum Schein als Bürohilfskräfte einstellen liessen, in Wahrheit aber keine Stunde ihres müssigen Tages bei ernsthafter Bürotätigkeit zubrachten.

Die Scheinarbeit hat mannigfache Formen. Wer gute Beziehungen hatte und dazu noch über die Zeit verfügte, diese Beziehungen auszuspielen, suchte sich unter die deckenden Fittiche der Scheinarbeit zurückzuziehen und sich damit vor der ernsthaften Arbeit zu drücken. Es braucht mit keinem Wort gesagt zu werden, dass die Scheinarbeit nichts anderes als ein Betrug an den Millionen braven arbeitenden Männern und Frauen in der Heimat ist. Dass mit dieser Scheinarbeit radikal Schluss gemacht wird, wird jeder Soldat nur aus vollem Herzen begrüssen. Der Landser draussen, der stündlich bereit ist, sein Leben einzusetzen und dessen Frau zu Hause in der Rüstung schafft, hat überhaupt kein Verständnis für jede Form von Drückebergerei in der Heimat. Schluss mit der Scheinarbeit! Das ist in Wahrheit auch die Forderung der Front!

Darum kann es jedem Soldaten auch nur recht sein, wenn dieses Uebel an der Wurzel angefasst wird, wenn schwerste Strafen denjenigen angedroht werden, die sich nach dem 15. August noch in einem Scheinarbeitsverhältnis befinden und sich nicht beim Arbeitsamt gemeldet haben, und wenn auch diejenigen gewarnt werden sollen, die etwa durch die Ausstellung fragwürdiger Atteste den Faulen und Drückebergern noch weiter Vorschub leisten.

Wie steht es nun mit der Heraufsetzung des Frauenarbeitsalters von 45 auf 50 Jahre? Mancher unserer jüngeren Kameraden wird die Mitteilung bekommen, dass auch seine Mutter jetzt noch in die Rüstungsfabrik geht. Der Gedanke wird ihm vielleicht zuerst etwas schwer ankommen. Aber er weiss doch gerade, wie wichtig es ist, Männer für die Front frei zu machen und trotzdem den Ausstoss der Rüstungsproduktion noch weiter zu erhöhen. Es wird ihm auch gut bekannt sein, dass tausende deutscher Frauen im Alter von über 45, ja über 50 und 60 Jahren zum Teil schon seit Beginn des Krieges freiwillig einen Arbeitsplatz eingenommen haben. Ist es ihnen gegenüber nicht nur der Ausgleich einer unbilligen Ungerechtigkeit, wenn auch andere gleichaltrige oder sogar jüngere Frauen jetzt für den Arbeitseinsatz erfasst werden? Im übrigen wird jede der neuen Arbeitspflichtigen eine wirklich kriegswichtige Beschäftigung erhalten, die ihrem Können und ihren Kräften entspricht. Unbillige Härten — so wird in der Verordnung ausdrücklich gesagt — sollen nach Möglichkeit vermieden werden. Unsere bewährte Arbeitsverwaltung wird sich gerade gegenüber den älteren, jetzt dienstverpflichteten Frauen ihrer Verantwortung bewusst sein.

Diese beiden Verordnungen, die im Einvernehmen mit dem Reichsbevollmächtigten für den totalen Kriegseinsatz, der Generalbevollmächtigte für den Arbeitseinsatz, Gauleiter Sauckel, erlassen hat, stellen natürlich erst den Anfang der umfassenden Massnahmen dar, die den totalen Kriegseinsatz des ganzen deutschen Volkes jetzt praktische Wirklichkeit werden lassen. Schon ist weiter die stärkste Heranziehung der Heimarbeit angekündigt. Es kann offen ausgesprochen werden, dass zur Ausarbeitung aller weiteren Pläne und zu ihrer Durchführung eine gewisse Zeit benötigt wird.

Die neue tiefgreifende Umstellung, die durch den totalen Kriegseinsatz die ganze deutsche Heimat noch einmal erfahren wird, lässt sich eben nicht von einer Stunde zur anderen verwirklichen. Aber wir wissen, dass diesmal wirklich ernst gemacht wird, und dass die Forderung der Front, in diesen schicksalsschweren Wochen und Monaten auch die ganze Kraft der Heimat einzusetzen, so schnell wie möglich Wirklichkeit werden wird.

Schieber um Roosevelt

FH. Wie die Zeitung »New York Daily News« mitteilt, sind sechs hohe Regierungsbeamte, die dem Amt für Preiskontrolle und Rationierung angehörten, wegen riesiger Schiebungen ihrer Ämter enthoben worden. Die Betrügereien dieser Beamten wurden dadurch aufgedeckt, dass bei einer Nachprüfung im Amt für Preiskontrolle das Fehlen von Benzinscheinen im Werte von mehreren Millionen Litern Benzin festgestellt wurde. Die Scheine waren von den Beamten am schwarzen Markt verkauft worden.

Vom Führer berufen

Generaloberst STUMPFF
Oberbefehlshaber der Luftflotte „Reich"

Reichsführer SS HIMMLER
Befehlshaber des Heimatheeres

Generaloberst GUDERIAN
Chef des Generalstabes des Heeres

Aufnahmen Atlantik

Es liegt an uns!

Von Heinz Liebscher

Die Sowjets vor den Toren Ostpreussens. Mordanschlag auf den Führer. Grossangriffe in der Normandie. Verstärkter Druck der Feindmächte auf die bisher neutrale Türkei.

Es wäre ein Verbrechen zu leugnen, dass die Lage ernst, sehr ernst geworden ist. Wir haben keine Veranlassung, Vogel-Strauss-Politik zu treiben, den Kopf in den Sand zu stecken und so zu tun, als ginge uns das alles nichts an, als wäre es »halb so schlimm«. Wer jetzt noch nach altem Schema schlecht und recht seine Arbeit tut und im Wesentlichen seine Energie dazu verwendet, sich auf eine Insel des möglichst bequemen Lebens zu retten, um den Krieg Krieg sein zu lassen, der ist ein Verbrecher und gehört an die Wand gestellt.

Machen wir uns erst einmal klar, was in diesen Tagen, Wochen und Monaten eigentlich vor sich geht. Mit wenigen Worten sieht das folgendermassen aus: Der Feind hat nach jahrelangen Bemühungen seine aufgespeicherte Material- und Menschenüberlegenheit nunmehr nach einem vereinbarten Kriegsplan zu einem grossen, wuchtigen Gesamtschlag in die Waagschale der Entscheidung geworfen. Wir sahen das voraus. Jedem Einsichtigen ist klar, dass mit diesem Grosseinsatz des Feindes empfindliche Rückschläge für uns verbunden sein müssen. Der Verlauf des Krieges hat gezeigt, dass die qualitative Ueberlegenheit eindeutig auf unserer Seite liegt. Immer, wenn der Feind durch uns zurückgeschlagen wurde, legte er eine Pause ein und ging erst dann wieder zum Angriff über, wenn er uns durch neu herangezogene Kräfte und neu herangezogene Truppenverbände glaubte so haushoch überlegen zu sein, dass ihm der Erfolg seiner Operationen sicher schien. Jeder von uns weiss, wie oft diese — übrigens typisch kaufmännisch händlerische Rechnung — trotzdem nicht gestimmt hat. Wenn wir also einmal ganz offen die zurzeit verständlicher Weise überall diskutierte Frage stellen: Was können wir eigentlich gegen diesen konzentrischen Massenansturm unternehmen? dann haben wir hier bereits einen absolut zuverlässigen Ansatzpunkt. Wir müssen die Qualität gegen die Quantität setzen. Die bessere Leistung wird und muss uns den Enderfolg trotz allem sichern! Wir brauchen die besseren Waffen, den härteren Einzelkämpfer, die überlegenere Führung und vor allem die festgefügtere Kriegsmoral.

Es schadet gar nichts, wenn man sich einmal klar macht, was geschehen würde, wenn man verrannten Phantasten folgen würde — die Zeit ist für sie endgültig vorbei — die sich einbilden, dass man diesen Krieg »aufgeben« könne, wie etwa ein Zehntausendmeterläufer seinen Rekordversuch, um ihn nach einigen Wochen systematischen Trainings zu wiederholen oder etwa ein Geschäftsmann seinen Betrieb, der nahe vor dem Konkurs steht, und der einen Vergleich mit seinen Gläubigern schliesst, weil er die Chance hat, bei neuen anders gearteten Unternehmungen seine Verluste wieder wettzumachen. Für uns gibt es nur noch ein Entweder — Oder. Entweder wir führen den Krieg zu einem für uns siegreichen Ende, oder aber es ist alles verloren, und zwar nicht etwa

AUF SEITE 3:

Ganzseitige Karte vom Kampfraum Normandie

prisonniers allemands sur le front normand menés par les services de renseignement américains. « Il y a un manque total d'individualité ou d'affirmation de soi, et beaucoup ont indiqué qu'ils n'avaient tout simplement pas le droit d'avoir leur propre opinion. L'une des remarques typiques fut celle-ci : "En tant que simple soldat, je ne me suis jamais soucié des choses[2]". »

L'endoctrinement des troupes allemandes

À cette rigoureuse discipline s'ajoute, à partir d'avril 1944, un endoctrinement massif, orchestré par Goebbels qui développe à cette fin de nouveaux outils de propagande. Ainsi, le bulletin d'information aux armées, *Armee-Nachrichtenblatt,* est remplacé par *Front und Heimat* (*Front et Patrie*) au contenu davantage politique. Des soldats, membres du parti ou des organisations nazies, sont désignés pour servir de relais politiques auprès de leurs camarades. Des cycles de conférences sur la situation géopolitique ou les origines de la guerre sont dispensés dans certaines divisions.

Au sein de la 91e division, le salut nazi avec *Heil Hitler* est imposé à tous ses officiers et sous-officiers, tandis que la 716e division organise un concours, jusqu'au 20 juin, du portrait de Hitler le mieux présenté dans chaque campement. Tout cet arsenal de propagande a comme objectif de préparer les mentalités à l'offensive alliée et d'effrayer les soldats à qui le Débarquement est présenté non comme une simple attaque contre l'idéologie national-socialiste mais comme une agression contre le peuple allemand : « Les travailleurs seront envoyés comme esclaves en Sibérie. La jeunesse allemande sera éduquée au communisme par des professeurs juifs. Nos femmes seront des proies faciles pour les obsédés, les sales Juifs et les bâtards nègres sauvages de l'armée d'occupation[3]. »
L'endoctrinement est tel que même ceux qui pensent que la lutte est sans espoir continuent de se battre par peur et par habitude.

Une armée brutale envers les populations civiles

Dès le 6 juin, les exactions, allant jusqu'aux crimes de guerre, envers la population civile se multiplient. Le commandant de l'armée allemande dans les territoires occupés du sud de la France édicte, le 10 juin 1944, une ordonnance « concernant la sauvegarde de l'armée allemande », qui fait suite à « la situation créée par les rassemblements de bandes terroristes qui contraint l'armée allemande à exercer les droits de la force occupante dans notre région avec la même étendue que les droits exercés [...] dans la zone nord[4]. » Ce qui implique la prise du pouvoir exécutif des autorités civiles françaises par l'armée allemande afin de lutter contre toutes les actions menées par la Résistance.
L'ordonnance précise que « seront punis les actes de violence et de sabotage ; les troubles apportés à la bonne marche du travail ; la non-exécution des ordres concernant les services ou les réquisitions en nature, les obligations de surveillance, les infractions en matière de déclaration de présence ou d'interdiction de séjour. » Le refus de ces consignes risquera au contrevenant l'emprisonnement, la déportation ou la peine de mort. Quant aux sabotages et toute forme de résistance armée, ils entraîneront des mesures contre la population.
En contrepartie, « la troupe aura des égards pour la population et épargnera ses biens dans la mesure où elle sera paisible ». Ce sera d'ailleurs l'un des arguments de défense du maréchal von Rundstedt, commandant en chef de la

Wehrmacht pour l'ouest de la France, lors du procès de Nuremberg, à propos des exactions commises par l'armée allemande en France : « Autant que nous le pouvions, nous avons usé de ménagements. Jamais des villages entiers n'ont été anéantis par bombardement aérien, et il n'y a jamais eu que quelques avions engagés contre certains points de résistance. Il n'y a pas eu d'emploi massif de l'artillerie ou de blindés. Que des excès se soient produits, comme à Oradour, nous l'avons tous fort regretté. [...] J'ai également fait mon rapport à l'OKW sur cet événement regrettable. »

Le moral des troupes

Malgré tout, le moral des soldats est soumis à rude épreuve durant la bataille de Normandie. Une fois l'effet de surprise du Débarquement passé, la supériorité aérienne alliée et une logistique moderne hors du commun ramènent les troupes à une dure réalité. Malgré la présence de quelques divisions blindées, la Wehrmacht mène une guerre d'un autre temps, avec une majorité d'équipements hippomobiles face à une armée ennemie fortement motorisée.

Nombreux sont pourtant les soldats allemands à croire en leur supériorité. Et s'ils respectent le soldat britannique, estimé comme solide et tenace, ils méprisent les GI's, perçus comme des lâches dépourvus de sens politique et dont l'état-major privilégie le matériel défensif pour sauvegarder leur vie.

La chute du port de Cherbourg, l'échec de la contre-offensive de Mortain, la poche de Falaise ébranlent le moral d'une majorité de soldats allemands. Lassés de la guerre, ils doutent même de gagner en dépit d'armes secrètes à venir. Cette baisse de moral, plus net chez les plus anciens, est cependant sans conséquences sur leur combativité.

En revanche, les jeunes recrues, souvent mal formées et qui essuient leur baptême du feu en Normandie au prix de lourdes pertes, ont le moral en berne. L'épuisement au combat, ressenti par de nombreux soldats, entraîne des pathologies psychosomatiques ou des troubles psychiques. L'appareil digestif étant le plus souvent atteint, la Wehrmacht qualifie ces victimes de névroses de « bataillons des malades de l'estomac ».

Quoi qu'il en soit, l'abîme qui sépare les réalités du terrain et les communiqués mensongers de la Wehrmacht n'entame en rien la confiance des soldats en Hitler. Sur un panel de prisonniers capturés dans le Cotentin, en juin-juillet, leur foi dans le Führer est de 84 % chez les moins de 21 ans, 76 % chez les moins de 30 ans, pour décroître à 50 % chez les trentenaires et chuter à 44 % chez les quarantenaires[5].

Front und Heimat (*Front et Patrie – Le journal du soldat allemand*), qui remplace *Armee-Nachrichtenblatt*, est le nouveau bulletin d'information aux armées. Son contenu davantage politique, selon le souhait de Goebbels, a pour objectif d'endoctriner les troupes à l'approche du Jour J et lors de la bataille de Normandie. En atteste l'inscription au crayon papier « PK 3/8/44 », signifiant que le journal a été réceptionné par une Propaganda Kompagnie (PK) de l'armée allemande.

LE SOLDAT FACE À LA MORT

Pour un militaire, la mort est une notion omniprésente pour soi comme pour l'autre, ami ou ennemi. Cette possibilité obsède tous les esprits et est inhérente à chaque récit de combattant. À l'image du second lieutenant George Wilson du 22e régiment d'infanterie américain, chacun souhaite une mort brève et sans douleur : « Si cela devait arriver, une simple balle dans le cœur me serait grandement suffisante pour partir. Ça me rassurerait je crois[1]. »

Préparer sa mort

Face au risque de mourir, à partir d'octobre 1940, l'armée américaine propose aux soldats de souscrire une assurance vie permettant aux bénéficiaires désignés de toucher 10 000 dollars[2].
De plus, l'armée recommande aux soldats anglais, canadiens et américains de rédiger leur testament afin de mettre en ordre la succession de leurs biens en accord avec leurs dernières volontés et la loi en vigueur. Dans la réalité, seuls les soldats et officiers de plus de 25 ans en rédigent un. Les plus jeunes, ne possédant aucun bien d'importance financière, n'en voient pas l'utilité.
En revanche, tous les soldats font face à une angoisse commune sur le front : mourir dans l'anonymat. Tous craignent que leur corps ne puisse être identifié, si la plaque de matricule qu'ils portent autour du cou venait à disparaître. Aussi, la personnalisation des uniformes ou autres effets personnels devient habituel chez les GI's, avec une liberté d'expression inimaginable pour les autres armées des pays européens. Souvent inspirés de la provenance géographique, ces signes sont inscrits discrètement sur la coque intérieure du casque ou sur le sous-casque mais aussi de façon ostentatoire sur la veste d'uniforme. Si la culture populaire a davantage retenu les vestes en cuir des aviateurs américains recouverts de pin-up ou de personnages de dessins animés à la mode, les GI's n'en arboraient pas moins des dessins provocants. Le plus étonnant étant un soldat de confession juive qui prend le risque de débarquer à Omaha, une étoile de David dessinée dans le dos, entourée de l'inscription « Bronx – New York[3] ».

Mutiler et voler le corps du soldat mort

La Convention de Genève de 1929 donne obligation aux belligérants de respecter les blessés, les malades et le corps des soldats morts. Sur le terrain, ces consignes sont cependant loin d'avoir été suivies, aucune armée n'échappant à la règle. À la vengeance, s'ajoutent aussi des préjugés et stéréotypes tendant à déshumaniser l'ennemi. Côté anglo-américain, si les Japonais sont comparés à des animaux, les Allemands sont supposés être porteurs de maladies ou de virus[4]. Les mêmes phrases xénophobes qui résonnaient chez les nazis se retrouvent chez les GI's : « Tous les gars autour de moi s'accordent pour dire que la vermine boche ne va pas résister longtemps à nos fusils M1. Nous allons désinfecter l'Europe de ces bâtards[5] », écrit un caporal à

Pendant que ses camarades poursuivent leur marche en avant, un soldat américain est demeuré sur la grève, là où il est tombé.

son épouse. Et lorsque les GI's emploient l'expression « *The good German* » (« Le bon Allemand »), c'est pour introduire la suite « *is a dead German* » (« est un Allemand mort »).
La mutilation des corps a été rare sur le front européen. Il est toutefois des exceptions notables. Le Jour J, près de Sainte-Marie-du-Mont, des parachutistes américains capturés ou encore suspendus aux arbres sont atrocement mutilés au niveau des parties génitales par des Allemands. Prise le même jour, la batterie allemande située à proximité subit les représailles des GI's. Ils tuent quarante prisonniers et s'acharnent sur leurs corps sous les yeux effrayés des autres captifs.
Une pratique largement répandue sur de nombreux théâtres d'opérations militaires est la course aux souvenirs. Si l'Armée rouge semble championne en la matière, les GI's se sont bien servis aussi. Médailles, insignes, casques, pistolets Luger sont pris sur les dépouilles. Parfois, le vol concerne les objets personnels : livret militaire, montres ou encore alliances. Certains vont même jusqu'à voler la plaque d'identité, transgression ultime prouvant la désacralisation du vaincu aux yeux du vainqueur. La plaque étant l'outil principal d'identification du soldat tué, cela constitue une sorte de double mort pour le soldat. Son identification désormais impossible, le corps ne pourra pas être restitué à la famille.
La course aux souvenirs était si répandue qu'elle en était devenue risquée. Nombre de corps piégés ont été utilisés pendant la guerre. Le plus souvent il s'agit d'une grenade ou d'une mine posée sous le corps qui explose lorsqu'on le retourne. « Même les morts voulaient notre peau[6] », déclare un officier américain. Les Allemands piègent aussi bien les corps de leurs camarades morts que ceux des soldats alliés.

Enterrer dans l'urgence du combat

Avant que ne fleurissent les cimetières militaires, aujourd'hui visibles sur l'ancien théâtre d'opérations militaires de la bataille de Normandie, de nombreux cimetières provisoires ou tombes individuelles ont jalonné la région au gré des combats.
Au sein de l'armée allemande, des instructions précises sont données à chaque régiment concernant les démarches à appliquer pour les soldats tués au combat : déclaration auprès des autorités militaires sur un imprimé standard, modalités à suivre pour informer les parents du défunt, comment ériger une tombe et mentions et emblèmes à y inscrire. Un plan type est distribué afin de créer un cimetière militaire provisoire. Pour les sépultures individuelles creusées à la hâte dans le feu de l'action, on confectionne une croix artisanale avec deux morceaux de bois attachés par une ficelle au sommet de laquelle est parfois posé le casque du soldat mort. Cela doit permettre aux équipes ultérieures de retrouver les corps pour les exhumer. Si le temps presse, un pied est laissé apparent. Les fosses collectives, en principe à éviter, se multiplient toutefois lors de violents combats.
En revanche, les divisions SS enterrent leurs morts dans des carrés spécifiques. Des civils sont requis pour creuser les tombes et aménager ces carrés provisoires pendant que les Allemands volent les jardinières posées aux fenêtres des maisons pour fleurir les tombes. Parfois sur un petit tumulus, monté à l'extrémité du cimetière, une croix de fer en bois de taille plus importante porte la devise SS « Mon honneur s'appelle fidélité ».
À l'arrière du front, des cimetières militaires réunissent les corps isolés récupérés et les morts provenant des hôpitaux. Dans tous les cas, les familles ne sont pas

autorisées à réclamer les corps qui doivent être enterrés par régiments ou unités. Les officiers se doivent aussi de demeurer avec leurs hommes dans la mort. En revanche, les soldats suicidés n'ont pas droit, sauf exception circonstanciée, à une sépulture militaire. Dans l'armée américaine, les soldats condamnés à mort pour viol ou assassinat sont inhumés dans le *Dishonorable dead* (« carré de la honte »), isolé du reste du cimetière, et dont les noms sur les croix sont remplacés par de simples numéros afin de plonger dans l'oubli ces soldats, bannis de l'armée juste avant leur exécution[7].

Des consignes sont données pour les victimes des troupes ennemies qui doivent être inhumées le plus rapidement possible pour raisons sanitaires, en précisant au moins sur la tombe le nombre de soldats enterrés. Ces pratiques sont quasiment identiques dans chaque pays.

Inhumer les morts du Jour J

Tablant sur des pertes importantes les premiers jours de l'invasion en France, les Alliés imaginent rapatrier les corps des soldats tués en Grande-Bretagne, pour les inhumer dans trois cimetières « d'urgence » dans le sud du pays, à Weymouth, Portsmouth et Plymouth. Finalement ce plan n'a jamais été mis en place, chaque secteur de débarquement possédant, dès le 7 juin, un cimetière militaire provisoire. Le tout premier est celui créé dans l'urgence, à partir du 7 juin, par les soldats de l'American Graves Registration Service (AGRS) aux abords de la plage d'Omaha. L'ampleur des pertes sur ce secteur, avec des cadavres jonchant la plage, les contraint à agir rapidement tant pour des raisons sanitaires que pour le moral des troupes continuant à débarquer. En trois jours, 458 corps sont inhumés, avec l'aide de 35 civils français, dans ce cimetière temporaire nommé « Saint-Laurent 2 ». Le dimanche 11 juin, l'aumônier catholique célèbre une bénédiction, en présence des maires de Saint-Laurent-sur-Mer et Vierville. Mais en raison de la porosité du sol sableux qui favorise l'ascension de gaz nauséabonds et de nuées de mouches, et pour éviter cette vision démoralisante pour les troupes débarquant, le 12 juillet, les corps sont relevés pour être inhumés sur les hauteurs de Saint-Laurent-sur-Mer dans un cimetière provisoire ouvert le 9 juin. Toutes ces inhumations, individuelles comme collectives, ne sont que provisoires puisque dès la fin des combats, le travail de regroupement des corps par nationalité s'effectue, avant l'ultime étape de la fin des années 1950 et du début des années 1960 de construction des cimetières perpétuels toujours existants.

La brochure américaine *La Bataille de France* de 1945 n'hésite pas à présenter le sacrifice des soldats morts au combat avec cette photo représentative de la réalité : un soldat mort gisant sur la plage pendant que d'autres progressent sans sembler s'occuper de lui. Selon les consignes en vigueur son visage est semi-caché. La fiche blanche, contenant des renseignements nominatifs, autour de son cou signifie qu'il a déjà été identifié par les services sanitaires ou les soldats en charge de récupérer les corps.

LES CIMETIÈRES MILITAIRES ALLIÉS ET ALLEMANDS

Une fois les combats achevés et les terrains repris, il faut récupérer les corps. Ce sont les Alliés qui, au cours de leur avancée, vont progressivement regrouper toutes les sépultures provisoires de soldats alliés. Ils feront appel à des civils français pour les aider et emploieront aussi des prisonniers de guerre allemands pour exhumer puis réinhumer les corps de leurs compatriotes.

Retrouver les tombes

Les morts sont enterrés où ils tombent, ou presque. L'étape la plus fastidieuse est donc le « balayage », nom donné à la recherche des tombes individuelles alliées ou ennemies qui parsèment la Normandie, et ensuite de nombreuses autres régions de France. Le concours des maires est demandé par le ministre des Anciens combattants et Victimes de guerre, pour signaler aux Alliés les tombes présentes sur les territoires communaux. Fin 1946, un « communiqué des sépultures américaines » est diffusé sur les ondes de la radio pour solliciter le concours de la population dans cette quête[1] et des affiches sont placardées dans de nombreuses communes.

En parallèle, les Alliés font appel durant quatre ans à des civils français rémunérés[2] pour trouver les tombes individuelles et rassembler les corps dans des grands cimetières provisoires. Les tâches sont multiples : creuser les tombes, peindre les croix de bois et y inscrire au pochoir le nom du soldat, son grade et son matricule, entretenir les tombes et le cimetière ou encore accueillir les visiteurs.

Les dépouilles allemandes ne sont pas délaissées. Les Alliés ont recours à des prisonniers de guerre de l'Axe qui représentent le chiffre le plus élevé d'individus utilisés par les Américains, avec 880 hommes en 1945 et 600 en 1946. Dans les premiers mois, la cohabitation des civils avec ces prisonniers a parfois posé des problèmes.

Honorer les morts

L'inhumation du soldat répond à une codification stricte. Une fois identifié avec certitude, ce qui requiert un temps variable selon l'état du corps, les funérailles peuvent se tenir. Excepté le dimanche, le service funèbre est quotidien avec un service religieux et un cortège militaire.

L'aumônier militaire se charge ensuite d'écrire une lettre aux proches du défunt pour les réconforter : « Avant tout, j'aimerais que vous compreniez que le message que vous avez reçu de la part de Washington a oublié de mentionner que votre fils est mort honorablement sur le champ de bataille et que son corps fut

LA VIE

CATHOLIQUE ILLUSTRÉE

TOUSSAINT

N° 69

7 FR

DIMANCHE

27 OCTOBRE 1946

pris en charge avec les plus grandes précautions avant de recevoir des funérailles chrétiennes dans un cimetière situé en France[3] », écrit un prêtre à la mère d'un sergent mort.
Les effets personnels du défunt sont expédiés aux proches, accompagnés pour les Américains du *burial flag* (drapeau mortuaire). En effet, avant d'être enterré, le cercueil de chaque soldat est recouvert du drapeau national, en signe de compassion et de reconnaissance de la nation tout entière à l'égard des morts et de leur famille[4].

L'accueil des familles

Dès 1946, la Basse-Normandie est consciente que les plages du Débarquement comme les cimetières militaires vont attirer une nouvelle forme de tourisme, à commencer par les proches souhaitant se recueillir sur la tombe de leur défunt. Une agence de voyages de Lille informe le préfet de la Manche qu'elle va mettre en place « des itinéraires de voyages en cars pour faciliter aux familles anglaises et américaines un pèlerinage sur la tombe de ceux qui ont fait le sacrifice de leur vie sur la terre française[5] ». Face à cet afflux de nouveaux visiteurs, la Manche décide d'améliorer son réseau routier et ses infrastructures hôtelières, tandis que dès mars 1946, le service des ponts et chaussées du département ébauche les esquisses de circuits touristiques incluant les cimetières militaires.
En revanche, pour les familles se rendant sur les tombes de leur défunt, le règlement militaire est strict. Pour les cimetières américains, il est précisé que les visiteurs sont autorisés à placer des couronnes de fleurs ou de bouquets uniquement composés de fleurs naturelles. Les urnes, plantes en pot et autres signes religieux sont interdits, de même que les croix en pierre ou en béton.
En juillet 1966, la convention qui cède à perpétuité et à titre gracieux les terrains des cimetières militaires allemands, stipule que la France octroie à mille ayants droit allemands par an une réduction de 50 % sur les tarifs de la SNCF pour qu'ils se rendent sur la tombe de leur défunt.
Pour les personnes ne pouvant se déplacer en Normandie, dès 1944-1945, des initiatives sont prises par des particuliers pour entretenir et fleurir les tombes des soldats alliés. Les images publiées dans les pays concernés incitent des familles à entrer en contact avec les communes sur lesquelles sont situés des cimetières militaires. C'est le cas de Simone Renaud, épouse du maire de Sainte-Mère-Église, dont la photo la montrant fleurissant une tombe américaine reproduite dans *Life*[6], lui vaut de recevoir des milliers de lettres de parents désireux de savoir où est enterré leur proche. Malgré l'interdiction du règlement militaire, Simone Renaud prend la tombe en photo, ainsi qu'un pétale de rose recueilli sur la sépulture fraîchement fleurie pour l'envoyer aux familles.

Des cimetières militaires provisoires aux cimetières perpétuels

À l'été 1944, six cimetières provisoires allemands existent en Normandie. En 1949, les Alliés remettent aux autorités françaises le soin d'entretenir ces cimetières et de continuer le travail de regroupement des corps disséminés sur le territoire de 1 400 communes. Les autorités françaises récupèrent des cimetières quasi à l'abandon, tel celui de Banneville-la-Campagne qui « n'a pas été nettoyé depuis dix-huit mois environ. De hautes herbes arrivent à hauteur des croix, jusqu'à presque les masquer[7] ».

En 1949, les familles allemandes ou françaises d'Alsaciens-Mosellans incorporés de force à l'armée allemande, peuvent réclamer aux frais de l'État le rapatriement des corps des victimes de guerre (civils ou militaires) inhumés dans différents cimetières. En 1956, le Volksbund Deutsche Kriegsgräberfürsorge e. V.[8] prend le relais du Service des sépultures françaises quant au regroupement des corps des soldats tués. Six sites sont définitivement retenus[9] pour devenir les cimetières militaires perpétuels de Basse-Normandie, inaugurés en septembre 1961[10].

Du côté des Alliés, deux méthodes s'opposent. Pour les Britanniques et Canadiens, une tradition solidement ancrée dès la Première Guerre mondiale prévaut. Le corps du soldat repose là où il est mort et, sauf à de rares exceptions, il ne peut pas être réclamé par les familles. L'habitude d'inhumer le soldat à proximité du lieu où il a versé son sang a contribué à la multiplication de cimetières militaires, sans compter les sépultures abritées dans les cimetières municipaux[11]. Tous ces cimetières dépendant de l'Imperial War Graves Commission[12] sont achevés (tombes avec stèle, monuments et murs d'enceinte) une dizaine d'années après les combats. Les terrains sont cédés à perpétuité par la France, comme pour les cimetières américains.

Pour les Américains, le regroupement des corps isolés dans d'immenses cimetières est préféré et les familles qui le souhaitent peuvent demander le rapatriement du défunt aux États-Unis. Entre 1947 et 1951, 55 % des corps inhumés en Europe sont rapatriés pour être enterrés dans un cimetière militaire ou civil[13]. Dans le cadre du regroupement des corps, la Normandie passe de sept cimetières provisoires à deux perpétuels. Gérés par l'American Battle Monuments, ils sont inaugurés en juillet 1956. Il s'agit de Colleville-sur-Mer, qui domine l'ancienne plage d'Omaha, baptisé Normandy American Cemetery, qui compte 9 387 tombes. Et Saint-James, dans le sud de la Manche, qui symbolise la percée d'Avranches fin juillet 1944. Il a été nommé Britanny American Cemetery en raison de sa localisation, située à une dizaine de kilomètres de la péninsule bretonne ; il abrite 4 409 soldats.

Dès 1945, des civils français décident d'honorer les soldats alliés morts au combat sur le sol de France en fleurissant leurs tombes. Une pratique qui est toujours effectuée, par le biais d'associations ou à l'initiative de particuliers, qui perpétuent ce geste tel que présenté à sa Une par l'hebdomadaire *La Vie catholique*, à l'approche de la Toussaint 1946.

COMMÉMORER LE 6 JUIN 1944

Les premières cérémonies ne résultent pas d'une demande alliée ou française mais d'une initiative individuelle. Dès 1945, Raymond Triboulet, premier sous-préfet de la libération nommé à Bayeux, a l'intuition de commémorer le Débarquement de Normandie. Il s'agit à ses yeux d'un « événement militaire à l'état pur, du plus grand exploit militaire de la Seconde Guerre mondiale, d'un débarquement à une échelle géante. [...] Le 6 juin, c'est le monde entier qui fut ébranlé[1] ». Dans cette perspective, il crée le 22 mai 1945 le Comité du Débarquement, entité organisatrice des cérémonies commémoratives du 6 juin 1944 toujours existante.

Premières commémorations

Avant la première commémoration, les hauts lieux du Débarquement sont identifiés par des monuments. Le 2 septembre 1944, est inaugurée une plaque commémorative[2] à Ranville, première commune libérée de France par les parachutistes britanniques. Le maire, présent ce jour-là, prononce « un discours bref mais marqué au coin du plus pur esprit patriotique, [qui] a flétri l'ennemi insolent et rapace qui a brimé et jugulé notre pays pendant plus de quatre ans[3] ». Le 13 mars 1945, le pont de Bénouville est rebaptisé Pegasus Bridge, en hommage aux soldats de la 6e division aéroportée britannique qui le libère dans la nuit du 5 au 6 juin 1944 et dont l'emblème est le cheval Pégase. Ces premiers monuments posent les jalons de la commémoration de cet événement. Au fil des décennies, ils seront complétés par de nombreuses plaques, nom de rues et stèles.

Grâce à ses relations nouées comme sous-préfet, Triboulet s'assure le 6 juin 1945 de la présence du commissaire de la République, des ministres français de la Guerre[4], de la Marine[5] et de l'Air[6], des ambassadeurs d'Angleterre et du Canada, ainsi que d'une importante participation de troupes britanniques et américaines. À Ranville, « premier village de France libéré », une plaque est inaugurée. À Paris, une réception est donnée au Luxembourg par le bureau de l'assemblée consultative. Puis une réunion est organisée, à 20 h 15, salle Wagram par l'Union nationale des combattants du maquis, seule référence de la journée au rôle joué par la Résistance. Absence notable à cette journée, celle du général de Gaulle.

De modestes commémorations décennales

Le dixième anniversaire marque un tournant, l'État ayant décidé de coupler les deux guerres mondiales en commémorant 1914 et 1944, comme l'explique le président de la République, René Coty : « 40e anniversaire

Circuit des
Plages de
Débarquement

de la Marne, 10e anniversaire de la Libération, deux combats, une seule cause : la liberté de la patrie[7]. » À l'occasion du 6 juin, René Coty inaugure le musée du Débarquement d'Arromanches.

À l'aube des commémorations de 1964, la Normandie acquiert une notoriété internationale grâce au succès du film *Le Jour le plus long*, sorti en 1962. Cette popularité nouvelle ne rejaillit cependant pas sur les cérémonies de 1964, loin d'être importantes. Encore une fois la symbolique d'une « guerre de trente ans », chère à de Gaulle, alors président de la République, est instaurée mais sans la date du 6 juin. Les cérémonies commencent le 2 août (1914) pour enchaîner sur le 15 août (1944) avec la commémoration du débarquement de Provence. L'absence du général de Gaulle aux cérémonies du 6 juin s'explique par sa politique teintée d'anti-américanisme dans un contexte marqué par la sortie de la France du commandement intégré de l'OTAN. De Gaulle conserve aussi une rancœur à la suite de son éviction du cercle restreint des organisateurs du plan Overlord. Pourquoi « commémorer leur débarquement, alors qu'il était le prélude à une seconde occupation du pays ? Non, non, ne comptez pas sur moi ! Je veux bien que les choses se passent gracieusement, mais ma place n'est pas là[8] ! »

En 1969, Charles de Gaulle déroge une fois à ses principes, à l'occasion du 25e anniversaire du Débarquement et demande à son ministre des Anciens combattants d'intégrer le 6 juin aux commémorations. Mais la cérémonie militaire présidée par le Premier ministre, Maurice Couve de Murville, se déroule le 7 juin à Saint-Lô en l'absence du général de Gaulle ayant démissionné de ses fonctions le 28 avril précédent.

L'année 1974 n'est pas plus heureuse. Valéry Giscard d'Estaing, fraîchement élu, envoie son ministre du Commerce[9] pour le représenter aux commémorations, rehaussées par la présence du général Omar Bradley, ancien commandant de la 1re armée américaine en 1944. Le président Nixon empêtré dans le scandale du Watergate se soucie peu de venir en Normandie. En 1978, Giscard profite de la venue du président Jimmy Carter pour organiser une cérémonie au cimetière de Colleville et pour se rendre à Bayeux dans l'objectif politique de récupérer ce symbole gaulliste.

1984, l'année du tournant

François Mitterrand, alors président de la République, opère un véritable tournant dans les commémorations. S'il s'agissait officiellement de réconcilier les Français avec leur passé récent, Mitterrand y voit surtout une occasion d'imprimer sa propre vision à cette période de l'histoire. Sur le plan politique, avec la fin de l'état de grâce remplacé par le tournant de la rigueur de son gouvernement, cette commémoration est le prétexte pour unifier la nation autour de lui, en chassant sur les terres mémorielles gaullo-communistes. C'est aussi l'occasion d'incarner la réconciliation européenne et de se positionner à l'international dans le contexte de la guerre froide. Six nations représentées par leurs chefs d'État sont initialement prévues. Mais en mars, cinq autres[10] revendiquent leur « droit historique » à y participer afin d'honorer les soldats « oubliés » du Débarquement et de la bataille de Normandie. Face à cet élargissement, l'URSS et l'Allemagne réclament aussi leur présence. Pour ne pas froisser les Américains, une délégation soviétique est conviée en prenant soin de mettre l'accent sur l'ancien combattant et non sur le régime politique[11]. Pour l'Allemagne, Mitterrand opte pour une autre solution en annonçant lors du sommet franco-allemand de

Rambouillet en avril, qu'une cérémonie commune sera organisée avant la fin de l'année sur un autre lieu de mémoire[12].
S'il est au départ prévu de limiter les cérémonies d'État à la seule cérémonie internationale de 14 heures, Ronald Reagan veut profiter de l'événement pour asseoir sa stature internationale auprès de ses partenaires de l'OTAN face à la menace soviétique et rassurer l'opinion américaine en s'affichant comme patriote aux côtés des vétérans, à cinq mois des élections présidentielles. Ainsi, il obtient l'autorisation d'organiser une cérémonie à la Pointe-du-Hoc en fin de matinée et de placer celle au cimetière militaire américain de Colleville en début d'après-midi, lui permettant ainsi d'apparaître sur les écrans de télévision dès le réveil de ses concitoyens[13].
Prenant une nouvelle fois à contre-pied la vision gaullienne de l'événement, Mitterrand organise une cérémonie nationale à Ouistreham en inaugurant un monument en hommage aux 177 Français du commando Kieffer ayant débarqué le 6 juin, sous uniforme britannique. Mitterrand profite aussi de l'occasion, pour élever à titre posthume, le général Kœnig, figure de la France Libre devenu général en chef des FFI, au rang de maréchal de France[14].

Le 27 mai 2002, pour la première fois, un président américain commémore le Memorial Day hors du territoire national. En se rendant à Sainte-Mère-Église et au cimetière de Colleville, Georges W. Bush et Jacques Chirac marquent la réconciliation franco-américaine après les divergences entre les deux pays depuis les attentats du 11 septembre 2001 et les interventions américaines en Afghanistan et en Irak[15].
En 2004, pour la première fois, le chancelier allemand est invité à l'une des cérémonies[16], inscrivant désormais le 6 juin comme une des dates clés de la Réconciliation franco-allemande. Date aussi rappelée par Barack Obama dans son discours d'investiture en 2009[17].
En 2014, François Hollande ouvre les cérémonies officielles à 9 heures en prononçant un discours pour rendre un hommage aux victimes civiles de la bataille de Normandie, afin de réparer un « oubli »[18]. Parmi les 22 chefs d'État invités figurent les présidents russe Vladimir Poutine et son homologue ukrainien Piotr Porochenko. Une rencontre est organisée en aparté de la cérémonie entre les deux hommes pour tenter de régler la crise militaire entre leurs deux pays[19].

Le « grand spectacle »

À partir de 1984, la présence américaine est souvent liée à un G7, G8, puis G20 en Europe. C'est aussi, à partir de cette année qu'une mise en scène à « grand spectacle » est organisée en remplacement de la sobre cérémonie militaire. Le prestige l'emportant désormais sur la diplomatie.
En 1994, alors qu'on parle d'histoire et de dénonciation des crimes de guerre et contre l'humanité durant la Seconde Guerre mondiale, la Yougoslavie est en pleine guerre et un génocide a commencé au Rwanda.

Dès les années 1950-1960, un tourisme historique sur le thème du Débarquement se met en place en Normandie, comme en atteste cette carte postale des années 1960 présentant deux sites incontournables sur le secteur d'Omaha Beach : la Pointe-du-Hoc et le cimetière militaire américain de Colleville-sur-Mer.

LA RÉSISTANCE DANS LES COMBATS DE LA LIBÉRATION

L'unification de la Résistance en un commandement unique, le 1er février 1944, sous l'appellation de Forces françaises de l'intérieur (FFI) et placé sous la responsabilité du général Kœnig rassure le SHAEF sur l'emploi de la Résistance. Le 30 mai, les Alliés reconnaissent la pleine autorité de Kœnig qui recevra ses ordres directement d'Eisenhower. Puis, étant agréablement surpris du rôle de la Résistance dans les premiers jours des combats après le Débarquement, les Alliés décident d'intégrer Kœnig au SHAEF, le 17, avec un statut identique à celui de n'importe quel commandant allié. Par cet acte, la Résistance intègre enfin le dispositif allié.

Perception de la Résistance par les Alliés

Après quelques hésitations, les Alliés assignent à la Résistance, en complément de son rôle initial de renseignement, de nouvelles tâches spécifiques pour la libération du territoire. Le plan Vert est établi pour paralyser les moyens de transport ennemis pendant une quinzaine de jours, correspondant à l'établissement d'une tête de pont en Normandie ; le plan Bleu pour le sabotage du réseau électrique et le plan Violet pour les lignes téléphoniques. Le plan Tortue est prévu pour retarder l'avancée des renforts vers le front par des actions de guérillas.

Pour aider la Résistance dans ses actions, une vingtaine d'équipes Jedburgh, associant 3 ou 4 hommes de nationalités différentes, sont parachutées en France. Les Britanniques envoient, eux, des membres de leurs troupes d'élite du Special Air Service (SAS) composé parfois de Français, et les Américains des Operational Groups. Près de 1 500 hommes aident donc la Résistance lors d'opérations ponctuelles. Sur le terrain, les FFI servent de guides aux Alliés, gardent les prisonniers ennemis et empêchent les Allemands de faire sauter dans leur repli des ponts stratégiques. Puis progressivement le SHAEF accepte de les utiliser dans d'importantes actions armées contre les Allemands en complément des leurs.

À partir de fin juin, les largages de containers d'armes et de matériel de guerre par le SHAEF s'intensifient pour l'armement des FFI. De 666 en janvier, 5 197 en mai, 6 261 en juin, le nombre passe à 18 883 en juillet. La peur que trop d'armes tombent aux mains des groupes communistes et se retournent contre eux à la libération explique cette prudence qui ravit de Gaulle. Malgré des résultats inégaux des actions menées, un rapport américain reconnaît à la mi-juin que « les résultats des groupes de Résistants dans les 10 premiers jours de la bataille ont été beaucoup plus grands que ce que l'on pouvait raisonnablement espérer. […] L'action globale de la Résistance

"Ami, entends-tu le vol noir des corbeaux sur la plaine ?...

. . . peu à peu se leva l'Armée du brouillard.

"Ici, nous vois-tu
nous on marche
et nous on tue
ou on crève...."

française a provoqué un retard moyen de 48 heures sur les mouvements des formations allemandes vers la tête de pont ».

De Gaulle encadre la Résistance

Avec l'afflux massif d'hommes qui rejoignent les maquis à partir de 1943, se pose la question de l'encadrement et de la formation de ce surplus d'effectif qui devient presque une gêne. D'autant que les armes manquent cruellement. Politiquement, cela risque aussi de grossir les rangs de la résistance communiste, ce que redoutent autant les Alliés que de Gaulle. D'où la création du Conseil national de la Résistance (CNR), le 27 mai 1943, qui regroupe toutes les composantes de la nation résistante dans un pays complètement occupé par les Allemands. L'idée pour de Gaulle est de poursuivre en France une certaine forme d'unification et de centralisation, appliquée de l'extérieur par la France Libre, depuis Londres puis Alger. La Résistance intérieure doit constituer un « État clandestin » chargé de préparer la prise de pouvoir de De Gaulle, représentant de la France Libre, à la Libération, en mettant en place des autorités politiques (préfets, commissaires de la République et membres des Comités départementaux de la libération) choisies par consensus.

Après avoir évincé les velléités politiques du général Giraud, pourtant soutenu par les Américains, de Gaulle doit s'imposer comme légitime aux yeux de la Résistance intérieure. 12 délégués militaires régionaux (DMR)[1] constituent le dernier espoir de Londres pour pallier l'éventuelle perte de contrôle gaulliste sur la Résistance intérieure face aux Alliés et aux intrigues giraudistes. Ils sont des ambassadeurs de la France Libre qui, s'ils ne commandent pas les opérations militaires sur le terrain, supervisent les formations paramilitaires et les groupes de maquisards aussi disparates qu'antagonistes. Ils diligentent les opérations de sabotages planifiées de Londres pour paralyser les usines ou ralentir les transports, puis retarder les renforts ennemis après le Jour J. Surtout, ils sont les dispensateurs de l'argent et des armes indispensables à la Résistance intérieure.

Ces habiles négociateurs vont parfois se heurter aux responsables de la Résistance intérieure qui voient en eux des intrus et répugnent à se laisser dicter leurs actions clandestines par ces hommes-liges du gaullisme dont ils se méfient. C'est le cas dans le Limousin, où le DMR Eugène Déchelette nomme, le 17 août, le « préfet du maquis » Guingouin chef départemental des FFI dans la Haute-Vienne, alors qu'il en dresse à Londres un portrait peu flatteur : « nommé colonel par lui-même avec 1 000 ou 2 000 partisans, porte ses cinq galons en long sur sa manche et refuse d'obéir à qui que ce soit ». Animosité réciproque. Guingouin décrit son ancien DMR comme « tout imprégné de la vision gaulliste de Londres » dont « le grand souci était de sauver les structures de ce régime fondé sur l'inégalité sociale[2] ».

Dans d'autres régions, les DMR obtiennent des résultats satisfaisants, comme en Rhône-Alpes où le plan Vert a été réalisé à 90 % et le plan Violet a également été une « parfaite réussite[3] ». Malgré quelques réticences et la traque des Allemands[4], les DMR se sont imposés aussi vite qu'ils sombrent dans l'oubli, à l'été 1944, une fois leur mission achevée.

La Résistance et les maquis entrent en action

Au printemps 1944, on compte environ 50 000 maquisards concentrés majoritairement en Bretagne et dans les zones

montagneuses. Peu nombreux et mal armés et, excepté les FTP, assez bien formés et encadrés, surtout depuis que d'anciens officiers et sous-officiers de l'ex-armée de l'Armistice y sont entrés.
Le 16 mai, de Gaulle signe une directive sur les opérations militaires FFI qui prévoit, de façon déconnectée des plans alliés, la prise de contrôle de territoires dans la vallée du Rhône et une importante opération aéroportée dans le Massif central (opération Caïman). Les actions de la Résistance doivent s'effectuer en deux phases, liées aux deux débarquements prévus en France. D'abord dans la moitié nord, en lien avec Neptune et ensuite au sud, après Anvil. Mais, le 21 mai, le SHAEF décide d'appeler à l'action dans toute la France dès le 6 juin, uniquement pour effectuer du sabotage et de la guérilla. Ce désaccord se ressent dans les messages diffusés le Jour J. De Gaulle appelle ainsi « les fils de France » à « combattre par tous les moyens dont ils disposent », sous condition de le faire « en bon ordre » en appliquant les consignes et en lien avec les Alliés. On ne peut être moins précis. Néanmoins, le Jour J la Résistance entre en action partout en France.
Si bien que de nombreux maquis sortent de leur semi-clandestinité créant de véritables « zones libérées » qu'ils administrent pendant plusieurs semaines. Situation accentuée par l'incapacité du régime de Vichy à contrôler le pays plusieurs mois. Ce retour embryonnaire de l'autorité républicaine est souvent bien perçu parmi les populations. Cela a incité, dès le 10 février, le chef du maquis Henri Romans-Petit à proclamer la IVe République à Nantua. Tandis qu'en Ardèche, le chef de la délégation municipale adresse en juin un télégramme comminatoire au maréchal Pétain : « Annonay libéré par ses propres moyens a proclamé la République et ne reconnaît plus votre autorité. Stop. Vous somme de vous présenter à Annonay pour y être jugé par un Tribunal du peuple. Stop. Signé Jacques de Sugny[5]. »
Mais le blocage des armées alliées en Normandie, jusqu'à la percée du 25 juillet, expose les maquis à la répression de la Wehrmacht. À tel point que Kœnig est contraint, dans un message diffusé le 10 juin, d'ordonner de freiner au maximum l'activité de guérilla. Des opérations militaires allemandes sont menées dans le Morbihan contre le maquis de Saint-Marcel (juin), dans le Limousin (juin) ou le massif des Bauges (3-6 juillet), dans l'Ain (7-19 juillet), le Vercors (21 juillet-5 août) ou l'Oisans (8-18 août). Seuls deux maquis se sont libérés définitivement dans le Cantal[6] et le Tarn[7], par manque d'effectif et d'intérêt stratégique de la part des Allemands.
Si les résultats des actions de la Résistance sont inégaux, Eisenhower reconnaît à la Libération qu'elles ont représenté l'apport de 15 divisions et soulagé les armées alliées.

Le livre *Au service de la Victoire*, publié en 1945, est rédigé afin d'inciter les jeunes garçons à s'engager dans la 1re Armée française pour continuer le combat contre le nazisme, à l'instar des Résistants qui ont combattu clandestinement sous l'Occupation. Le soldat de l'« armée nouvelle » est associé au maquisard dont il poursuit la lutte. Ce photomontage est agrémenté de passages du *Chant des Partisans*, parfois nommé en 1945 *Chant de la Libération*.

LA LIBÉRATION DE PARIS

La libération de Paris constitue un événement majeur de la Libération, non en raison des combats militaires qui sont d'ordre secondaires. Deux divisions alliées, aidées d'un bataillon de FFI dépenaillé font face à une division allemande mal armée. Les pertes sont de 200 hommes et 500 blessés côté franco-américain et d'environ 2 800 hommes et 4 900 blessés chez les Allemands[1]. On est loin de la bataille de Varsovie concomitante qui provoque la mort de 200 000 personnes et ravage la ville. Mais Paris libéré est un symbole politique fort.

Faiblesse des forces allemandes

Le 7 août, le général von Choltitz est nommé par Hitler commandant de la « forteresse assiégée », Paris. À ce titre, il est investi des pleins pouvoirs qui lui donnent autorité sur tout le personnel de la Wehrmacht, soit environ 25 000 hommes.

À partir du 9 août, il ordonne l'évacuation de la capitale aux personnels administratifs et féminins, les « souris grises », qui raflent au passage les bicyclettes pour faciliter leur départ. Afin d'intimider la Résistance et se prémunir de toute insurrection, le 15, von Choltitz fait défiler dans Paris ses troupes avec 17 chars. Coup de bluff puisqu'en réalité, à cette date on lui retire plusieurs milliers de soldats et une grande partie de ses blindés pour les envoyer sur le front. Il ne dispose plus de troupes d'élite. Choltitz peut uniquement compter sur 17 000 combattants de qualité très inégale dont 11 000 sont positionnés dans la proche banlieue à l'ouest et au sud, avec pour objectif de freiner plus que de stopper les unités alliées. Le reste des hommes est retranché dans une douzaine de points d'appui fortifiés dans la capitale[2].

Les Alliés veulent contourner Paris

Le plan des Alliés consiste à contourner la capitale par le nord et le sud obligeant les Allemands à la quitter pour ensuite y entrer sans combats majeurs. Selon Bradley, Paris « était une tache d'encre sur la carte qu'il fallait éviter[3] ». De plus, les Américains redoutent des combats de guérillas urbaines pour lesquels ils sont peu entraînés.

Deux autres éléments sont aussi pris en compte. Eisenhower qui se heurte à de Gaulle à propos de l'AMGOT souhaite éviter d'avoir à trancher dans les querelles politiques françaises inévitables une fois la ville libérée. Et surtout, le SHAEF n'a pas prévu de ravitailler la population : acheminer quotidiennement 4 000 tonnes de nourriture priverait en essence l'équivalent de huit divisions de combat.

Pourtant, le 22 août, Eisenhower donne l'ordre à deux divisions (la 2ᵉ DB française et la 4ᵉ DI américaine) de se diriger vers Paris. L'entrevue, deux jours plus tôt, avec de Gaulle près de Saint-Lô, n'est certainement pas innocente à ce revirement. Ce dernier a brossé un portrait

PARIS
brise ses chaines!
ÉPOPÉE des 20 ARRONDISSEMENTS
et de la BANLIEUE
Dans les JOURNÉES
du 19 au 25 AOUT 1944
FLUCTUAT NEC MERGITUR
GRAND REPORTAGE de GEORGE FRONVAL
d'après LES DOCUMENTS OFFICIELS

de l'insurrection en cours dans Paris en mettant en avant le risque d'un coup de force communiste si les Alliés n'arrivent pas rapidement : « Nous devons absolument marcher sur Paris pour assurer l'ordre intérieur », déclare-t-il à Eisenhower.

L'insurrection parisienne

Pour de Gaulle, l'enjeu est de taille. Libérer Paris, c'est rétablir la légalité républicaine en France et couper l'herbe sous le pied des communistes quant à une éventuelle prise du pouvoir. C'est aussi se positionner face aux Alliés qui refusent toujours de reconnaître la légitimité du GPRF.
Si de Gaulle n'a jamais été contre l'insurrection comme moyen de libération, il estime qu'elle doit être contrôlée par le GPRF. Concernant Paris, c'est au général Kœnig, commandant en chef des FFI, de l'ordonner juste avant l'arrivée des Alliés, pour éviter les pertes civiles inutiles et les représailles allemandes.
Pour le Parti communiste, l'insurrection est vue comme un levier pouvant lui permettre de légitimer sa prise de pouvoir, acquérir l'indépendance face au pouvoir gaulliste d'Alger et conquérir la direction de la Résistance intérieure. Raison pour laquelle les FTP parisiens communistes lancent par affiches l'appel à l'insurrection le 10 août, sans en avoir informé les FFI : « En avant pour la bataille de Paris ».
Ce à quoi les gaullistes répondent par la grève de la police parisienne, qui compte environ 12 % de résistants parmi elle, à partir du 13 août. Ce qui accélère la prise de décision insurrectionnelle des FFI parisiens, le 19. Les effectifs sont alors d'environ 30 000 FFI dans la région parisienne, dont 5 000 sous armés[4], et 21 000 policiers.

Les barricades dans les rues de Paris

« Qu'est qu'une insurrection ? C'est le peuple en armes. Qu'est-ce que le peuple ? C'est ce qui dans une nation ne veut jamais s'agenouiller », écrit Albert Camus[5]. En trois jours, 600 barricades se dressent par suite des affiches apposées par les FFI aux consignes claires. Il faut que les « hommes, femmes, enfants construisent des barricades, que tous abattent des arbres [...]. Que toutes les petites rues soient partiellement obstruées par des barricades en chicanes. [...] Dans ces conditions le Boche sera isolé et cerné dans quelques centres[6] ».
En réalité les Allemands se moquent des barricades qui ne constituent pour eux ni un danger ni une gêne pour circuler entre leurs points fortifiés et traverser la Seine. Inversement, certaines barricades obstruant l'arrivée des chars de Leclerc doivent être rasées. Les barricades jouent, de façon quasi théâtrale avec une réminiscence des révoltes passées, un rôle purement politique. Elles deviennent le symbole d'un Paris en colère relayé par la presse : « Aux armes citoyens. Chassons-les jusqu'au dernier. Tous aux barricades »[7] ou « Pour en finir avec l'envahisseur exécré : À chaque Parisien son Boche ! Consolidez les barricades ! Union dans le combat[8] ! »
Dans sa série d'articles intitulés « Un promeneur dans Paris insurgé », Jean-Paul Sartre donne sa vision des événements[9] : « Ça a commencé comme une fête et, aujourd'hui encore, le boulevard Saint-Germain, désert et balayé par intermittence du feu des mitraillettes, garde un air de solennité tragique. [...] La foule est silencieuse et dense : sur les visages tendus, on lit un mélange d'angoisse, d'attente et de joie. Beaucoup sentent si profondément la noblesse de l'heure

qu'ils ont revêtu instinctivement leurs plus beaux habits. »

Le sacre du général de Gaulle

Le 25 août, Leclerc fait signer à von Choltitz l'acte de reddition des troupes allemandes de Paris. Texte ambigu, avec un en-tête du GPRF, alors reconnu par aucune des puissances étrangères, qui ne fait aucune référence au SHAEF. Les communistes mécontents d'avoir été écartés de la reddition, von Choltitz ne voulant se rendre qu'à une puissance régulière, exigent d'apposer leur paraphe sur le document[10].

Il ne reste plus à de Gaulle qu'à entrer en scène pour affirmer, les 25 et 26, la restauration de l'État en cinq lieux symboliques. Il s'installe au ministère de la Guerre, lieu qu'il a occupé comme sous-secrétaire d'État à la Guerre en 1940, où il reçoit les responsables de l'État[11] avant même les résistants. Ce qu'il renouvelle en se rendant ensuite à la préfecture de police avant de rejoindre à pied l'hôtel de ville, où l'attendent les représentants de la Résistance. Il y prononce son célèbre discours : « Paris ! Paris outragé ! Paris brisé ! Paris martyrisé ! Mais Paris libéré ! », sans aucune mention à la Résistance ni aux Alliés au profit « des armées de la France, avec l'appui et le concours de la France tout entière ». Du balcon de l'édifice, il est acclamé par une foule d'environ 200 000 personnes.

Le lendemain c'est le défilé triomphal sur les Champs-Élysées à partir de 15 h 18, après un dépôt de gerbe sur la tombe du soldat inconnu, entouré d'une foule d'un million de personnes, sous des échanges de tirs. De Gaulle note dans ses mémoires : « Ah ! C'est la mer ! Une foule immense est massée de part et d'autre de la chaussée. [...] Si loin que porte ma vue, ce n'est qu'une houle vivante, dans le soleil, sous le tricolore[12]. » Puis de Gaulle assiste à une messe à Notre-Dame, où le Te Deum prévu est remplacé par un Magnificat[13].

Le 29 août, le défilé de la 28e division d'infanterie américaine sur les Champs-Élysées clôt les cérémonies de libération de la capitale dont de Gaulle sort politiquement en grand vainqueur.

Dès l'automne 1944, de nombreux livres ou brochures sont publiés pour raconter la libération de Paris illustrés de photos ou dessins. Un coffret de 78 tours avec dessins et photos de Robert Doisneau reprenant les sons de reporters radio lors des combats est aussi produit. L'image des barricades ressort régulièrement dans cette production massive.
La couverture de cette brochure illustrée par René Brantonne, fait référence à Gavroche, ce gamin de Paris popularisé par Victor Hugo dans *Les Misérables*. En mourant sur les barricades lors de l'insurrection républicaine de juin 1832, son personnage est associé à celles et ceux qui ont pris les armes en août 1944, d'où la croix de Lorraine au revers de son gilet, pendant qu'il s'apprête à lancer une grenade.

LES ARMES SECRÈTES ALLEMANDES

Après le *Blitz* enduré 253 jours de suite, pratiquement sans relâche, et de nombreux autres bombardements de 1942 à 1944, la Grande-Bretagne va subir de juin 1944 à mars 1945, les attaques aveugles des « armes miracles » de Hitler : les V1 et V2.

Les bombes volantes

Les deux armes secrètes opérationnelles après le Jour J sont le V1 et le V2. La première est une bombe volante qui, munie d'un poste de TSF, émetteur destiné à l'envoi d'un signal, repère sa cible. Le V1 est soumis au fonctionnement du pulsoréacteur. Pour être lancé, il est catapulté à une vitesse de 300 à 400 km/h au moyen d'une rampe de 45 m de long, inclinée à 15° sur l'horizon. La rampe est une poutre métallique qui porte en sa partie supérieure deux rails formant un chemin de glissement. Long de 7 m et d'envergure de 5,20 m, sa charge explosive composée de dinitrobenzène et de nitrate d'ammonium est de 500 kg. Pouvant atteindre une altitude de 700 à 1 000 m, sa portée maximum est de 250 kg. Lors de son impact, la bombe s'écrase à environ 500 km/h.

La fusée A4, dite V2, est longue de 14 m, pour un diamètre de 1,70 m, avec un poids total de 12,8 t dont 8 t de carburant et 1 t du même explosif que le V1. Sa vitesse moyenne est de 5 000 km/h. Volant 3 à 4 minutes, il peut parcourir une distance de 320 km à 95 km d'altitude.

Après une première tentative avortée dans la nuit du 13 au 14 juin 1944, le 16 juin débute une longue série de lancements de bombes volantes V1 sur l'Angleterre, qui ne prendra fin que le 29 mars 1945. Au total, 9 521 V1 sont lancées sur la Grande-Bretagne, principalement sur Londres, dont 4 261 sont détruites avant d'atteindre leur objectif. Les missiles qui visent essentiellement le Royaume-Uni s'abattront aussi sur la Belgique : 6 551 sont tirées sur Anvers.

Jusqu'au 27 mars 1945, 1 115 V2 sont lancées contre la Grande-Bretagne, dont 517 sur Londres. 2 204 sur la Belgique ; 15 sur Paris et 11 en direction de Remagen, sur le Rhin, pour tenter de déstabiliser la tête de pont américaine. Sur l'ensemble des tirs de V2, 30 % seulement ont atteint leurs cibles.

En Grande-Bretagne, V1 et V2 ont détruit plus de 75 000 immeubles, les V1 ont tué 6 184 personnes et en ont blessé 17 981 ; les V2 tuant 2 754 personnes et en blessant 6 523. En comparaison, les bombes classiques provoquent la mort de 51 509 personnes et en blessent 61 243[1]. Conscient de ces faibles résultats, la presse française écrit, dès novembre 1944, que « les V2 peuvent faire des victimes, mais quant à sauver le Reich[2] ! »

V-2

Le dernier engin allemand de destruction
The last German weapon of destruction

Le mythe des armes secrètes

Attendues depuis plus d'un an, ces attaques redonnent espoir aux soldats allemands qui y voient une riposte programmée à l'invasion alliée dix jours plus tôt. Diligentée par Goebbels, sa propagande présente cette arme secrète comme devant venger le Reich des destructions de ses villes par les bombardements anglo-américains. Le V est la première lettre de *Vergeltungswaffe*, c'est-à-dire les armes de représailles censées assurer la victoire en Normandie.

L'imagination des militaires sur cette « arme miracle » semble sans limites. Ainsi, le 17 juin, au cours de la conférence de Margival, les maréchaux von Rundstedt et Rommel sont déçus du refus de Hitler de l'utiliser sur les têtes de pont alliées en Normandie.

Et que penser de cette circulaire, du 28 juin, diffusée au sein de la 2e division blindée SS, prétendant qu'un bombardement continu de V1 sur Londres, de plus de 300 heures, aurait immobilisé cinq divisions britanniques pour déblayer les ruines[3] ? Mais cette euphorie retombe vite, les soldats constatant que le V1 ne change en rien la situation sur le front.

Pourtant, avant même le lancement de la première V2, le 8 septembre, un cinquième des soldats sur le front de Normandie pensent que les bombes volantes vont décider du sort de la guerre. Mais l'état-major allemand a lucidement compris que la charge d'explosif quotidiennement lancée est inférieure au tonnage largué par un raid aérien allié. Le seul avantage réside dans la capacité d'envoi de jour comme de nuit du V2. C'est donc bien le moral des Britanniques qui est visé, davantage que le matériel.

Une arme de guerre psychologique

Lord Cherwell, le principal conseiller scientifique de Churchill, estime, au vu de ces piètres résultats, que cela n'a pas de sens de construire des engins aussi coûteux, y compris en ressources humaines si hautement qualifiées, pour des destructions très largement inférieures à celles des bombardiers classiques.

C'est négliger l'impact psychologique sur la population de ces armes, surtout de la V2 qui, arrivant à 2 900 km/h au moment de l'impact, est impossible à intercepter. Si les dégâts des armes V sont plus circonscrits que lors des bombardements classiques, la population les redoute davantage, tombant n'importe où, sans laisser le temps de trouver un abri pour se protéger. Ayant déjà supporté le *Blitz*, les Britanniques semblent à bout face à ces armes.

Churchill se veut pourtant rassurant, dans sa déclaration à la Chambre des communes, début novembre, estimant les victimes et les dégâts peu nombreux. Et même si avec la rapidité de la fusée, « il n'est pas possible de donner l'alerte en temps utile, il n'y a toutefois pas lieu d'exagérer le danger », précise-t-il. En réalité, il est inquiet pour le moral des Britanniques et ordonne d'intensifier la destruction des sites de lancement de ces armes situés en France, en Belgique et aux Pays-Bas. De 1943 à fin 1944, 117 000 tonnes de bombes seront déversées sur ces objectifs.

À la libération, ces armes fascinent tant l'opinion que des modèles sont exposés dans différentes villes ayant été prises pour cibles. Un V1 sera ainsi présenté au Bon Marché de Paris, du 10 au 19 mai 1945, les billets sont vendus au profit des prisonniers de guerre et des déportés.

Opérations Overcast et Paperclip

Si ces armes arrivent trop tard pour inverser le cours de la guerre, elles inaugurent en revanche une ère nouvelle dans l'art de la guerre : celle des missiles de croisière et de la conquête spatiale. En raison de cette avancée scientifique, chaque pays allié se lance dans une course contre la montre afin de capturer le maximum de chercheurs ayant participé aux recherches sur la propulsion aérienne, l'aviation à réaction et la bombe atomique.

En 1942, les Américains ouvrent un camp d'internement, en Virginie, afin d'interroger les prisonniers allemands ayant des compétences techniques et scientifiques de haut niveau. En 1944, ils établissent une liste noire, à caractère prioritaire, et une liste grise, secondaire, qui recensent les noms des savants allemands travaillant sur des projets d'armes nouvelles, tous domaines confondus. Cette chasse aux scientifiques ennemis est baptisée en juillet 1945 opération Overcast (« obscurcissement »), puis opération Paperclip (« trombone », « agrafe ») en 1946. On estime à 3 400 le nombre de savants emprisonnés par les Américains. De leur côté, sous le nom d'opération Alsos, les Soviétiques regroupent les savants allemands dans trois sites. La Grande-Bretagne en récupère aussi *via* son projet Backfire (« contre-feu »), ainsi que la France, qui les rassemble à Vernon, dans l'Eure ; tandis que quelques-uns rejoignent l'Argentine.

Le 29 mai 1945, les premiers savants allemands arrivent aux États-Unis, dans le plus grand secret. En février 1946, ils sont déjà 111 regroupés à Fort Bliss, au Texas. Cette présence divise l'opinion américaine, à l'instar de personnalités comme Albert Einstein ou Eleanor Roosevelt et de nombreux scientifiques américains qui s'y opposent, au nom du respect de la démocratie et de l'éthique. Le gouvernement espère calmer le débat, en autorisant des journalistes de *Newsweek* à visiter les deux camps en question. Si le journal rappelle que tous sont passés par le programme de dénazification et que leur travail s'effectue sur la base du volontariat au service des États-Unis, les visites de Wernher von Braun, l'inventeur de la V2, dans le camp nazi de Dora, où les déportés furent contraints de fabriquer cette arme, sont occultées. En conclusion l'hebdomadaire écrit : « Les États-Unis et la Grande-Bretagne étaient en avance concernant les radars, les bombardiers à longue portée et l'énergie atomique. L'Allemagne les a surpassés dans les domaines de la propulsion aérienne, des missiles guidés par fusée et des vitesses supersoniques. Le résultat devrait être un amalgame sans précédent, dans la technologie des vainqueurs, des secrets industriels et militaires de la nation vaincue. Cela aura des effets considérables non seulement sur la puissance militaire américaine et britannique, mais également sur l'industrie civile[4]. »

Reprenant la tradition du butin de guerre, les Britanniques exposent à Londres un exemplaire de la fusée A4, dite V2, qui a terrorisé la population par sa puissance de destruction lors de son impact au sol. Le gigantisme de cette fusée est visible en comparaison du public à ses pieds et de l'église en arrière-plan. Bien qu'employée trop tardivement pour inverser le cours de la guerre, comme la bombe atomique, ces armes nouvelles font entrer le monde dans une nouvelle ère de combat.

« QUI N'A PAS SON LIBÉRATEUR ? »

De l'été 1944 à la capitulation allemande, un grand nombre de soldats alliés va vivre sur le territoire français.

En secteur américain, l'état-major fait distribuer à chaque GI un *Manuel d'instruction à l'usage du soldat américain débarquant en France* afin de faciliter leur acclimatation.

L'ouvrage, rempli de clichés parfois amusants ou irritants, est à l'image des relations franco-alliées que résume ce passage : « Les habitants du Midi sont joyeux, étourdis et paresseux ; les Corses pratiquent la vendetta, sont généralement honnêtes mais jaloux et coléreux ; les gens du Languedoc sont nonchalants et de bonne humeur ; dans le Roussillon, ils sont pensifs et même un peu lugubres ; les Basques sont des contrebandiers invétérés ; à Bordeaux, on est plus Anglais que dans les îles de la Manche ; les Vendéens sont intransigeants ; les ouvriers parisiens, individualistes, discutent le coup dans les bistrots [en français dans le texte] ; les ouvriers du Nord sont de rudes travailleurs plutôt flegmatiques ; les Normands sont naturellement taciturnes et réservés : peut-être que oui, peut-être que non [en français dans le texte] est une de leurs phrases favorites ; les Angevins pleins de bon sens sont les plus Français de tous les Français. »

Un accueil aussi chaleureux que timoré

Durant le mois de juin, certains soldats alliés ont eu le sentiment d'être fraîchement accueillis dans les villes libérées. Il est vrai que les populations normandes, tout juste sorties des bombardements, observaient une certaine réserve dont la presse se fit l'écho.

Un reporter de guerre américain témoigne « ne rencontrer aucune joie d'être parmi les Français libérés » et un autre ne voit en eux que de « l'apathie et de l'indifférence[1] ». Pire, un journaliste britannique accuse les Normands d'offrir des fleurs aux Alliés pour mieux leur tirer dans le dos ensuite[2]. À la suite de cet article, les civils venant au-devant des soldats sont reçus avec des armes pointées sur eux. Eisenhower est contraint de faire un démenti tandis que le journaliste est assigné à bord d'un navire.

Inquiet des rumeurs qui circulent sur une prétendue hostilité d'une partie de la population à son égard, l'état-major américain diligente un sondage type Gallup dans le nord du Cotentin[3]. Avec les renseignements recueillis, les Américains espèrent que leur présence n'engendrera aucune réaction hostile de la part de la population susceptible de devenir une cinquième colonne. Le résultat du sondage est sans appel, entre 85 et 95 % des sondés

Qui n'a pas son libérateur ?
Who has not his liberator ?

sont pro-Alliés, et se disent impressionnés par l'importance du matériel déployé ainsi que par les qualités guerrières des GI's, surtout des parachutistes sur lesquels « une hagiographie détaillée s'est développée ». Les « unités américaines du génie ont fait également grande impression ».
Un autre rapport de l'armée américaine fait part des mêmes impressions optimistes : « Les réactions de la population civile à notre débarquement en Normandie sont aussi bonnes, sinon meilleures, que ce que nous attendions de leur part. Il n'y eut point de délire, et les correspondants de presse méconnaissant la mentalité du paysan normand, se sont peut-être un peu précipités pour en conclure que nous n'étions pas aussi favorablement accueillis que nous l'avions souhaité[4]. »

Les relations se compliquent

Une fois le front déplacé, la population normande se trouve dans une zone devenue un gigantesque camp logistique, la Normandy Base Section, avec de nombreux soldats stationnés. C'est avec ces troupes statiques que les relations se nouent de façon plus durable. Une partie de ces hommes pratiquent le trafic de cigarettes, d'alcool, de nourriture ou de jerrycans d'essence, boivent et provoquent des bagarres. De plus, leur succès évident auprès des femmes déplaît aux hommes français. Excès déjà dénoncés par la population britannique dans les mois précédant le Débarquement qui parlait des GI's comme étant « oversexed, overpaid and over here », c'est-à-dire trop portés sur le sexe, trop payés et trop présents.
Le pire sont les violences qu'ils occasionnent, coups et blessures au couteau ou à la baïonnette, suivis de la mort d'une vingtaine d'hommes et femmes. Si le nombre de viols de femmes n'est pas connu avec exactitude, la police en dénombre une trentaine pour la région de Saint-Lô, en octobre 1944. Les tribunaux militaires condamnent fermement ces agressions. Ainsi trois soldats sont pendus pour viol, en novembre, sur les lieux de leur crime[5]. Une précision, les tribunaux arrêtent essentiellement les soldats Noirs, majoritaires dans les troupes de l'arrière. En définitive, sur les 34 soldats exécutés pour avoir commis des crimes contre des citoyens français entre le 6 juin 1944 et le 8 mai 1945, 21 d'entre eux le sont pour viol. Parmi ces GI's, 18 sont noirs et 3 blancs[6]. Bien souvent, en raison de la ségrégation raciale toujours en place aux États-Unis, le crime est minoré s'il est commis par un soldat blanc.
Le préfet note que le mécontentement se transforme en antipathie[7] et les journaux français se déchaînent contre les Américains qui se considèrent en pays conquis et pensent pouvoir faire tout ce qu'ils veulent impunément. « Des scènes de sauvagerie et de bestialité désolent actuellement nos campagnes : on pille, on viole, on assassine, toute sécurité a disparu aussi bien à domicile que par les chemins[8]. »
Ces crimes et excès sont malgré tout marginaux et circonscrits à la proximité des villes de garnison. En outre, ils ne sont pas représentatifs de l'attitude générale des Alliés.

Les Français « pires que les Napolitains »

Après la libération de Paris, la presse française dénonce, sous le terme méprisant de « mendigotage », l'attitude indécente de la population qui prend d'assaut les camions américains, « comme des meutes affamées et stupides[9] » et en appelle à la

retenue. De son côté, la police militaire américaine traque les civils qui quémandent un paquet de cigarette ou de chewing-gum pour les revendre aussitôt à d'autres passants sous les yeux amusés de GI's qui décrivent les Parisiens comme « pires que les Napolitains[10] ! »
Certains Français s'accommodent parfaitement à cette présence militaire et réalisent des affaires plus ou moins honnêtes. Des centaines de personnes sont condamnées à des amendes et des internements par les tribunaux correctionnels, pour vol ou recel de cigarettes, de vêtements ou de denrées alimentaires de provenance américaine. Le port de Marseille est devenu le plus important lieu de trafic de ce nouveau marché noir, dénoncé par la presse communiste qui compare la ville à Chicago ou au far-west[11].
Les soldats alliés sont si nombreux en France pendant plus d'un an que les programmes des cabarets parisiens sont bilingues, ainsi que certains spectacles, comme la revue des Folies Bergères, ce dont certains s'insurgent : « Mais pourquoi le speaker présente-t-il exclusivement le spectacle en anglais ? Nous n'avons même pas droit à la traduction[12] ! »
Pour dialoguer avec les libérateurs, des cours du soir d'anglais s'ouvrent un peu partout dans la capitale, tandis que des manuels de conversation franco-anglais sont imprimés dans toute la France. Des chansons et des cartes postales humoristiques sont éditées, mettant en scène les Françaises avec les Alliés. L'une d'elles montrant une fillette au côté d'un GI est légendée « Qui n'a pas son libérateur ? » Pour 6 500 jeunes filles le flirt s'est terminé par un mariage avec un soldat allié. Non sans poser quelques problèmes puisque lors du retour des GI's au pays, le gouvernement américain ne prend pas en charge les épouses.

De bonnes relations malgré tout

Les bonnes relations franco-alliées restent tout de même majoritaires dans le souvenir des civils libérés. En témoignent les nombreux événements organisés à Paris comme en province. En novembre 1944, est organisée l'exposition photographique *L'Angleterre en guerre*, dont les recettes du billet d'entrée vont aux victimes françaises des persécutions nazies et des sinistrés. En avril 1945, moins d'une semaine après la mort du président américain, l'avenue Victor-Emmanuel III est rebaptisée Président-Franklin-Roosevelt à Paris. À l'opéra Garnier, une nuit des Alliés est organisée le 21 avril et un gala franco-américain le 24 juillet. Le même mois se déroule l'exposition interalliée de l'épargne *Au service de la Victoire*. En août, l'exposition de l'aviation américaine sous la Tour Eiffel est dédiée aux héros de la Résistance française. Initiatives qui donnent raison à l'ambassadeur américain qui estime que « tous les Américains ont une sympathie et une admiration innées pour la France[13]. » Ce que contrebalance la presse communiste, début de la guerre froide oblige, qui considère la présence des soldats américains en France, après la capitulation allemande, comme une ingérence et un danger.

Carte postale de 1945 légendée « Qui n'a pas son libérateur ? ». Elle fait partie d'une série de cartes mettant en scène les soldats alliés avec des fillettes, inspirées des personnages de Poulbot et de Germaine Bouret. On peut y lire les messages suivants : « On pavoise... selon ses moyens » et « Fleurs de France pour nos alliés ! »

L'OPÉRATION BAGRATION

Conformément aux engagements pris lors de la conférence de Téhéran de fin 1943, une fois le second front ouvert, Staline relance ses troupes contre l'Allemagne. C'est l'opération Bagration[1], menée du 21 juin au 19 août 1944, dont le double objectif est de libérer la Biélorussie et d'éliminer le groupe d'armées Centre de la Wehrmacht.

L'offensive soviétique reprend à l'Est

Cette opération militaire est la plus importante de l'année 1944. L'Armée rouge s'élançant sur une ligne de front de 1 000 km et pénétrant les lignes ennemies de 600 km en deux mois, inflige à la Wehrmacht l'une de ses plus grandes défaites. S'ensuivent trois offensives de l'automne-hiver qui permettent aux Soviétiques d'établir une tête de pont à l'ouest de la Vistule et de se rendre maîtres des champs pétrolifères roumains, privant le IIIe Reich d'une ressource vitale.
Si les défaites sur le front de l'Est, ajoutées aux bombardements anglo-américains des villes et industries allemandes dans le cadre de l'opération Pointblank, auraient dû saper le moral de la population, la contre-offensive lancée le 16 décembre dans les Ardennes contre les Américains leur redonne espoir : « Nous avons des armes secrètes qui seront utilisées au moment voulu, et nous avons, avant tout, un Führer que nous pouvons suivre les yeux fermés. Ne te laisse pas aller à te considérer comme vaincu. Tu ne le dois à aucun prix », écrit une femme à son mari pourtant prisonnier de guerre en France[2]. À ce moment-là, les officiers allemands pensent sérieusement que Paris sera repris au bout de quelques semaines de combats. Cet optimisme est mis à mal par la gigantesque offensive du 12 janvier 1945. De la Baltique à l'Adriatique, l'Armée rouge lance 6 700 000 hommes[3]. Lorsque les soldats soviétiques pénètrent dans Varsovie, le 17 janvier, c'est pour y découvrir un champ de ruines et de cendres recouvert de neige, avec seulement 162 000 habitants sur les 1 310 000 d'avant-guerre. Dans la région de Lodz, libérée le lendemain, les hommes de la 1re armée polonaise qui combattent aux côtés de l'Armée rouge tuent presque systématiquement les prisonniers allemands compromettant la collecte de renseignements comme s'en insurge le NKVD[4] et son service de contre-espionnage, le SMERSH[5].

Tous suspects

Les hommes du NKVD ont pour tâche de nettoyer les arrières en traquant les traînards de la Wehrmacht qui auraient échappé aux troupes combattantes. Considérés comme de potentiels « saboteurs et terroristes », laissés à dessein par les troupes allemandes pour agir en franc-tireur, ils doivent être fusillés. Sont concernés tous les hommes de 16 à 60 ans, c'est-à-dire ceux susceptibles d'avoir intégré la Volkssturm[6]. En Prusse-Orientale,

des rapports du NKVD font état de « bandes allemandes pouvant atteindre un millier d'hommes », alors qu'en réalité il ne s'agit que de groupes isolés réfugiés dans les bois tentant de rares embuscades contre les convois de ravitaillement pour se nourrir. Ces escarmouches servent de prétextes à de larges opérations de ratissage, accompagnés de chiens « destinés à repérer les bandits à l'odeur[7] ». Si certains membres de la Volkssturm tentent réellement des actions de sabotage ou posent des pièges minés, ils sont minoritaires contrairement à ce que laissent penser les « rats du NKVD[8] ». Quelques Allemands isolés tentent de regagner les lignes allemandes en portant des uniformes de soldats soviétiques tués ou déguisés en femmes.

La suspicion s'étend aussi à la population polonaise dans son ensemble y compris la Résistance militaire, l'Armia Krajowa, qui a déclenché le soulèvement de Varsovie, présenté par Staline comme « un acte criminel de politique antisoviétique » visant à s'emparer de la capitale polonaise au profit du gouvernement capitaliste émigré à Londres. Pour Staline, la Pologne appartient à l'URSS par droit de conquête, idée largement répandue dans l'armée qui considère comme « agents ennemis » tous Polonais qui s'opposent à cette domination soviétique, quels que soient leurs états de service dans la Résistance. Le maréchal Joukov recommande même aux soldats de ne pas fraterniser avec la population.

Pour accroître cette méfiance, la propagande soviétique prétend que l'Armia Krajowa serait liée avec l'UPA, organisation de nationalistes ukrainiens. Pour affaiblir la Résistance polonaise, Goebbels reprend cette théorie à son compte en parlant d'elle comme d'un repaire de « nationalistes germano-ukrainiens », brouillant encore plus les cartes. Seuls les Polonais soutenant officiellement le gouvernement provisoire communiste contrôlé par Moscou paraissent moins suspects à l'Armée rouge.

Le sort des prisonniers soviétiques

En février 1945, Moscou estime à 4 millions le nombre d'anciens soldats et déportés civils soviétiques déjà libérés sur les territoires anciennement contrôlés par l'Allemagne. Pour le parti communiste et le NKVD, l'urgence n'est pas de prodiguer des soins médicaux aux plus affaiblis, mais de repérer les éventuels traîtres et de rééduquer politiquement cette masse humaine avant tout retour dans la mère patrie ou retour au front pour la grande offensive finale sur Berlin. Trois camps de rassemblement et de transit sont créés en Pologne avec tout le matériel de propagande nécessaire[9].

Un sort peu enviable est réservé à tous les « tourne-vestes et traîtres de la mère patrie ». Paradoxe que d'accuser de trahison les soldats capturés en 1941 en raison de l'incompétence et du manque de préparation de l'Armée rouge à cette date. Ces soldats ont eu le plus souvent le sentiment d'avoir été eux-mêmes trahis par leur patrie plus que de l'avoir trahie. Si le rachat de leur bravoure leur est promis en combattant de nouveau, tous ignorent que les survivants seront de nouveau internés à la fin de la guerre.

Les prisonniers ayant incorporé de gré ou de force la Wehrmacht, comme membres de l'armée Vlassov, volontaires SS, gardiens des camps ukrainiens et caucasiens, hommes des « détachements de sécurité » ayant combattu les partisans soviétiques et auxiliaires volontaires, surnommés *Hiwis*[10], sont le plus souvent abattus sur-le-champ. Le code de l'Armée rouge stipule que chaque soldat doit se montrer impitoyable envers eux.

Les camps de regroupement soviétique en France

Au printemps 1944, la Wehrmacht compte 336 000 *Hiwis* dont 28 000 servent à l'ouest[11]. C'est à cette période que leur statut passe d'auxiliaires volontaires à celui de soldats, destinés à combler les rangs des unités combattantes. Les ressortissants soviétiques sont majoritaires parmi eux. Après les débarquements de Normandie et de Provence certains désertent pour se livrer aux Alliés ou rejoindre les rangs de la Résistance, tels ces 300 *Hiwis* qui participent à la libération de Paris.
Or un accord secret stipule que le SHAEF doit aider au regroupement des ressortissants soviétiques sur le front occidental pour les livrer ensuite à Staline. Raison pour laquelle, une centaine d'officiers de l'Armée rouge débarquent dans les valises alliées lors d'Overlord et d'Anvil et qu'une cinquantaine de camps de regroupements sont créés en France[12]. Le GPRF ne peut que poursuivre cette directive à son tour, s'il veut être reconnu par l'URSS et pouvoir négocier avec ce pays le retour de ses prisonniers de guerre de 1940 et par la suite les « malgré-nous » capturés par les Soviétiques.
L'un de ces camps sert visiblement de vitrine à la propagande soviétique qui y invite à plusieurs reprises la presse française, avec comme guide le « capitaine Ivanov », certainement membre du NKVD : « évadé d'un camp d'Allemagne, il a vécu deux mois, pieds nus, sur les toits d'une grande ville, avant d'être repris à nouveau[13] », relate la presse. Le camp est celui de Beauregard au Chesnay, présenté comme « un coin de terre russe au cœur de l'Île-de-France » où « 1 200 citoyens soviétiques libérés des geôles nazis s'éveillent à la vie, un peu gauches encore et timides, comme des oiseaux aveuglés par la lumière[14] ». La presse y croise des femmes, dont une ancienne aviatrice[15], des enfants de 10 à 12 ans et des anciens soldats qui n'ont comme seule envie que de reprendre le combat auprès de leurs frères d'armes, ignorant que cette voie les conduira dans un camp du NKVD.

Entrée des troupes soviétiques en Roumanie, fin août 1944. La Roumanie est alliée de l'Allemagne nazie jusqu'au coup d'État du 23 août 1944, qui destitue le maréchal Antonescu, dictateur à la tête du pays depuis 1940. Le roi Michel Ier ouvre ses frontières à l'Armée rouge qui n'a plus qu'à entrer dans le pays « tombé comme un fruit mûr », selon l'expression de Staline. L'armistice avec l'URSS est signé le 12 septembre, alors que les arrestations d'officiers roumains par le NKVD ont déjà commencé, en vue de l'occupation future du pays par l'Union soviétique.

4 MARS 1945

LES CIVILS ET L'ARMÉE ROUGE

Le premier trimestre 1945, l'Armée rouge ne cesse de progresser avec de solides têtes de pont établies par les maréchaux Joukov sur l'Oder, face à Berlin, et Rokossovski chargé de détruire la résistance allemande en Poméranie et en Prusse-Orientale, avant l'objectif final qui est Berlin. Dans son édition française, *Les Nouvelles de Moscou*[1] reproduisent une lettre d'un soldat soviétique adressée au journaliste Ilya Ehrenbourg : « La même flamme de haine qui nous a soutenus dans les jours les plus durs nous mène aujourd'hui à Berlin. Les Allemands pensent que nous ferons chez eux ce qu'ils ont fait chez nous. Ces bourreaux ne peuvent comprendre la grandeur d'âme des combattants soviétiques. Nous serons sévères, mais justes, et jamais nos hommes ne s'aviliront. » La réalité fait mentir ce soldat, certainement imaginé par l'un des plus grands propagandistes soviétiques.

Vandalisme et pillage

Lors de l'offensive contre la Prusse-Orientale, le 13 janvier, les commissaires politiques font ériger des panneaux disant : « Soldat, rappelle-toi que tu es dans le repaire de la bête fasciste[2]. » Cet appel à la haine devance généralement l'arrivée de l'Armée rouge, distille la peur parmi les civils et entraîne des fuites paniques. C'est ce qui arriva, ce 4 mars à l'approche des soldats vers la Baltique. 1 200 000 civils allemands de Poméranie orientale et de Prusse-Orientale se retrouvèrent pris au piège, Himmler leur avait refusé toute évacuation. Pris de panique, ne pouvant soutenir les atroces rumeurs de crimes commis contre les civils par l'Armée rouge, un sauve-qui-peut général s'empare de chaque village.

Rokossovski a pourtant condamné « le pillage, la violence, le vol, les incendies et destructions inutiles », mais sur le terrain, son ordre est rarement suivi. Dès qu'ils arrivent dans un village ou qu'ils croisent un convoi de réfugiés, les soldats de l'Armée rouge se livrent au même rituel de pillage des effets personnels, à commencer par les montres. En pénétrant en territoire allemand, les troupes combattantes découvrent une forme d'opulence tant dans le mobilier que dans les réserves alimentaires très éloignée du « paradis soviétique ». Une demeure avec pendules, miroirs, porcelaine et piano est aussitôt associée à l'aristocratie. Quant aux propriétaires terriens repérés, ils sont souvent exécutés sur place.

Et ce qui ne peut être pillé est souvent brisé. Ces actes de vandalisme sont aussi effectués pour empêcher les « rats de l'arrière » ou les états-majors, arrivant après les troupes de première ligne, de se servir après leur passage.

Le butin pillé est envoyé par le combattant à sa famille grâce au colis mensuel autorisé, de cinq kilos pour le soldat et dix pour l'officier. Le contenu du colis surprend parfois avec des sacs de clous, des outils ou matériaux devant servir aux

CAVALCADE, WEEK ENDING FEBRUARY 3, 1945

GERMANY'S DEATH AGONY
—page 3

CAVALCADE

3D. COVERS THE WORLD 3D.

Vol. 7. New Series. No. 361
Registered at G.P.O. as a Newspaper

Editorial and Advertisement Offices:
8, Temple Av., London, E.C.4. Tel.: Central 3514

MILLIONS PANIC

NEMESIS OVERTAKES THE GERMAN PEOPLE

MILLIONS are on the move in Europe, driven by fear.

A panic flight, unprecedented even in this war, has swept away masses of people in the line of the Red Army's advance and is flinging them into a disorganised Central Germany. Not merely Germans, but many thousands of Allied war prisoners and slave workers are involved.

Nothing like this has happened before.

Even the mass stampede of refugees from the Low Countries in 1940 is not to be compared with it.

At that time people still had reserves of energy and hope. The war had not yet broken moral resistance. It was summer.

Now, in the depth of one of the fiercest winters recorded, these pitiable hordes of fleeing men, women, and children, ill-clad, lacking food, stripped of possessions and uprooted, are crowding the icy roads, riding on the buffers of trains, crowding wrecked stations, falling exhausted in the snow.

These millions are beyond the reach of Allied aid. Those who survive may well sink into brutish patterns of living which will infect the whole European body politic.

Churchill, Roosevelt, and Stalin are to meet soon.

Diplomatic correspondents forecast an agenda packed with political technicalities which, in the light of the present human tragedy, seem horribly cynical.

How to end the war quickly and to bring succour to a Continent that is leading a death-in-life existence: that is the urgent problem, threatening any future plans.

QUESTIONS of power balances, of frontiers, of national pride —these must wait. Europe is down to the bare white bone of misery.

What is causing the delay in the Big Three meeting?

It should have opened a week ago; but it is reported that the thick undergrowth of obstructing problems is being cleared away to remove the possibility of a hold-up when the conference gets going.

A formula must be found for a "settlement" of the Polish problem.

The question of whether or not General de Gaulle shall attend is being nicely balanced to ensure final agreement. It is said that on this question a compromise has been reached and that de Gaulle will be called in at the last stage.

All this is very interesting to professional diplomatists whose business it is to detach themselves from social realities.

But when all these technicalities have been settled Europe's great human problem remains.

It cannot be considered within the watertight compartments of nationalism. Much more is at stake than the extinction or survival of the Hitler myth.

The future stability of Western civilisation is involved.

soldats à reconstruire leur maison, une fois la guerre terminée.
Le pillage n'est pas l'apanage de la seule Armée rouge, les alliés occidentaux se servant aussi copieusement en montres, bijoux ou tableaux de maître, dans les habitations ou boutiques allemandes. Comme pour les Soviétiques, les tankistes sont ceux qui entassent le plus de butin dans leurs chars.
À ces pillages s'ajoute à partir du 6 février l'ordre de Staline de « mobiliser tous les Allemands de 17 à 50 ans en bon état physique pour former des bataillons de travailleurs de 1 000 à 1 200 chacun devant être envoyés en Biélorussie et en Ukraine afin de réparer les dégâts causés par la guerre. » En avril, 59 536 Allemands complètent donc les 68 680 membres de la Volkssturm déjà internés en URSS et soumis au travail forcé[3].

Le viol des femmes

Le mal le plus répandu sont les violences sexuelles contre jeunes filles et femmes plus âgées. Goebbels s'empare de ces crimes pour les besoins de sa propagande n'hésitant pas à accuser le célèbre journaliste Ilya Ehrenbourg, auteur de nombreux articles haineux et anti-allemands dans le journal de l'Armée rouge, *Krasnaïa Zvezda*, d'inciter les soldats à s'en prendre aux femmes allemandes. Elles seraient un « légitime butin » qu'il faudrait violer pour briser l'orgueil racial des nazis.
Dans la réalité, les Soviétiques n'ont pas besoin de lire Erhenbourg pour violer les « sorcières blondes », comme ils les surnomment. D'autant plus que les femmes sont considérées par ces soldats comme des biens de consommation courante. Encore plus après que Staline a permis aux officiers d'avoir une « épouse de campagne », choisie parmi le personnel d'intendance ou les infirmières de l'Armée rouge.
À Lauenbourg, un officier cosaque déclare que les femmes allemandes sont « trop hautaines » et qu'il faut donc « les chevaucher[4] » pour les dresser. En avril, en arrivant dans Berlin, les viols continuent. Au lieu de se précipiter indifféremment sur la première venue pour se venger des atrocités subies par le peuple russe sous occupation allemande, les femmes étaient désormais considérées comme une prise de guerre, et choisies avec moins de violence. Certaines finirent même par accepter la présence chez elle d'un « régulier » protecteur pour échapper au viol collectif. Elles devenaient en quelque sorte les nouvelles « épouses de campagne », à la grande indignation des épouses légitimes soviétiques.
Les rapports du NKVD, qui a interrogé les victimes allemandes d'« actes d'immoralité », pour reprendre l'euphémisme administratif en usage, regorgent de témoignages comme celui-ci : « Le 3 février, des soldats de l'Armée rouge sont arrivés dans la cave où nous nous cachions. [...] Là, douze soldats m'ont violée tour à tour, tandis que d'autres faisaient subir le même sort à mes deux voisines. La nuit suivante, six soldats ivres ont fait irruption dans la cave et nous ont violées devant les enfants. Le 5 février, trois soldats sont venus, et le 6 février huit. Ils nous ont également violées et battues[5]. »

Échappatoires

Les femmes soviétiques n'échappèrent bientôt pas plus aux viols que les Allemandes. Si les soldats étaient autorisés à prendre des « épouses de campagne » parmi les infirmières, ils allaient également dans les bras de femmes soviétiques envoyées en Allemagne comme

travailleuses forcées pour l'effort de guerre allemand ou pour servir de cantinières auprès des soldats. Soupçonnées de s'être vendues à l'ennemi, lors de l'occupation de territoires soviétiques par la Wehrmacht, les survivantes étaient baptisées « poupées allemandes » et n'échappaient pas aux viols collectifs. Toutes les accusations étaient bonnes. Et pour expliquer la multiplication des maladies vénériennes au sein de l'Armée rouge, le NKVD incrimina les femmes allemandes qui auraient sciemment contaminé les hommes.
Les femmes inventèrent des parades pour tenter d'échapper aux viols. L'une d'elles consistait à se parsemer le visage de points rouges pour faire croire au typhus. Souvent, la mort était la parade choisie. Et si les femmes ne se suicidaient pas avant d'être agressées, elles le faisaient après. De février à juin 1945, une vague de suicides emporte environ 20 000 personnes en Allemagne dont de nombreuses femmes mais aussi des hommes trop compromis avec le régime nazi et qui ne souhaitent pas tomber aux mains des Soviétiques.
Certaines femmes victimes de viols ayant réussi à rejoindre les zones sous contrôle allemand se font avorter. Face à la multiplication des avortements, Bormann diffuse, fin mars, une note confidentielle au corps médical lui demandant de faire vérifier au préalable par la police les propos de la victime. Si les violences d'un soldat soviétique sont avérées, alors l'avortement est autorisé.
Après la prise de Berlin, le comportement de l'Armée rouge jette le trouble. Le souvenir des pillages et des viols laisse difficilement la place aux efforts des soldats qui, au moyen de cuisines roulantes, nourrissent la population alors que la propagande nazie avait annoncé qu'elle serait volontairement affamée. Il n'est pas rare de voir des soldats soviétiques arriver chez des Allemands avec d'importants morceaux de viande pour se les faire cuisiner en échange d'une part.
Cette démonstration d'humanité, ainsi que l'ordre de Staline, du 20 avril, enjoignant aux troupes « de modifier leur attitude envers les Allemands » et de « les traiter mieux » afin d'éviter chez eux « une résistance obstinée », n'efface pas les 2 millions de femmes allemandes ayant subi des violences sexuelles. Les séquelles physiques et psychiques furent dévastatrices. Sans compter que nombre d'Allemands abandonnèrent leurs épouses ou fiancées, incapables d'assumer le viol dont elles avaient été victimes.

Bien évidemment, la revue britannique *Cavalcade* ne fait aucune mention des atrocités et crimes de guerre subis par les populations allemandes qui fuient les bombardements ou l'avancée des troupes soviétiques en Allemagne orientale. Ce qui ne l'empêche pas de voir dans cet exode de millions d'Allemands en panique une forme de justice divine, en faisant référence à Némésis, la déesse grecque de la juste colère.

LA GUERRE PSYCHOLOGIQUE

Selon une revue britannique de l'époque, la guerre psychologique est « le combat mené par l'État avec des armes psychologiques pour accroître son prestige dans l'opinion du monde et pour affaiblir celui de l'ennemi – le combat destiné à maintenir et à augmenter les forces défensives dans son propre pays et à diminuer la volonté de résistance de l'ennemi[1] ». Pour exemple, ces tracts issus de la « propagande noire ». Réalisés par les Alliés, ils étaient diffusés au sein des troupes allemandes comme provenant de la résistance allemande dans le but de désolidariser les soldats de leurs officiers et les inciter à cesser le combat.

La Psychological Warfare Division

Au matin du 6 juin 1944, les unités de propagandistes de la Psychological Warfare Branch (PWB) débarquent à Omaha Beach, avec un commando de 70 hommes parlant en tout 110 langues étrangères différentes.
Les enjeux stratégiques de la guerre psychologique, dont les effets sont pourtant difficiles à mesurer, feront l'objet d'une attention particulière pendant la guerre. Lors de la conférence exposant le projet d'un débarquement anglo-américain en Afrique du Nord[2], les deux alliés s'entendent sur une étroite coopération tant au niveau militaire que psychologique. La PWB est alors créée en novembre 1942, fusionnant les différents services de guerre psychologique britanniques et américains existants. Cette nouvelle section sera chargée de la propagande alliée sur le théâtre méditerranéen jusqu'à la fin de la guerre. L'une des difficultés est de gérer la décision prise par Roosevelt sans le consentement de Churchill, lors de la conférence de Casablanca, de janvier 1943. Roosevelt exige une « reddition inconditionnelle » de l'Allemagne, du Japon et de l'Italie. Choix qui, s'il donne courage et espoir aux pays occupés, rend difficile la conduite de la guerre psychologique. Désormais les propagandistes ne peuvent donner aucun espoir aux combattants allemands ni donner aucune espérance aux groupes qui se disputent le pouvoir en Allemagne. Goebbels saisit cette opportunité pour proclamer en retour la « guerre totale ».
En prévision du Débarquement, les unités de guerre psychologique sont intégrées, au sein du SHAEF, dans la Psychological Warfare Division (PWD), équivalent du PWB pour le théâtre nord-ouest européen. Les Britanniques ayant toujours misé sur l'impact de la radio, à partir d'octobre 1943, le SHAEF possède son émission sur les antennes de la BBC, pour entretenir le moral de la population. La PWD est aussi chargée de concevoir les tracts largués sur les pays occupés. En 1940, la Royal Air Force est capable d'en larguer un million en une nuit ; en avril 1944, cinq B-17 américains en larguent 3 360 000.

W
Wie lange werden wir noch daran glauben dass uns Geheimwaffen retten werden?
Wie lange noch?
Nr. 11 Lesen und Weitergeben!

W
Wie lange sollen diese Ausländer noch unsere Frauen schänden ?
Wie lange noch?
NR. 8 LESEN UND WEITERGEBEN!

Déstabiliser l'ennemi

Les Alliés diffusent abondamment des messages à destination de l'ennemi. On y représente le général von Schlieben, l'uniforme crotté de boue, se rendant aux Américains ; assurant la défense de Cherbourg lors de la bataille de Normandie, von Schlieben avait été fait prisonnier après la reddition de la ville. Les tracts diffusent aussi le bilan des bombardements ou des images montrant des colonnes de prisonniers allemands, ainsi que des captifs soignés et bien traités par leurs geôliers.

Inversement pour démoraliser les populations civiles, les tracts largués sur l'Allemagne présentent les pertes militaires du Reich, cartes du front et photos à l'appui, ou les conséquences des bombardements des usines contribuant à l'effort de guerre. Sur d'autres tracts, ce sont des citations extraites de discours de Hitler ou de Goebbels promettant la victoire de l'Allemagne qui sont reprises avec des images illustrant les défaites successives.

Cette guerre par la propagande est d'autant plus importante que Goebbels la renforce en ne cachant plus l'esprit critique de la situation pour provoquer un sursaut parmi la population. Son objectif est de ranimer un élan national en jouant des ressorts les plus profonds de la dignité et du patriotisme, voire de la haine aussi bien contre l'Armée rouge que contre les Anglo-Américains.

À partir du mois de février les campagnes de propagande nazies varient au gré des événements militaires et des prises de position politiques alliées. L'accent est alors mis de façon très nette sur la défense de l'Europe, les divisions alliées, et, surtout, les atrocités commises par l'Armée rouge.

Les Surrender pass

Lors de la campagne de Tunisie les Alliés créent les *Surrender pass*. En mars et avril 1943, 20 millions de tracts invitant à la reddition et servant de sauf-conduits sont largués sur les lignes ennemies, incitant 250 000 hommes à se rendre en brandissant le tract.

Dès le 9 juin 1944, 1,5 million de tracts de reddition, sont déversés sur les troupes allemandes. La propagande allemande riposte, en faisant courir le bruit de sévices infligés aux prisonniers. Toujours est-il qu'au cours de la bataille de Normandie, 77 % des Allemands saisis avaient ce tract en main[3], ainsi que 75 % de ceux capturés au Havre et 80 % à Brest[4].

Au cours de la bataille de Berlin, en avril-mai 1945, les Soviétiques larguent 50 millions d'exemplaires de tracts de reddition, qui affirment aux soldats allemands que leur combat est « sans espoir ». Selon les Soviétiques, 50 % des Allemands qui se rendent à Berlin sont porteurs de ce sauf-conduit[5]. Les officiers politiques russes poussent plus loin encore cette guerre psychologique. Ils envoient dans Berlin 2 130 prisonniers de guerres allemands, « retournés » après un endoctrinement soviétique. Surnommés les « Seydlitz Truppen[6] » par leurs compatriotes, ils sont porteurs de lettres soi-disant saisies sur d'autres soldats au moment de leur capture, rassurant leurs proches sur leur captivité[7]. En complément, des haut-parleurs diffusent des messages préenregistrés par des prisonniers allemands « antifascistes » avec des messages tels que « La guerre est finie. Il est temps de rentrer chez toi ! » Ces Seylditz Truppen convainquent 8 340 Allemands de se rendre[8].

Informer la population

L'autre volet de la guerre psychologique est tourné vers l'intérieur et vise à informer la population *via* la radio ou des tracts. Selon leur contenu, on parle de tracts « ad hoc » qui contiennent un sujet précis, comme un discours ou un événement ; de tracts « impact » qui abordent un sujet frappant retenant l'attention ; de tracts « operational » qui délivrent un avertissement ou des consignes en vue d'une opération militaire, tels les bombardements ; de tracts « timeless » qui évoquent des sujets en cours à la durée indéfinie, comme la guerre aérienne ou sur mer. En complément, sont aussi largués des journaux hebdomadaires comme *Le Courrier de l'air* britannique, *L'Amérique en guerre*, *La Revue de la presse libre*, *La Revue du monde libre* et *Tous les fronts*, tous quatre américains.

Pour la PWD, la difficulté est d'informer sans compromettre la réussite d'Overlord. La question des bombardements est la plus difficile à expliquer aux civils qui y voient, par leur intensification, l'approche du Débarquement. Les tracts et les émissions de la BBC insistent donc sur le fait qu'il s'agit de phases préparatoires et non de l'assaut lui-même. En France, dans les jours qui suivent le Débarquement, afin de rassurer les populations civiles libérées sur leurs intentions, les Américains sillonnent la Manche avec des voitures équipées de haut-parleurs qui diffusent des discours préenregistrés en français et des informations sur les succès remportés par les troupes alliées. À Cherbourg, les Américains créent la première station libre émettrice depuis la France, Radio-Cherbourg, qui émet à partir du 4 juillet, jour de la fête nationale américaine. Les programmes reprennent des passages de l'émission « Les Français parlent aux Français », des extraits de programmes de la BBC ou de Radio Amérique en Europe et des sujets locaux préparés par les officiers des Civil Affairs. Ces derniers se targuent d'ailleurs dans un rapport interne d'avoir permis aux Français « de ne plus être obligés d'écouter clandestinement les communiqués de la BBC pour obtenir des informations honnêtes[9] ». Cependant il est difficile d'évaluer l'impact exact de cette propagande sur la population. Les études d'opinion laissent malgré tout apparaître qu'elle a été l'un des facteurs de soutien moral des Français face à l'occupant et à la politique de collaboration sous l'Occupation. La seule propagande aérienne n'aurait pas suffi à maintenir le moral de la population mais il est certain qu'elle y a contribué, même modestement.

Tracts issus de la « propagande noire » réalisés par les Alliés, se faisant passer pour des tracts émanant de la résistance allemande. Extraits de la série *« Wie lange noch ? »* (« Pour combien de temps encore ? »), chaque tract numéroté porte la mention *« Lesen und weitergeben ! »* (« Lire et partager ! »)
Sous le dessin du tract érotique est écrit : « Combien de temps ces étrangers devraient-ils continuer à violer nos femmes ? »
L'autre tract se moque des armes secrètes allemandes devant sauver le Reich : « Combien de temps continuerons-nous à nous faire croire que les armes secrètes nous sauveront ? »

OPÉRATION TERRE BRÛLÉE EN ALLEMAGNE

Le régime nazi continue jusqu'à la fin de la guerre la répression contre les Juifs, les déportés politiques, les travailleurs forcés étrangers et les prisonniers de guerre soviétiques. Mais durant les quatre mois précédant la fin de la guerre, la répression s'abat aussi sur les défaitistes et les milliers de soldats allemands qui désormais refusent de se battre ou de mourir pour Hitler.

Traquer les déserteurs

Lorsque l'Armée rouge atteint l'Oder, début février, Hitler laisse le choix à ses troupes entre une mort honorable au combat ou « la mort des lâches » qui attend les fuyards et les déserteurs. Des consignes strictes sont données aux tribunaux militaires pour juger les coupables sans aucune clémence au sein de l'armée, Waffen SS inclue. À destination des officiers supérieurs, Hitler précise que « le premier des devoirs d'un chef militaire est de fanatiser politiquement ses hommes, et il sera pleinement responsable devant moi de leur comportement national-socialiste[1] ».

Jusqu'aux derniers jours de la guerre, les déserteurs sont traqués et exécutés. Des pendus sont exposés sur des axes importants, surnommés les « routes des potences », pour intimider civils et militaires. Des pancartes sont accrochées au cou des déserteurs, comme « Je suis pendu ici parce que je n'ai pas cru dans le Führer. » Même des jeunes Hitlerjugend, enrôlés dans la Volkssturm, sont pendus, parfois sur de simples présomptions. Les estimations font état de 10 000 soldats exécutés pour « trahison[2] ».

Un moral en berne dans l'armée

Au printemps 1945, le moral des soldats allemands est au plus bas. N'ayant pu prendre une douche parfois depuis plus d'un mois ni changer de sous-vêtements, les uniformes sont couverts de vermine. Sans compter la dysenterie dont sont atteints de nombreux soldats par manque d'eau potable. L'alimentation est composée d'une demi-miche de pain dur et d'un mauvais ragoût ou d'une soupe, le plus souvent servis froids.

Au-dessus d'eux, les attaques incessantes des chasseurs-bombardiers alliés, accompagnés des tirs de canons ou de mortiers, voir des fameuses « orgues de Staline », mettent les soldats même les plus aguerris dans un état de choc nerveux. L'angoisse est accentuée par l'absence de lettres de proches depuis Noël alors que les bombardements sur les villes allemandes se sont intensifiés. Les officiers voient d'un bon œil la faillite du système postal car il a fait baisser le nombre de suicides chez les soldats qui ne sont plus informés

des mauvaises nouvelles des familles à l'arrière.
Le manque de ravitaillement est général. Les chars n'ont plus de carburant et l'armement manque tant qu'il n'est pas rare de voir arriver sur le front de nouvelles recrues ou des membres de la Volkssturm, avec presque aucune instruction militaire, ayant comme équipement un Panzerfaust[3] avec une seule grenade. Certains soldats sont si jeunes qu'on leur distribue des bonbons à la place de la ration de tabac. Parmi eux circule cette formule : « La vie est comme une chemise d'enfant – courte et merdeuse[4]. »
La foi dans le Führer semble aussi s'être évanouie d'autant qu'il n'est plus apparu en public depuis son retour à Berlin, le 15 janvier. Goebbels le persuade de se rendre sur le front de l'Oder, le 20 mars, afin de réaliser des images pour les actualités cinématographiques pendant qu'il passe en revue de très jeunes garçons en uniforme de la Hitlerjugend. Dernières images en public du maître de l'Allemagne aux abois, qui sera ensuite reclus dans son bunker de la Chancellerie, jusqu'à son suicide.

Les bombardements s'intensifient

À l'automne 1944, les Anglo-Américains reprennent le principe d'*aera bombing* sur les cités allemandes. Les nœuds ferroviaires et les voies navigables de la Ruhr sont les premières cibles. Les effets sur le système ferroviaire du Reich sont lourds de conséquences, paralysant presque totalement le transport du charbon de la Ruhr dans le reste du pays.
Ayant compris l'erreur du Transportation Plan[5] sur la France qui s'était concentré sur les locaux de réparation des locomotives, cette fois les gares de triage ne sont pas épargnées. Le brutal ralentissement du transport ferroviaire allemand donne raison à cette nouvelle stratégie malgré tous les efforts de Speer pour relancer le trafic, ayant bien compris que « ce sont les transports qui gouvernent tout[6] ».
La seconde phase du Transportation Plan, appliqué désormais aux cibles allemandes, en février-mars 1945, anéantit complètement l'économie de guerre du Reich. Dans un ultime sursaut, Speer tente en vain de remettre en état les gares de triage, au moyen de 800 000 prisonniers de guerre, déportés de camp de concentration et autres travailleurs. L'encerclement de la Ruhr par les Alliés rendant inutile la poursuite des bombardements stratégiques, l'*aera bombing* s'achève officiellement le 14 avril 1945.

L'opération terre brûlée

Le 19 mars, Hitler signe son fameux *Nerobefehl* (« ordre Néron ») qui ordonne de détruire tout ce qui peut être utilisé par l'ennemi en cas de repli. Malgré le désaccord de Speer qui souhaite conserver diverses infrastructures nécessaires à l'économie du Reich, Hitler ordonne, le 27 mars, « la totale annihilation par explosifs, incendie ou démolition » de l'ensemble du système ferroviaire, des autres modes de transport et de tous les moyens de transmission (téléphone, télégraphe, radio). Speer obtient que ces destructions lui incombent en tant que ministre des Armements et de la Production de guerre, ce qui lui permet de contacter discrètement quelques gauleiters et généraux en qui il a confiance pour contrecarrer autant que possible cette opération de terre brûlée afin de sauver ce qui peut encore l'être de l'économie allemande. Cette décision n'entraînera aucune conséquence réelle sur la suite des événements. Speer essaie surtout de sauver sa peau en cas de capture pour

montrer qu'il a tenté de minimiser le chaos général face à la chute du Reich.
À la mi-avril, Himmler menace à son tour toutes velléités de défaitisme par une proclamation vengeresse à la population : « Aucune localité allemande ne sera déclarée ville ouverte. Toute ville et tout village seront défendus par tous les moyens possibles. Tout Allemand ne respectant pas son devoir évident envers la nation perdra sa vie en même temps que son honneur. »
Il ajoute que les habitants d'une maison sur laquelle est hissé un drapeau blanc doivent être abattus. Dans certaines localités assiégées, des responsables de district nazis fanatiques empêchent la population de fuir, les obligeant à se battre avec des armes dérisoires ou à creuser d'inutiles fossés antichars.

Les ultimes fanatiques

En septembre 1944, face à la rapide progression alliée vers le Reich, des dirigeants nazis projettent secrètement de poursuivre le combat contre l'ennemi même après la guerre, en créant un mouvement de résistance, appelé *Werwolf* (« loup-garou »)[7], soutenu par Himmler[8].
Les membres, dont beaucoup issus de la Hitlerjugend, apprennent à utiliser des explosifs, tuer des sentinelles, voler des armes, des munitions et des vivres. Opérant clandestinement, par groupes de trois ou six, ils apprennent à vivre en autarcie, tapis dans l'ombre en attente de leurs missions. Le 1er avril, la radio allemande diffuse un appel incitant tous les Allemands, hommes et femmes, à les rejoindre pour devenir leurs agents clandestins.
Dans les faits, très peu de ces agents dormants entrent en action, faute de directives reçues. Mis à part les inscriptions sur les murs : « Traître, prends garde, le *Werwolf* veille », et l'assassinat de maires accusés de trahison[9], leurs actions se limitent à intimider la population. En effet, les hauts responsables, comprenant vite l'inutilité du mouvement, l'abandonnent[10].
À la fin de la guerre, le fait que les villes allemandes aient été écrasées systématiquement et que l'Armée rouge ait commis une multitude de crimes de guerre va permettre à la population de passer du statut de peuple complice des bourreaux nazis à celui de peuple victime, lui aussi, du régime criminel nazi.

Dans ses ultimes tentatives de défense de Berlin, ou d'autres grandes villes d'Allemagne orientale, face à l'invasion soviétique, le régime nazi mobilise les membres des Jeunesses hitlériennes. Pour stopper l'avancée des chars russes, chaque jeune se voit affublé de deux Panzerfaust et partir à proximité de la ligne de front en bicyclette. En cas de refus ou de désertion, ces jeunes encourent la pendaison immédiate, sur place sans aucune forme de procès.

LA CAPITULATION ALLEMANDE

Staline prétend officiellement à ses alliés occidentaux que la capitale allemande n'est désormais qu'un objectif secondaire. Le 1er avril, il ordonne pourtant à ses troupes de se diriger vers Berlin. Ce sont alors 2,5 millions de soldats soviétiques, équipés de 41 600 canons et mortiers, 6 250 chars et 7 500 avions, qui s'élancent à l'assaut de Berlin. Malgré le démenti de ses alliés, ce que Staline redoute le plus est la signature d'une paix séparée des Allemands avec les Anglo-Américains, telle celle proposée par Himmler.

Berlin est pris par l'Armée rouge

La fin du Reich s'apparente à une mise en scène. Le Führer lui-même orchestre sa propre mort et la disparition de son corps « créant la légende d'un Hitler mystérieusement disparu et qu'on attend toujours comme jadis l'Allemagne du Moyen Âge attendait le retour de l'empereur Barberousse. C'est la dernière mise en scène du nazisme. Ils ont un plan de la défaite comme ils avaient un plan de la conquête. Le Reich nazi se joue à lui-même sa dernière marche funèbre[1] », lit-on dans *Franc-Tireur*.

Pour Staline, Berlin appartient à l'URSS par droit de souffrance, pour les atrocités subies par le peuple russe sous occupation allemande, autant que par droit de conquête. À cet égard la prise de la ville doit aussi être mise en scène. Des drapeaux rouges à hisser sur tous les bâtiments officiels sont distribués aux troupes de l'avant. Le Graal revenant aux soldats désignés pour le hisser au sommet du Reichstag en ruines. Photo immortalisée, le 2 mai[2], avec comme seul bémol, deux montres au poignet droit de l'officier soutenant le soldat qui plante le drapeau. Preuve des vols commis par les soldats qu'il faut masquer avant de publier le cliché.

En France, l'opinion est divisée sur l'entrée de l'Armée rouge dans Berlin. Comme l'écrit *Combat* : « C'est aux armées soviétiques qu'appartiendra la gloire d'avoir pris Berlin. Certains s'en réjouiront, certains – sans trop oser l'avouer – le regretteront : ils auraient préféré que pareil honneur revint aux armées anglaises, ou américaines, ou même françaises. [...] Dans beaucoup de cas, derrière ces préférences sentimentales, on trouvera la peur du vieil épouvantail « bolchevik » si bien entretenue par les Allemands[3]. »

La place à accorder à l'allié soviétique à la Libération n'est pas nouvelle. Lors de la reconnaissance du GPRF par l'URSS, en octobre 1944, des journaux issus de la Résistance, comme *France Libre*, pourtant proche des milieux catholiques, prennent position : « C'est Moscou qui a proposé d'accueillir la France nouvelle, à égalité des droits, dans le conseil des grandes puissances dirigeantes. Nous lui devons cet hommage, comme de reconnaître que depuis juin 1941, la politique des Soviets s'est montrée particulièrement sympathique à nos armes, à nos tendances, au Gouvernement Provisoire que s'est donné la France. Il semble qu'on

9e ANNÉE. — N° 105. — Prix : 1 fr. 50 — MARDI 8 MAI 1945

LA VOIX DE L'OUEST

QUOTIDIEN DE BRETAGNE MAINE, NORMANDIE, ANJOU

31, Avenue Janvier, RENNES — Directeur : J. CHERUEL — SAINT DESIRE

« *Nous ne déposerons pas les armes avant que la liberté ne soit rétablie dans le monde.* »
ROOSEVELT, décembre 1941.

« *Le devoir, c'est la guerre. L'avenir, c'est la victoire.* »
Charles DE GAULLE, janvier 1941.

L'Allemagne battue met bas les armes

LONDRES, 7. — LA RADIO ALLEMANDE ANNONCE QUE L'AMIRAL DŒNITZ A ORDONNÉ LA CAPITULATION SANS CONDITIONS DE L'ENSEMBLE DES FORCES ALLEMANDES.

« *Nous nous battrons sur chaque pouce de terrain, dans chaque rue, dans chaque village.* »
Winston CHURCHILL, août 1940.

« *Nous continuerons la guerre jusqu'à ce que les puissances ennemies aient mis bas les armes sur la base de la reddition sans conditions.* »
Déclaration de Moscou, octobre 1943.

VICTOIRE

PENSER... ...AUX MORTS

6 ans de guerre

1939	La France et l'Angleterre déclarent la guerre à l'Allemagne. L'Italie garde une attitude d'expectative hostile.
1940	L'Allemagne se pose en maîtresse du Monde. La France, la Belgique, la Hollande, la Norvège sont envahies. L'Italie déclare la guerre à la France et à l'Angleterre. Le Général de Gaulle prend la tête des éléments français passés en Angleterre et prépare l'organisation des F. F. L. qui vont libérer la France. Churchill, avec une poignée d'hommes, gagne la bataille d'Angleterre. La Grande-Bretagne ne sera pas envahie.
1941	L'Allemagne déclanche l'agression contre la Russie. L'Allemand va jusqu'à Stalingrad où commence le déclin de la Wehrmacht. Les U. S. A. déclarent la guerre au Japon. L'Allemagne déclare la guerre aux U. S. A.
1942 / 1943	Le Monde est en feu. Les Allemands subissent une défaite sans précédent devant Stalingrad. Montgomery remporte la grande victoire d'Afrique sur Rommel à El Alamein. Débarquement des Alliés en Afrique du Nord. Les Troupes de l'Axe sont chassées d'Afrique.
1944	Invasion de l'Italie du Sud. Capitulation sans conditions du Gouvernement italien. Débarquement des Alliés en Normandie. La France est presque entièrement libérée.
1945	L'Alsace, la Lorraine, la Belgique sont libérées. Les Alliés à l'Est et à l'Ouest envahissent l'Allemagne. De l'Est comme de l'Ouest, les forces conjuguées de l'Angleterre, des U. S. A., de la Russie et de la France écrasent l'adversaire.

KŒNIG — MONTGOMERY — LECLERC — EISENHOWER — PATCH — PATTON — JOUKOV — BRADLEY — DE LATTRE DE TASSIGNY

« *Je proclame ma foi que beaucoup d'entre nous verront un 14 juillet où une France libérée se réjouira une fois de plus, dans sa grandeur et dans sa gloire, au premier rang des champions de la liberté et des droits de l'homme.* »
CHURCHILL, 14 juillet 1940.

« *Nous prenons l'engagement solennel, devant le monde entier, de ne pas déposer les armes avant que la liberté ne soit rétablie dans le monde.* »
ROOSEVELT, 15 décembre 1941.

« *On m'accuse toujours de vouloir la guerre. Ai-je l'air d'un fou ?* »
HITLER, 10 novembre 1938.

VICTOIRE DE L'ESPRIT

Fermons un instant les yeux. Si l'Allemagne hitlérienne avait vaincu. Un nouvel Islam déferlait sur toute l'Europe. La personne humaine devenait l'esclave d'un...

J. CHERUEL.

UN APPLE...

AUX ALLEMANDS

PAX

Jacques VILLETTE.

puisse constater ce fait sans se voir taxer de bolchevisme[4]. »
Malgré ces divisions, « la chute de Berlin c'est, dans l'univers, le fracas joyeux d'un carillon annonciateur d'une paix prochaine » et l'effondrement « d'une société barbare »[5] résume *Le Populaire*.

Couac dans l'annonce de la reddition allemande à Reims

« C'est à Reims, sanctuaire de nos gloires que l'orgueil allemand s'est reconnu écrasé[6]. » Le lundi 7 mai 1945, à 2 h 41, résonnent ces mots dans une salle du Collège moderne et technique, où Eisenhower a installé son quartier général. Le général Jodl, investi des pleins pouvoirs par l'amiral Dönitz, signe avec les Alliés la reddition sans condition de l'ensemble des forces allemandes. N'ayant pas assisté à la signature, Eisenhower reçoit Jodl[7] qui lui déclare : « Je considère que l'acte de reddition remet l'Allemagne et le peuple allemand entre les mains des vainqueurs[8]. » Dans sa déclaration, Eisenhower « pense qu'il est particulièrement symbolique que la reddition ait été signée au cœur de la France, ce pays où nous avons débarqué en juin dernier et dont les forces armées et les mouvements de résistance nous ont tant aidés[9]. »
En l'absence de représentant de l'Armée rouge, pour ne pas froisser Staline, Churchill et Truman décident de ne pas la rendre publique. En effet, pour la postérité, une autre cérémonie est prévue le lendemain à Berlin avec les représentants des trois « grands » Alliés : États-Unis, Grande-Bretagne et URSS[10].
Ordre est donc donné aux 17 journalistes présents à Reims de ne rien laisser filtrer. La consigne est respectée jusqu'à l'annonce l'après-midi même, à 14 h 03, de la capitulation par une radio allemande à Flensbourg aux mains des Alliés. Edward Kennedy, journaliste à *Associated Press* (*AP*) estime donc obsolète l'embargo demandé jusqu'au lendemain à 15 heures et appelle son agence pour annoncer la nouvelle, aussitôt renvoyée par téléscripteur à tous les journaux abonnés, sous le titre : « L'Allemagne a capitulé ». L'information est aussitôt reprise dans la presse internationale. Sur pression du SHAEF, Edward Kennedy est aussitôt licencié et expulsé de France, tandis qu'*AP* est interdite de diffuser toute information émanant de l'armée pendant plusieurs jours. Kennedy est la cible d'une pétition d'une cinquantaine de correspondants de guerre qui n'hésitent pas à l'accuser de trahison nationale[11].
Le couac de l'annonce, suivi des silences, ordres et contre-ordres du SHAEF, est relaté avec ironie par *Combat* : « On avait doucement l'impression qu'on se payait notre tête, lorsqu'on nous expliqua que « la capitulation n'était pas la cessation des hostilités ». Sur le mode de « la mobilisation n'est pas la guerre », on put toutefois en déduire que l'une n'était pas loin de l'autre[12]. » *L'Aurore*[13] se réjouit pour sa part de pouvoir raconter les détails de la reddition grâce à Radio Ankara. Cet incident est aussi le prétexte de nombreux journaux pour régler leur compte avec le ministre de l'Information Pierre-Henri Teitgen. Le « rabat-joie », comme le surnomme *Franc-Tireur*, est en effet accusé depuis plusieurs semaines de censurer la presse et par abus de pouvoir de porter atteinte à sa liberté[14].

Le jour de la victoire en France

Afin de célébrer l'événement, le 8 mai à partir de midi et la journée du lendemain sont décrétés jours fériés. Un goûter gratuit est servi dans les établissements scolaires. Toutes les sirènes hurlent à

15 heures pendant trois minutes la fin de la « grande alerte », alors qu'au même moment carillonnent toutes les cloches de France. À Paris, dans chaque arrondissement un sapeur-pompier, ou un agent de police, sonne le cessez-le-feu.
C'est aussi à 15 heures qu'est diffusée à la radio l'allocution du général de Gaulle, chef du GPRF, dans laquelle est bien entendu mise en avant la place de la France : « La guerre est gagnée. Voici la Victoire. C'est la victoire des nations unies et c'est la victoire de la France. » Discours dans lequel un hommage particulier est rendu aux résistants et combattants morts pour la France dont « pas un deuil, pas un sacrifice, pas une larme, n'auront donc été perdus ! », et qui n'en oublie pas pour autant « ses vaillants alliés » qui « ont lutté, pâti, travaillé, pour que l'emportent, à la fin des fins, la justice et la liberté. » À 17 heures, le général de Gaulle et le gouvernement déposent une gerbe sur la tombe du soldat inconnu et assistent à un Te Deum à Notre-Dame. Partout en France des défilés avec dépôts de gerbe aux monuments aux morts sont organisés.
Dès le 8 mai au soir, le black-out est levé et tous les principaux monuments sont de nouveau éclairés. Une parade d'avions français et alliés puis un feu d'artifice est tiré. Deux projecteurs forment un immense V de la victoire. Plusieurs journaux retransmettent les discours officiels par haut-parleurs et de la musique en soirée. Sous les fenêtres du *Populaire*, après les hymnes nationaux des Alliés, *L'Internationale* et *La Carmagnole* remportent un grand succès[15]. Partout des bals populaires sont improvisés. Le métro est prolongé jusqu'à 1 h 45 ; cinq théâtres parisiens donnent une représentation gratuite en soirée précédée de *La Marseillaise* et le lendemain cinq concerts sont organisés dans différents parcs et jardins de la capitale.
Mais pour *L'Humanité*, cette victoire ne doit pas faire oublier qu'« il reste à détruire tous les vestiges du fascisme[16] ». Les grands procès de l'épuration débutent seulement en France et le Parti communiste espère qu'ils seront l'occasion d'éradiquer durablement les anciens partis politiques ou ligues d'extrême-droite d'avant-guerre. Tout comme le combat contre les dictatures espagnoles et portugaises doit aussi être mené.

LA VOIX DE L'OUEST
VICTOIRE

Pour célébrer la capitulation du 8 mai 1945, ce quotidien catholique breton présente les portraits des principaux leaders politiques et chefs militaires alliés. Le fondateur du journal est l'abbé Jules Chéruel, résistant de la première heure au mouvement Défense de la France, et responsable du Comité d'organisation des services sociaux de la Résistance (COSOR). Il est connu pour avoir hébergé, en 1945 et début 1946, dans les colonnes de *La Voix de l'Ouest*, les premiers numéros de plusieurs revues pour enfants comme *Tintin et Milou*, *Cœurs Vaillants*, *Perlin Pinpin*, *Fripounet et Marisette*, dans l'attente de leur autorisation gouvernementale de publication.

LES POCHES DE L'ATLANTIQUE

Si le Sud-Ouest est libéré aussi rapidement que la Provence, les Allemands résistent jusqu'à la capitulation de mai 1945 dans plusieurs ports de l'Atlantique et dans la ville de Dunkerque. Jusqu'aux derniers jours, la population de ces poches endurera privations, déchéances physiques et subira parfois d'ultimes bombardements, comme ce fut le cas à Saint-Nazaire.

D'inutiles bastions imprenables

Le premier réduit que les Alliés prennent est celui de Saint-Malo, du 4 au 17 août. La reporter de guerre américaine Lee Miller[1], arrivée le 13 août, en plein combat, assiste à l'évacuation des civils, après plusieurs jours de négociations avec les Allemands pour obtenir une trêve de trois heures : « Il en arriva près de deux mille. Après un premier contrôle qui nous permet de dépister les agents de la cinquième colonne, on s'occupe des besoins les plus pressants : nourrir les affamés, vêtir les plus dépourvus. De vieilles dames avec leur ultime trésor noué dans un torchon, certains marchent pieds nus, des femmes portent leurs enfants dans leurs bras, des religieuses vêtues de blanc et étonnamment propres dans cet enfer, guident des filles publiques[2]. »
Des Allemands réussissent à s'enfuir sur l'île de Cézembre, au large. Ravitaillés par des vedettes et des avions venant de Jersey, la garnison tombe le 2 septembre, après que les Américains ont utilisé pour la première fois des bombes au napalm. Le 18, c'est Brest qui est libéré, tandis que des Allemands se réfugient dans la presqu'île de Crozon. Le journaliste de *Combat* compare les destructions de la ville à un cataclysme : « Pendant des jours et des jours ce fut la destruction. On se battait dans les rues, dans les maisons, à coups de canon, à coups de grenades. Les avions piquaient, bombardaient. L'une après l'autre, les maisons s'effondraient, disparaissaient. Les pierres elles-mêmes pilonnées par la mitraille étaient pulvérisées. Mais pour les Allemands, les SS cruels, ce n'étaient pas assez, alors ce fut le tour des mines. [...] Une orgie de mines[3] ! »

Un front confié aux FFI

Avec les pertes humaines et matérielles engendrées pour libérer Saint-Malo et Brest, Eisenhower décide de ne prendre aucun risque pour attaquer les autres ports qui ne ralentissent en rien la progression vers Berlin. Il choisit la politique de *containment*, sous forme d'un blocus maritime et terrestre, contenant l'ennemi dans ces enclaves.
Pour ne pas immobiliser leurs troupes, les Alliés confient la surveillance des « poches de l'Atlantique » aux FFI. Le général de Larminat commande ce « front de l'Ouest », à partir d'octobre 1944. Ces FFI sont parfois appelés Forces françaises de l'ouest (FFO). De Bordeaux à Cognac, le colonel FFI Adeline coordonne la convergence de 25 000 hommes pour contenir les poches de Gironde et de La Rochelle.

Le réduit allemand de Royan a été enfoncé. Après deux journées de durs combats où sous les ordres du général de Larminat, les troupes du détachement d'armée de l'Atlantique se sont magnifiquement conduites, la célèbre station balnéaire a été reprise aux Allemands et la pointe de Grave progressivement nettoyée. Grâce en particulier aux F. F. I. qui selon la formule de Larminat « se battent comme les anciens », le front de France tout entier sera clair à nouveau. Un de nos correspondants à pu prendre pour vous ces témoignagess photographiques exceptionnels du renouveau français de l'offensive sur l'Atlantique. Sous la brutalité des bombardements et l'acharnement de l'ennemi, Royan est aujourd'hui une ville morte, mais elle est rendue à la patrie par des patriotes et une ville française ressuscite toujours.

Cette victoire permettra à notre grand port de Bordeaux, le seul qui, sur la côte de l'Atlantique ait été épargné par la guerre, de ressuciter aussi.

A nouveau les navires venus des quatre coins du monde pénétreront dans l'estuaire de la Gironde...

Sur le bord de la route sage, un panneau classique indique la direction de Royan. Mais dans le ciel calme, c'est un nuage orageux de bombes qui montre son emplacement.

ROYAN, ville morte retrouve la vie française

Reportage exclusif d'André Sartres

(Correspondant de guerre)

Dans l'apocalypse des décombres, les soldats français guettent, dans un trou, le fort de Royan encore aux mains de l'ennemi.

L'allemand est battu ; les troupes françaises pénètrent dans la ville. Le premier tank passe dans la fumée des incendies et l'usine brûlée semble la carcasse d'un arc de triomphe.

Suivent alors huit mois de sièges marqués épisodiquement par de vifs engagements. La presse s'intéresse régulièrement à cette « guerre oubliée[4] » et aux dures conditions de vie des FFI « dépenaillés, en loques[5] » chargés de défendre ces bastions. Un reporter de *Ce Soir*[6] aux alentours de Lorient décrit une « armée de sans-culottes » qu'il compare aux Poilus de 1914, dans des abris creusés dans la terre, recouverts de tôles et de rondins, dormant sur de la paille : « J'en ai vu marcher dans la boue pieds nus dans des sabots, vêtus avec ce que le hasard leur donne. [...] Et pourtant – voilà le miracle – pas de découragement, pas d'indiscipline. »

Un reporter de *Front national*[7] pénètre en janvier 1945 dans Saint-Nazaire occupé par les Allemands « dont la population a fui jusqu'au dernier de ces habitants ». En fait, une partie des 120 000 Nazairiens ont été autorisés par les Allemands à partir de la ville. Ces premiers conservent les autres en otage pour empêcher tout assaut. Guidé par un saunier de Batz, il constate qu'« aucune de nos cités, sans doute, n'atteint un pareil degré de désolation ». Surtout, il se rend compte que le ravitaillement ne fait pas défaut aux soldats qui fument des cigarettes américaines et ont mangé des oranges et mandarines le premier de l'an.

Une partie du ravitaillement des « poches » arrive aussi par mer depuis l'Espagne franquiste, ce que dénonce le Parti communiste français. Pendant que les « empochés[8] » subissent vexations et humiliations quotidiennes de la part des garnisons allemandes.

Royan, un dramatique enjeu politique et militaire

Le général de Gaulle réfute la stratégie de *containment* du SHAEF. Surtout il veut prouver aux Alliés la capacité d'action de son armée nouvelle. C'est le but de l'opération envisagée par le général de Larminat dès septembre, mais qui n'aura lieu qu'en avril. Entre-temps, le 5 janvier, la ville est bombardée par décision du Bomber Command allié, en remplacement d'un raid sur Brême, annulé à cause du mauvais temps, avec pour objectif de « détruire une ville solidement défendue par l'ennemi et occupée par des troupes allemandes seulement ». Le bilan est de 442 tués et 400 blessés parmi les « empochés royannais », 47 soldats allemands tués et aucun ouvrage militaire touché. Français, Britanniques et Américains se rejettent la responsabilité de ce bombardement inutilement meurtrier.

Le 15 avril est lancée l'opération Vénérable contre Royan. 30 000 soldats composés de FFO, de tirailleurs algériens, malgaches et antillais et des régiments de chars de la 2e DB, mènent alors l'offensive terrestre, malgré le désaccord du général Leclerc. L'assaut est précédé dans la nuit d'un bombardement américain au napalm qui anéantit la ville, où demeurent encore 4 000 civils : « Jamais, sans doute, au cours de la guerre une telle densité de feu ne fut concentrée sur un objectif aussi exigu[9]. »

Royan est libérée le 18, mais de nombreux habitants se demandent si, pour couvrir de gloire l'armée française en cours de reconstitution, leur ville n'a pas été sacrifiée. L'ancien maire publie une lettre ouverte au président du Conseil en 1949 qui accuse de Larminat et le gouvernement. Selon lui, de Larminat qui a dirigé l'attaque « devait être le seul à estimer qu'il avait écrit une nouvelle page de gloire... du point de vue national, il suffisait d'attendre la conclusion normale des événements[10] », chacun ayant compris que la capitulation allemande était proche. D'autant qu'à ces bombardements injustifiés s'ajoute le pillage de la ville par les troupes libératrices auxquelles on avait présenté les « empochés » sur place comme des collabos.

Lors de sa visite à Royan en août 1949, le président du Conseil, semble vouloir clore le débat : « Pourquoi cette attaque de la cité que rien ne justifiait ? J'estime qu'elle n'était pas indispensable, mais il ne m'appartient pas, n'étant pas militaire, de juger ceux qui y participèrent. L'histoire seule le fera[11]. »

La Rochelle épargnée, Saint-Nazaire anéanti

La Rochelle est un cas à part parmi les « poches » car elle est la seule ville à avoir conservé ses 14 360 habitants et ne pas avoir souffert des bombardements. Situation due au contre-amiral allemand Ernst Schirlitz et au commandant français Hubert Meyer, chargé par l'état-major français de Vichy de surveiller les installations portuaires de la ville. Ce dernier sert d'intermédiaire pour négocier avec le colonel Adeline. Les trois hommes arrivent, le 18 octobre, à une convention qui prévoit un *statu quo* entre les deux fronts et de ne pas recourir à l'aviation alliée.

En avril, de Larminat dénonce la convention et informe Schirlitz que toute destruction d'installations portuaires sera considérée comme un crime de guerre. Les FFI, s'attendant à une riposte, prennent les devants en repoussant le front de 2 à 8 km, sans cependant franchir la ligne rouge. Alors que l'assaut se prépare, ayant appris la capitulation allemande par radio, Schirlitz libère 700 prisonniers des Forces françaises de l'ouest que ses hommes avaient capturés, et se rend le 7 mai. Dunkerque n'eut pas cette chance. Le 8, alors que la ville est investie par les troupes anglaises, canadiennes et tchèques, un couac vient ternir la libération de la ville. Le général britannique Liska ne convie aucun militaire français à la reddition. Finalement, deux officiers sont invités en observateurs avec pour consigne de s'abstenir de toute intervention. Aucun correspondant de guerre français n'est admis à assister à la reddition de l'amiral allemand Frisius, « un personnage au nom prédestiné, un fanatique qui fit pendre tous ses compagnons d'armes qui voulaient se rendre[12] ». Seule la marine française est autorisée à entrer dans la ville.

À Saint-Nazaire l'assaut prévu le 8 est annulé. La reddition est signée le jour même mais la cérémonie officielle ayant lieu le 11, Saint-Nazaire devient la dernière ville libérée de France. Les Nazairiens, soulagés par cette reddition, sortent de ces mois de privation exsangues et dans un état sanitaire déplorable, atteints par la gale, les poux et recouverts de plaies purulentes. « Dans Saint-Nazaire, ni drapeau, ni cri, ni sourire. Saint-Nazaire n'est plus qu'une ville déserte, un lieu géographique. Jamais même en Normandie martyre, je n'ai vu un tel chaos de pierre, un tel paysage d'Apocalypse[13] », résume *L'Aube*.

ROYAN, ville morte
retrouve la vie française

L'hebdomadaire *J – Le jeune combattant magazine* présente dans son numéro du 21 avril 1945, un reportage sur l'entrée de son envoyé spécial André Sartres dans les ruines de Royan, après la reddition allemande.

LA RÉSISTANCE COMME ENJEU POLITIQUE

Après la Libération, les dates-événements sont l'occasion de rassemblements patriotiques qui sont autant de démonstrations populaires de la part des deux grandes forces politiques de l'époque : les gaullistes et les communistes. Depuis le 6 juin, chacun revendique un rôle déterminant au sein de la Résistance et des combats pour la libération du territoire. Les rassemblements deviennent alors le lieu de démonstration, comme ici, où une foule se rassemble autour du soldat inconnu, à l'appel des organisations communistes.

Une tension palpable

En septembre 1944, l'Institut français de l'opinion publique, le « Gallup français », sonde la population[1] sur « des problèmes fondamentaux de politique étrangère ». Parmi les 13 questions posées, les dixième et onzième révèlent les sentiments des Français à l'égard des politiques en vigueur. « Quelle nation aura le plus contribué à la défaite de l'Allemagne ? » L'URSS pour 61 % des sondés, suivie des États-Unis pour 29 % et l'Angleterre pour 11,5 %. « Quelle nation aidera la plus à se relever après-guerre ? » Les réponses sont rigoureusement inversées, avec 69 % pour les États-Unis, 13,8 % pour l'Angleterre et seulement 6,2 % pour l'URSS.
Pour *Libération*, poser ces deux questions « équivaut à déterminer, dès à présent, l'orientation des courants d'opinion et des sympathies françaises à l'égard des puissances auxquelles la France sera inévitablement associée à l'heure où se posera le grand problème de la reconstruction du monde[2] ». Ce sondage présente aussi le clivage à venir entre pro-Soviétiques et pro-Américains.
À partir de janvier 1945, communistes et gaullistes entrent en compétition pour tenter de mettre en place une mémoire collective. Les commémorations nationales se multiplient avec des éléments distincts. Une mémoire nationale jacobine et républicaine plus civile pour le Parti communiste et une mémoire nationale pour les gaullistes avec des lieux forts comme les Invalides ou l'Arc de Triomphe et l'importance des drapeaux, héritage d'une droite nationaliste datant d'avant 1914.
Cette querelle commémorative prend une forme originale en janvier 1945 avec la mort de Romain Rolland le 1er janvier. En effet, dès le 4, le PC *via* son organe de presse *Ce Soir* lance l'idée d'une « panthéonisation » de l'auteur pacifiste d'*Au-dessus de la mêlée* et de *Jean-Christophe*. Le 6, les gaullistes répondent favorablement à condition de « panthéoniser » Charles Péguy d'abord. Chacun y va de ses arguments justifiant l'entrée au Panthéon de ces deux figures mythiques de la pensée française.
Les socialistes pensent départager communistes et gaullistes en proposant à leur tour un candidat, le 12, en la personne du

Auprès de l'Inconnu, le peuple vainqueur

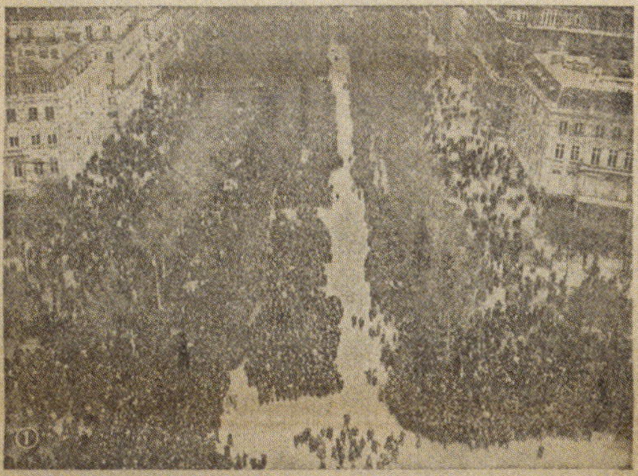

1

5

2

6

8

3

7

9

4

Quelques images de la grandiose journée d'hier :

1. — Le cortège populaire monte l'avenue des Champs-Elysées ;

2. — Les représentants du Comité Parisien de Libération et du Conseil National de la Résistance devant le tombeau de l'Inconnu ;

3. — L'Alsace était présente ;

4. — Un groupe de glorieux parachutistes dans le défilé de la matinée ;

5. — Les membres du Comité Central du Parti Communiste Français, Jacques DUCLOS au centre, s'avancent sous les acclamations de la foule ;

6. — La jeunesse avait répondu en nombre...

7. — ...Ainsi que les blessés et mutilés des deux guerres ;

8. — Des centaines de drapeaux dominaient l'immense marée ;

9. — Les fusiliers marins [illegible] dans la cérémonie officielle ;

10. — Les Parisiens se pressent vers l'Arc de Triomphe.

(Photos Humanité.)

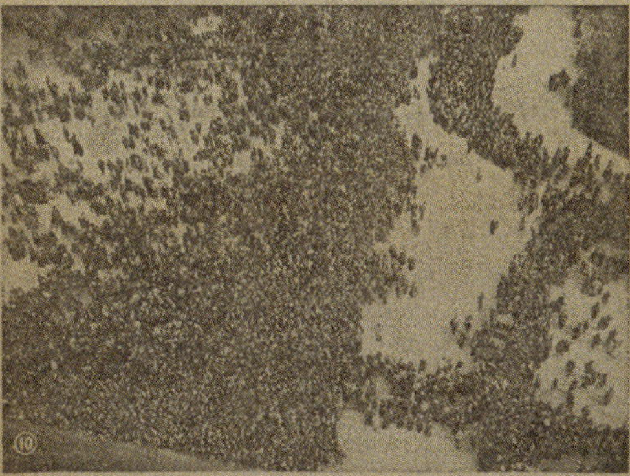

10

philosophe Henri Bergson mort en 1941. Ce choix a le mérite de rendre hommage à travers Bergson aux victimes de la persécution raciale à un moment où l'on ne sait encore rien de la réalité de l'horreur des camps de concentration et d'extermination nazis. Finalement le soufflé retombe et aucun de ces trois hommes de lettres n'entre au Panthéon malgré la mobilisation d'un grand nombre d'écrivains et de la presse pour soutenir l'un ou l'autre candidat. Cette volonté de « panthéoniser » est intéressante et montre qu'en 1945 la commémoration est, entre autres choses, bel et bien un objectif politique.

La Toussaint de la Libération

La Toussaint, veille de la journée des défunts, du 1er novembre 1944 est l'occasion pour le général de Gaulle de se rendre « sur les lieux mêmes du sacrifice des martyrs parisiens de la Résistance afin de rendre hommage à tous ces héros tombés pour la défense du pays[3] ». Le chef du Gouvernement provisoire de la République française a choisi trois lieux symboliques : le mont Valérien, le cimetière d'Ivry et le fort de Vincennes.

La journée débute au mont Valérien, lieu d'exécution de 1 010 otages et résistants, d'août 1941 à juin 1944[4]. Après être passé seul par la chapelle où les condamnés attendaient leur exécution, de Gaulle se dirige vers le tertre où s'écroulaient les fusillés, recouvert d'un parterre de chrysanthèmes rouges.

Puis il se rend au cimetière d'Ivry qui fut l'un des lieux de sépulture des fusillés du mont Valérien, pour se recueillir devant les tombes de 828 résistants, exhumés à la libération de la fosse commune créée par les Allemands, et s'adresser aux familles : « C'est la Patrie tout entière qui vous salue et qui remercie ceux qui ont donné leur vie pour la France[5]. » Le choix d'Ivry n'est pas innocent : s'y trouvent les tombes de plusieurs membres de l'« affiche rouge » dont Missak Manouchian et deux des militants communistes fusillés à Châteaubriant, le 22 octobre 1941.

Enfin, de Gaulle se rend sur un autre important lieu d'exécution de résistants, le fort de Vincennes. C'est la conclusion de cette journée qui se termine par le discours officiel qui prône l'union nationale pour poursuivre le combat contre le nazisme : « Nous avons à nous rassembler pour le seul service de la France, comme eux-mêmes furent assemblés à mourir pour son honneur. Nous avons à bâtir, jour par jour, tous ensemble, cette France forte et pure qu'ils ont tous ensemble appelée par leur abnégation[6]. »

La honte de l'armistice

Pour la première fois depuis la défaite de 1940, sur la majorité du territoire libéré, les Français peuvent renouer avec la cérémonie du 11 novembre, interdite par les autorités d'occupation allemandes. Comme chef du Gouvernement provisoire, de Gaulle se rend naturellement sous l'Arc de Triomphe afin de saluer le soldat inconnu. À ce geste républicain, il donne une note plus large en y invitant le Premier ministre britannique, Winston Churchill, accompagné du ministre des Affaires étrangères Anthony Eden. Le défilé sur les Champs-Élysées est placé sous le signe de l'alliance franco-britannique, auquel des soldats américains sont associés. Une façon de rappeler que la guerre contre l'Axe n'est pas encore terminée malgré ces festivités et que l'Entente cordiale entre les deux pays n'est pas un vain mot. Cette visite est aussi l'occasion d'aborder la poursuite des combats et l'après-guerre.

Ensuite une foule immense prend possession de l'avenue, majoritairement à l'appel des organisations communistes, dont la presse du lendemain rend compte de façon dithyrambique. « Plus d'un million ! Sur la tombe de l'Inconnu, tout un peuple a juré d'être libre[7] ! » ; « Le peuple de Paris fête le Onze novembre de la Libération et défile devant l'Arc de Triomphe où, côte à côte, se sont retrouvés les FFI, les Alliés et les Anciens Combattants[8] » ; « La honte de l'Armistice de 1940 est effacée[9]. » C'est aussi l'occasion de rappeler, pour cette presse, l'importance du rôle joué par l'URSS parmi les Alliés pour combattre le nazisme.

La journée des drapeaux

Dans la continuité de son discours du combat contre le fascisme, le PC organise à Paris, le 12 février 1945, une grande commémoration des manifestations du 12 février 1934[10]. Rassemblement qui regroupe 200 000 personnes. En réponse, le gouvernement gaulliste organise la journée des drapeaux, le 3 avril. Cette cérémonie est dans la droite ligne de précédentes journées du drapeau qui ont jalonné l'histoire de France depuis 1804. Au cours de la cérémonie, le général de Gaulle décore les drapeaux de Paris de l'ordre de la Libération. Il associe ainsi la mémoire de l'insurrection parisienne d'août 1944 à celle de l'armée. Celle de l'insurrection est plus spontanée et populaire, tout en faisant écho aux insurrections des siècles passés, alors que l'armée représente l'ordre et la continuité de l'État. Au côté de la solennité militaire, la journée se veut une festivité populaire avec un immense pique-nique organisé autour de l'Hôtel de Ville de Paris.

Le mont Valérien

En 1945, la cérémonie du 11 novembre reflète la volonté du général de Gaulle de faire du mont Valérien un haut lieu de mémoire pour les combattants et les victimes du nazisme. La veille, les corps de quinze Français morts pour la patrie sont amenés en trois cortèges, des portes de Paris aux Invalides. Combattants des trois armes, prisonniers, déportés, hommes et femmes qui symbolisent à la fois l'unité nationale avec les différents théâtres d'opérations et lieux de souffrance.
Le 11 novembre, un cortège unique accompagne ces quinze cercueils sous l'Arc de Triomphe, où le général de Gaulle les accueille. Dans la journée, la foule leur rend hommage. Puis, la nuit tombée, ils sont déposés au mont Valérien qui devient, sous le signe de la croix de Lorraine, le triomphe de la mémoire gaulliste sur la mémoire communiste.
Au moment où de Gaulle s'apprête à quitter le pouvoir, il pense ainsi clore les batailles de 1945 pour la mémoire de la Seconde Guerre mondiale en France.

Avec cette pleine page au dos de son édition du 12 novembre 1944, le quotidien communiste *Front national* insiste sur l'aspect populaire de l'hommage au soldat inconnu plus que sur le moment de la cérémonie officielle en présence du général de Gaulle pour représenter le GPRF. Ce sont ici les comités locaux de résistants, les représentants d'associations d'anciens combattants de la Première Guerre mondiale, les dirigeants du Parti communiste qui sont mis en avant aux côtés des militaires de l'Armée nouvelle née de la Libération et composée de membres de la France Libre et des Forces françaises de l'intérieur unis pour poursuivre la guerre contre l'Allemagne.

LES CÉLÉBRATIONS PATRIOTIQUES EN 1945

Le 14 juillet 1944, seules quelques villes libérées peuvent célébrer la Fête nationale, bannie depuis 1940 par les autorités allemandes et le régime de Vichy. C'est le cas à Cherbourg, où les 14 et 15 juillet, après l'inauguration de la place Général-de-Gaulle et le défilé patriotique, suivi par celui de troupes alliées, les Américains organisent des concerts, chaleureusement applaudis par la population. Mais globalement, il faudra attendre 1945, pour qu'à plusieurs reprises, des fêtes patriotiques soient organisées partout en France.

Jeanne d'Arc doit revenir dans le giron républicain

En 1920, la Troisième République instaure la Fête nationale de Jeanne d'Arc et du patriotisme, le deuxième dimanche de mai. Fête maintenue sous le régime de Vichy qui, au-delà de glorifier ses vertus chrétiennes, instrumentalise la sainte pour sa propagande antibritannique. Il faut donc, à la Libération, faire revenir dans le giron républicain cet héritage historique, revendiqué aussi bien par les communistes que les gaullistes. La date du dimanche 13 mai est retenue pour la cérémonie officielle, à Paris, où Jeanne la Lorraine est placée sous l'égide de la croix de Lorraine. Dans l'euphorie de la capitulation du 8 mai, une foule immense est présente. Une fois la gerbe de fleurs déposée au pied de la statue de Jeanne d'Arc, « dans son geste familier, bras à demi tendus, le chef du gouvernement se retourne vers la foule qui l'acclame[1] ». Et pour bien marquer la continuité historique dans laquelle de Gaulle se situe, il dépose ensuite une gerbe au pied de la statue de Clemenceau puis au mausolée du maréchal Foch, deux figures de la victoire de 1918. Ce geste instaure la mémoire d'une nouvelle guerre de Trente Ans (1918-1945) dont la continuité républicaine a été entrecoupée par le gouvernement de Vichy.
Des délégations civiles d'anciens combattants, d'associations féminines mais surtout de mouvements de jeunesse laïques ou religieux sont associés à la cérémonie. Les « Jeunesses communistes » ferment la marche avec une banderole sur laquelle est inscrit : « Gloire aux héroïnes de notre peuple, de Jeanne d'Arc à Danielle Casanova[2]. » D'autres cérémonies sont organisées dans de nombreuses autres villes.

Commémorer l'appel du 18 juin

Le 18 juin 1945, cinq ans après son appel devenu célèbre, de Gaulle entend rendre hommage à l'armée par un défilé de 18 000 soldats sur les Champs-Élysées. Pour la première fois de l'histoire de France, des femmes militaires défilent[3], ainsi que de nombreux blindés. Le génie permet aux Parisiens de découvrir le matériel ayant servi à la 1re armée française

EDITION SPÉCIALE

Libé-Soir

Libération

QUOTIDIEN D'INFORMATIONS FONDÉ EN 1940 PAR LE MOUVEMENT LIBERATION EN FRANCE OCCUPÉE

Directeur général : Gaston BOYER — Directeur politique : Jean TEXCIER

Le numéro : 2 Frs

A LA FRANCE : Winston Churchill

"Une France libérée se réjouira une fois de plus dans sa grandeur et sa gloire". (14 JUILLET 1940.)

A L'ANGLETERRE : de Gaulle

"Nos deux peuples demeurent liés l'un à l'autre. Ils succomberont tous les deux ou bien ils gagneront ensemble". (8 JUILLET 1940)

18 JUIN 1940

18 JUIN 1945

Anniversaire

« LA France a perdu une bataille. Elle n'a pas perdu la guerre ».

Ces deux phrases du général de Gaulle symbolisent la résistance française, née le 18 juin 1940.

« Ce n'est pas un très bon placement aujourd'hui que d'humilier la France. »

Ces paroles que Charles de Gaulle prononçait en Normandie, la semaine passée, étaient déjà valables ce même 18 juin. La résistance a refusé l'humiliation. Pour avoir joué cette carte, l'Allemagne et Vichy ont perdu la partie.

IL y a cinq ans, Winston Churchill tendait à notre pays vaincu sa main franche. Au plus profond de notre détresse, il nous annonçait que son peuple et le nôtre étaient frères; qu'un citoyen français serait, si notre gouvernement y consentait, considéré de plein droit comme un citoyen britannique. Cette marque d'amitié, nous ne sommes pas près d'en perdre le souvenir.

Aujourd'hui, pourtant, l'Angleterre et la France se regardent en hésitant. Se peut-il que tant de souffrances et de luttes communes aboutissent à une poignée de main réticente ? Tout le sang versé pour la même cause n'effacera-t-il pas la petite tache des parfums d'Arabie ?

LE discours que prononçait, il y a cinq ans, le général de Gaulle, l'affirmation sereine, la confiance totale dans les destins de la patrie, il pourrait, aujourd'hui encore, les redire :

« Moi qui vous parle en connaissance de cause, je vous dis que rien n'est perdu pour la France. »

Mais la France, anxieuse, se demande si le Premier britannique redira les phrases inoubliables qui, pendant quatre ans, ont soutenu son espoir.

Malgré les blessures d'amour-propre, malgré les amertumes, elle ose croire, elle veut croire que l'amitié franco-anglaise est plus profonde, plus intime que ne peuvent le laisser supposer les conflits qui obscurcissent aujourd'hui nos rapports. Nous avons l'habitude des ciels d'orages et nous savons, depuis juin 1940, qu'il faut garder confiance dans le soleil qui revient toujours sourire à ceux qui le méritent.

lors de sa traversée du Rhin : canots à moteur, péniches de débarquement et ponts démontables. Plusieurs généraux défilent à pied, à la tête de leurs hommes[4] ou sur un blindé pour Leclerc, quasiment en signe d'allégeance à de Gaulle, chef du gouvernement[5]. Dans les airs, des avions forment le V de la victoire ou la croix de Lorraine et sur la Seine paradent des vedettes militaires.

À l'heure où la France est tenue à l'écart des négociations des grands traités internationaux, par ce défilé réussi, elle montre sa force militaire. De plus, en faisant défiler ensemble les anciens des Forces françaises libres et les anonymes des Forces de l'intérieur, de Gaulle assume la fusion de ces deux France combattantes qui furent complémentaires sous l'Occupation. L'abondance de chars à ce défilé est comme une manière de dire que la victoire de 1945, grâce à eux, aurait pu l'être dès 1940 si on avait écouté le colonel de Gaulle. En revanche, sont exclus de la fête, les prisonniers de guerre et les « déportés raciaux » alors que les « déportés politiques », « en costume de bagne »[6], sont présents.

Un 14 Juillet divisé entre gaullistes et communistes

Face à cette réussite gaullienne, le Parti communiste répond par un « contre-18 juin », le 14 juillet 1945. À l'armée des généraux du défilé du 18 juin, les communistes opposent l'armée du peuple. « Une République est bien près de sa ruine quand elle vit sous l'égide d'une renommée militaire ; il faut qu'elle soit servie et non protégée », déclare André Marty. La Révolution française est mise en avant. *La Marseillaise* intitule l'un de ses articles « Contre ces bastilles : les trusts[7] ». Référence historique qui n'est pas toujours comprise du public pour lequel la prise symbolique de cette prison en 1789 n'est pas comparable au système économique capitaliste de 1945 dénoncé par les communistes. D'autres journaux font le même lien historique : « 14 Juillet symbole de lutte contre toutes les tyrannies, date ancrée au cœur des Français. 14 juillet 1945 qui nous permet de mieux mesurer la route parcourue de l'asservissement à la liberté. Mais que de Bastilles restent encore à enlever[8]. »

Pour diluer dans la masse les célébrations communistes, le pouvoir gaulliste organise trois jours de festivités, d'hommages et de recueillement en divers lieux parisiens. Le seul moment fédérateur est la « veillée des morts » du 13 juillet, qui précède les « réjouissances populaires, qui ne sauraient, décemment, avoir commencé avant ce juste hommage rendu aux héros de la liberté »[9]. Après un temps de prière au Sacré-Cœur, au temple de l'Annonciation ou à la synagogue de la rue de la Victoire, à la lueur de torches, un cortège composé des « artisans de la Victoire, les prisonniers, les résistants, les combattants d'outre-mer, les populations de l'Empire, les FFI, les déportés, les femmes et les anciens combattants[10] » remonte les Champs-Élysées jusqu'à l'Arc de Triomphe. Là, Maurice Schumann et d'autres voix des émissions françaises de la BBC prononcent des discours.

En revanche, le défilé civil de l'après-midi du 14 Juillet, organisé par les mouvements communistes, attire moins de monde que le défilé militaire du matin, auquel était invité le bey de Tunis. Sous une chaleur accablante, le public préfère participer aux festivités nautiques organisées par la Marine nationale sur la Seine. L'unique concession faite au Parti communiste se déroule le lendemain, lors des festivités aériennes à Longchamp, où y sont présentés les avions soviétiques Yak, en souvenir de l'escadrille Normandie-Niémen. Ce meeting aérien est suivi d'un gigantesque feu d'artifice.

Ces célébrations de la Fête nationale sont identiques dans presque toutes les villes, comme à Strasbourg où, devant le monument aux morts, « alors que fusaient déjà de partout des airs de danse [...], sur les marches, ont pris place, traçant un V symbolique, un groupe d'anciens déportés, relevés par des ex-prisonniers, remplacés à leur tour par une délégation de résistants[11] ».

Les bals enfin retrouvés

Ce 14 Juillet est l'occasion de renouer partout en France avec les bals. « Nos villes et nos campagnes ont résonné des vieux airs joués à tous les carrefours, pour les bals populaires » se félicite Philippe Barrès[12]. En effet, pour la première fois depuis la capitulation, les bals sont autorisés librement sans l'obligation d'être organisés au profit des prisonniers de guerre, des déportés ou des requis du STO. Ces réjouissances sont d'autant plus importantes qu'« un peuple qui ose rire est déjà libre. Aujourd'hui, avec la victoire, avec la libération, la joie est permise à tous. Joie grave cependant. Aucun des survivants de ces terribles années qui ne pleure un être cher[13] ».
Ces divisions mémorielles ne sont pas du goût de nombreux journaux, à l'instar de *Ouest-France* qui se désole du retour des querelles politiciennes et s'inquiète de l'avenir : « Est-il trop tard pour que les Français se reprennent, renoncent à toutes les politicailleries, ne s'épuisent pas en manœuvres destinées à les diviser[14] ? »

Commémorer le 8 mai 1945

Sous la IVe République, le 8 mai est volontairement négligé. Il associe en effet trop de monde autour d'une même victoire (communistes, gaullistes et anciens Alliés) sans union sacrée comme après la Première Guerre mondiale. Le 11 novembre lui est préféré au nom de la synthèse des diversités. Dès 1946, le 8 mai n'est pas un jour chômé et sa commémoration est fixée au 8 mai si ce jour est un dimanche, sinon au dimanche suivant. Par la loi du 20 mars 1953, il devient un jour férié. Avec de Gaulle, de retour au pouvoir, un décret, le 11 avril 1959, précise que cette date cesse d'être fériée et que sa commémoration doit être célébrée le deuxième dimanche du mois de mai. Exceptionnellement pour son 20e anniversaire, le 8 mai est férié en 1965. À la fin de l'ère gaullienne, par le décret du 17 janvier 1968, les commémorations sont bien célébrées le 8 mai, mais en fin de journée après les heures de travail, pour ne pas rendre chômée cette journée. Valéry Giscard d'Estaing décide de supprimer la commémoration officielle du 8 mai à partir de 1975, au nom de la réconciliation franco-allemande et de la construction de l'Europe. L'opinion publique semble partagée, comme en témoigne un sondage où 48 % des Français désapprouvent cette décision contre 43 % de favorables[15]. C'est François Mitterrand qui réintroduit, par la loi du 23 septembre 1981, l'aspect officiel et férié du 8 mai, tel qu'il subsiste aujourd'hui.

Libé-Soir
18 JUIN 1940
18 JUIN 1945
Anniversaire

Libé-Soir est le nom donné à l'ancien journal clandestin *Libération*, créé à partir de décembre 1940, en zone occupée, et qui a donné naissance au mouvement de résistance Libération-Nord, formé surtout pas des socialistes. Jean Texcier, directeur politique de *Libé-Soir* et ancien résistant, est membre de l'Assemblée consultative provisoire.

10 JUIN 1944

« ORADOUR N'EST PLUS QU'UN CRI »

Le 10 juin 1944 se produit l'un des plus grands massacres de la Seconde Guerre mondiale perpétré sur le sol français. Sous les ordres du commandant Adolf Diekmann, la 3e compagnie du 1er bataillon de Panzergrenadier de la division blindée SS Das Reich encercle le village d'Oradour-sur-Glane et exécute ses habitants. Au total, 643 personnes – hommes, femmes et enfants – seront abattues.

Le massacre

Si ce massacre ne fut pas le seul commis en France par cette division SS ou par d'autres unités de la Wehrmacht, y compris lors de la bataille de France de mai-juin 1940, il marque une étape décisive dans la forme brutale des combats menés sur le sol français, constituant un tournant à l'encontre des populations civiles qui jusqu'alors avait été préservées des crimes de guerre pratiqués régulièrement sur le front de l'Est.
La 2e division blindée de la Waffen SS était arrivée du front de l'Est dans la région de Montauban en février 1944. Elle était composée de 18 000 hommes, équipés de 568 blindés et de 2 700 véhicules et avait pour mission de lutter contre les maquisards. À la suite du débarquement en Normandie, la division reçoit l'ordre de rejoindre le front normand. S'étire alors une longue colonne qui part du Sud-Ouest vers Caen et détruit le maquis sur son chemin.
Le village d'Oradour-sur-Glane, suspecté d'abriter des maquisards et de posséder une importante cache d'armes et de munitions, est encerclé vers 13 h 45. Aussitôt, les Allemands ordonnent aux habitants et aux personnes de passage dans la commune de se regrouper sur le champ de foire. Ceux, restés à leur domicile, en sont délogés sans ménagement pour rejoindre le lieu de rassemblement. La peur commence à se saisir de la population, lorsque les hommes sont séparés des femmes et des enfants. Ces derniers sont conduits dans l'église, tandis que les hommes et adolescents de plus de 14 ans sont emmenés, par groupes d'une trentaine, dans six lieux d'exécution différents.
Vers 16 heures, les tirs de mitrailleuses commencent à résonner dans le village, les hommes étant abattus sur le lieu de leur martyr sans aucune fuite possible. Les corps sont ensuite recouverts de paille et de foin auxquels les SS mettent le feu, y compris sur des hommes encore vivants. Les SS qui ne participent pas aux exécutions pillent méticuleusement les habitations et commencent à s'enivrer tout en incendiant systématiquement les bâtiments. Pendant ce temps, d'autres SS installent une charge explosive dans l'église, censée faire s'écrouler l'édifice sur les femmes et les enfants. Mais la charge

LES CRIMES DES BARBARES NAZIS
ORADOUR
Paroles de
LEON DEPLANQUE
Le Chansonnier Populaire
Héninois
ILS ONT TUÉ MON PÈRE

n'étant pas assez puissante, ils pénètrent dans l'église et mitraillent les survivants. Puis ils mettent le feu à l'intérieur où, là encore, des personnes encore en vie sont brûlées. À 18 heures, le massacre est terminé. Le 11, puis le 12 juin, des groupes de SS reviennent à Oradour pour enterrer les cadavres et rendre leur identification impossible, reproduisant une pratique usuelle sur le front de l'Est. Seule une trentaine d'habitants ont survécu au massacre qui a fait 643 victimes (246 femmes, 207 enfants et 190 hommes).

Premiers témoignages

Partout en France, l'annonce du massacre et la lecture des premiers témoignages saisissent d'effroi autant qu'ils indignent la population. La presse locale et nationale rend compte du drame, avec parfois une photo, de plus ou moins bonne qualité, du village en ruines. *Les Lettres françaises* publie le récit de cet homme qui, devant se rendre à Oradour le jour du massacre pour y retrouver sa femme et ses enfants, fait partie des premières personnes à se rendre dans la commune, le 11 juin à l'aube : « Un spectacle indescriptible nous y attendait. [...] Tous les bâtiments, y compris l'église, les écoles, la mairie, la poste, l'hôtel que ma famille habitait, n'étaient plus que ruines fumantes. » En fin d'après-midi, avec d'autres hommes à la recherche de leurs proches, ils découvrent les différents charniers : « Le spectacle était horrifiant. Au milieu d'un amas de décombres, on voyait émerger des ossements humains calcinés, surtout des os de bassin. » Puis, errant dans le bourg, il arrive au niveau de l'église : « Il n'est pas de mot pour décrire pareille abomination. [...] La plupart des corps étaient carbonisés, mais certains quoique sur le point d'être réduit en cendres, avaient conservé figure humaine. Dans la sacristie, deux petits garçons de 12 à 13 ans, se tenaient enlacés, dans un dernier sursaut d'horreur. Dans le confessionnal, un garçonnet était assis la tête penchée en avant. Dans une voiture d'enfant reposaient les restes d'un bébé de 8 à 10 mois. »[1]

Le procès de Bordeaux de 1953

En janvier 1953, sur les 150 hommes ayant participé au massacre d'Oradour, 21 sont jugés à Bordeaux. Parmi les justiciables se trouvent 7 Allemands, 1 Alsacien engagé volontaire dans la SS et 13 « malgré-nous » nom donné aux Alsaciens-Mosellans enrôlés de force dans l'armée allemande après l'annexion de ces départements au Reich en 1940. Le tribunal a refusé de dissocier le cas des « malgré-nous », de celui des Allemands, divisant l'opinion. Les Limousins réclament vengeance, tandis que les avocats alsaciens plaident la clémence pour leurs clients invoquant la contrainte qui a pesé sur les « malgré-nous ».

Le verdict du 11 février n'apaise en rien les passions. Un Allemand et l'Alsacien volontaire sont condamnés à mort ; les 13 « malgré-nous » sont condamnés à des peines allant de 6 à 8 ans de prison ou de travaux forcés ; 5 Allemands sont condamnés à des peines identiques ; le septième ayant pu prouver qu'il n'était pas à Oradour le 10 juin est acquitté.

En Alsace, le jugement est ressenti comme une injustice pour les « malgré-nous » condamnés. À Strasbourg, les drapeaux sont mis en berne et le monument aux morts recouvert d'un crêpe noir de deuil. Inversement, les Limousins considèrent le jugement trop clément provoquant la colère de la population.

Surtout, le procès semble injuste car aucun officier n'est présent, seuls de simples exécutants sont jugés. Certes le responsable du massacre, Heinz Lammerding est bien condamné à mort par contumace, mais chacun sait qu'aucune peine ne lui sera infligée. En effet, l'Allemagne a refusé de l'extrader et dans le contexte de « guerre froide », il est protégé par les États-Unis. En effet, comme de nombreux anciens officiers allemands, ils ont promis de combattre aux côtés des Alliés en cas d'attaque soviétique, en échange de leur tranquillité.

Face au tollé en Alsace et à l'intervention de nombreux élus de cette région, malgré l'opposition des socialistes et des communistes, une loi d'amnistie est votée dans l'urgence le 21 février. En toute discrétion, les 13 « malgré-nous » sont libérés.

La vague de mécontentement gagne alors le Limousin. La plaque commémorative offerte par de Gaulle à Oradour, le 4 mars 1945, est renvoyée au gouvernement. Les représentants gouvernementaux sont interdits d'assister aux cérémonies officielles et une affiche est placardée à l'entrée du village martyr sur laquelle sont inscrits les noms des députés ayant voté l'amnistie. Et les deux régions entrent dans un conflit durable.

Ce qu'il reste des ruines

En 1945, le gouvernement et les autorités locales décident de classer le bourg comme monument historique. Ses ruines seront laissées intactes et l'on se bornera à consolider les murs branlants de ce que fut l'église. Une localité nouvelle sera construite sur un autre emplacement pour que « le village martyr ensanglanté par un abominable massacre, demeure dans le temps futur le signe visible et irrécusable de la barbarie allemande[2] ». Le 10 mai 1946, le village devient officiellement une nécropole nationale.

Le poème de Jean Tardieu[3] contribue à faire du bourg le symbole de toutes les atrocités commises en France par les nazis dans les autres villages victimes d'exactions :

« Oradour je n'ose plus
Lire ou prononcer ton nom
Oradour honte des hommes
Oradour honte éternelle [...]
Oradour n'est plus qu'un cri »

En 1945, le célèbre chanteur de rue, du Nord et du Pas-de-Calais, Léon Deplanque, compose cette chanson en hommage aux victimes des « crimes des barbares nazis commis dans toute la France pendant l'Occupation. Complainte dédiée aux malheureuses victimes tombées et massacrées sous les balles des bourreaux allemands ». Il associe donc dans son texte les victimes civiles d'Oradour et d'Ascq, avec les otages politiques de Châteaubriant et des membres des SAS britanniques fusillés à Saint-Sauvant. Le chanteur, spécialiste de chansons faisant référence à des questions sociales ou des faits divers, voit celle-ci produite à 475 000 exemplaires.

MONTRER ET DÉNONCER LES CRIMES NAZIS

À partir de 1944, alors que les forces alliées progressent, les autorités nazies s'appuient massivement sur le système concentrationnaire afin de soutenir leur effort de guerre. La politique de terreur gagne l'ouest du continent alors que la solution finale semble en voie d'achèvement. En France, la répression se radicalise. À la Libération, plusieurs services publics sont chargés de faire le bilan de cette répression. Malgré tout, le nombre exact de victimes est imprécis et reste longtemps envisagé de manière approximative.

La radicalisation de la répression en France

À partir de 1944, le commandement allemand pour qui la France semblait jusqu'à présent paisible la perçoit désormais comme hostile. Progressivement, les forces d'occupation instaurent une « terreur préventive » fondée sur une interprétation du droit de la guerre dans laquelle les civils armés en pays occupé sont assimilés à des « francs-tireurs », qualifiés de « terroristes » par la propagande.

Dans ce contexte, le commandement militaire allemand promulgue, le 3 février 1944, le décret Sperrle censé mettre au pas le pays, en recommandant aux troupes la plus grande sévérité en cas d'accrochage armé, préconisant jusqu'à la destruction de bâtiments et l'exécution de civils. Le 4 mars, le haut commandement de la Wehrmacht ordonne que tous les francs-tireurs, pris les armes à la main, soient fusillés sans jugement.

Les Allemands décident de « nettoyer » la France de ses « bandes » criminelles par quatre grandes opérations militaro-policières menées contre les principaux maquis.

Sont visés les maquis des Alpes (Vercors et Glières), de l'Ain et du Jura, du mont Mouchet ou du Limousin. Les attaques sont menées par l'armée allemande, les forces de l'ordre françaises (police, gendarmerie, Groupes mobiles de réserve) et la Milice.

Paradoxalement, alors que la lutte contre les résistants en Europe de l'Est devient plus modérée au printemps 1944, se rendant compte de l'inefficacité de la violence extrême et des représailles, cette politique de terreur s'installe en France. Cela s'explique par la mainmise sur les organes de lutte contre la Résistance en France de la Sicherheitspolizei et du Sicherheitsdienst (Sipo-SD), véritables bras armés de Himmler, qui ont supplanté les équipes répressives de la Wehrmacht.

Surtout, la Sipo-SD a mis en place un réseau de renseignement efficace avec des informateurs français infiltrés qui va lui permettre d'agir de façon ciblée. En revanche, la part de la Milice dans ses actions est surestimée. Elle prouve surtout que le régime de Vichy est devenu un « État milicien » incontrôlable inféodé aux nazis.

ANDRÉ GEORGES
Ancien prisonnier de guerre
SOUVENEZ-VOUS
ORADOUR
PÉRIGUEUX
MONTAUBAN
NIMES
ASCQ
etc...
ROUFFIGNAC
MONTPEZAT
TULLE
LYON
etc...
FORESTIÉ ÉDITEUR
MONTAUBAN

Représailles contre les prisonniers politiques et les civils

Les 27 et 30 mars 1944, deux attentats sont commis par la Résistance sur la voie ferrée aux abords de la gare d'Ascq. Le 1er avril, lors du passage d'un convoi de la 12e SS Panzerdivision Hitlerjugend, un nouvel attentat fait dérailler le convoi sans aucun blessé. Le lieutenant, âgé de 25 ans, organise immédiatement de sanglantes représailles contre la population pour intimider les résistants. S'ensuit une nuit cauchemardesque au cours de laquelle les maisons sont pillées et 86 habitants exécutés. Ce massacre est le premier d'une longue série durant les combats pour la libération de la France.

Le 6 juin, à Caen, les Allemands exécutent 87 prisonniers dont les corps n'ont jamais été retrouvés. Le journal clandestin *Témoignage chrétien* se demande si « le sort des prisonniers politiques de Caen sera demain celui des dizaines de milliers de Français et de Françaises qui sont entre les mains de la Gestapo[1] ? » Inquiétude justifiée puisque dans de nombreuses villes, les nazis exécutent ou déportent leurs prisonniers politiques, comme ces 109 internés, dont 72 Juifs, sortis de la prison de Montluc à Lyon pour être exécutés à l'aérodrome de Bron du 17 au 21 août[2].

Massacres, exécutions et villages incendiés jalonnent la France tout au long de l'été. Le 12 juillet, Dortan dans l'Ain est pillé et brûlé, à l'exception du château[3], et 17 personnes torturées puis enterrées vivantes ou exécutées dont le curé. À Maillé, le 25, pour se venger d'une attaque FFI d'un camion de la Wehrmacht la veille, qui ne fait que trois blessés légers, les Allemands tirent au hasard sur les habitants ou lancent des grenades dans les habitations avant de finir aux tirs de canon. Sur 480 habitants, 124 sont tués dont 42 femmes et 48 enfants. Entre août et octobre 1944, en représailles des actions du groupe mobile Alsace-Vosges de la Résistance, aidés par des commandos britanniques parachutés, un millier d'hommes de la vallée du Rabodeau, limitrophe de l'Alsace annexée, sont arrêtés et déportés. 700 ne reviendront pas.

Les déportations s'accélèrent

Après le 6 juin, les Allemands accélèrent les départs des convois de déportés politiques. De la mi-juin à fin juillet, quatre transports de 7 500 hommes quittent Compiègne pour Dachau et Neuengamme. Mais d'autres convois partent des grandes villes françaises pour aller directement vers les camps. Jusqu'à la mi-novembre, ce sont 23 000 personnes qui sont déportées.

La persécution antisémite continue avec 2 281 Juifs déportés. Le convoi 77 est le dernier grand convoi quittant la France pour Auschwitz, le 31 juillet 1944, emportant 1 321 hommes, femmes et enfants. 847 sont gazés à leur arrivée à Birkenau, début août. 74 hommes, 147 femmes survivent. Ce convoi illustre la poursuite jusqu'au bout de la politique de répression antijuive à un moment où un quart du territoire français est libéré.

Et lorsque les départs ne peuvent plus s'effectuer, à plusieurs reprises les Allemands ou les Miliciens assassinent les Juifs sur place, comme ces 36 Juifs (28 hommes et 8 femmes) jetés vivants dans deux puits à Guerry, dans le Cher, les 24, 26 juillet et 8 août. Le 20, à la libération du camp de Drancy, 1 386 Juifs ayant échappé à la déportation sont encore internés dans des conditions sanitaires déplorables.

Faire le bilan de la répression nazie

Dans le département du Rhône, dès la fin août 1944, le commissaire régional de la République décide de fonder le service du Mémorial de l'oppression pour témoigner des atrocités commises par les forces d'occupation. Le commissaire de la République préface le premier fascicule, sorti en avril 1945 : « Je souhaite que les travaux du Mémorial soient largement diffusés : au monde civilisé, ils vont livrer un inventaire rigoureux des plus abominables forfaits qu'ait perpétrés un envahisseur[4]. »
Les volumes 2 (Ardèche, Drôme, Isère et Vercors) et 3 (Rhône, Loire, Savoie et Haute-Savoie) pourtant rédigés, ne seront jamais publiés. Seuls deux autres volumes voient le jour en 1945, concernant Oradour-sur-Glane et la germanisation des Ardennes.
En octobre 1944, le GPRF crée le Service de recherche des crimes de guerre ennemis (SRCGE) rattaché au ministère de la Justice. Il s'agit non seulement de recenser les crimes commis, mais d'enquêter, d'identifier leurs auteurs et de transmettre les dossiers à la justice militaire. Le SRCGE est dissous le 31 octobre 1946 sans avoir achevé sa mission.

L'exposition « Crimes hitlériens »

Engagées dès l'Occupation, les campagnes de dénonciation de la répression se poursuivent et s'accentuent après la Libération. Elles sont désormais prises en charge par les autorités du GPRF. C'est dans ce cadre qu'est créée l'exposition « Crimes hitlériens » à l'initiative du service des recherches des crimes de guerre, émanation du Mouvement national des prisonniers de guerre et déportés et l'œuvre collective des ministères de la Justice, de l'Information, des Prisonniers. Elle est présentée au Grand Palais à Paris en juin-juillet 1945, puis circule à Londres, Bruxelles et dans la zone française d'occupation en Allemagne en 1946.
Les images des camps, comme celles de l'ensemble des crimes nazis, sont montrées dans toute leur brutalité, si bien que l'entrée est interdite aux moins de 16 ans. « Ce qui frappe le visiteur, c'est l'inimaginable barbarie des moyens employés par les hitlériens, leur diabolique perfidie pour mater la résistance ancrée au cœur de la nation », écrit *Le Monde*[5].
Pour permettre de comprendre que les crimes ne sont pas des accidents mais l'aboutissement d'un système minutieusement étudié, l'exposition remonte aux origines du nazisme et au rêve de domination de Hitler.
La mise en scène se veut pédagogique, comme l'explique le catalogue : « Son but n'est pas d'étaler l'horreur, mais de préciser la notion souvent confuse de « crimes de guerre », de l'établir aux yeux du public sur sa base juridique [...] Si avant de les laisser en paix, il a fallu une fois encore exhumer ces pauvres morts et les exposer [... c'est] pour que la dignité humaine ne soit plus à ce point méprisée[6]. »

Ce livre, publié en septembre 1945, est une esquisse des crimes de guerre et massacres commis par les troupes allemandes au cours de l'année 1944. Il recense 115 lieux en France où ont eu lieu des fusillades et pendaisons, avec ou sans actes de torture, des viols, des arrestations et déportations et des pillages et incendies de communes.

LA DÉCOUVERTE DES CAMPS NAZIS

« Il n'est pas vrai de dire que nous ne connaissions pas les horreurs des camps de concentration nazis avant leur libération de l'avance alliée à travers l'Allemagne. Nous les connaissions. Mais il y a une différence entre connaître et voir. [...] Maintenant nous ne pouvons plus regarder ailleurs. L'abomination est sous nos yeux avec tous ses détails nauséabonds. Les portes de l'enfer sont ouvertes[1]. » La revue britannique *Cadran* expose avec précision cette nouvelle étape de la découverte des camps nazis qui va permettre de prendre connaissance du fonctionnement du système concentrationnaire nazi et du génocide des populations juives d'Europe.

Une prise de conscience progressive

Alors que l'on sait peu de choses sur les camps nazis, *Temps présent*[2] pousse un cri d'alarme sur le sort des déportés, en septembre 1944. Conscient que ces captifs en Allemagne sont soumis à des souffrances bien différentes des prisonniers de guerre ou requis du STO qui auront certainement la force de rentrer par eux-mêmes, ces déportés politiques « sont si misérables que s'ils partent ils marcheront pendant quelques kilomètres, pendant quelques centaines de mètres parfois seulement, puis tomberont. » Le journal insiste donc pour que, le moment venu, ce soit vers eux l'on porte les premiers secours. La logistique de cette aide, suggérée au ministère des Prisonniers, Déportés et Réfugiés, est étudiée dans le moindre détail jusqu'au contenu des colis de premier secours devant être fournis aux déportés « vêtus d'une livrée rayée comme les forçats » dans « leurs camps de mort ». Le premier centre de mise à mort découvert par l'Armée rouge, le 23 juillet 1944, est celui de Majdanek, en Pologne. Le 25 novembre, les Américains pénètrent dans le camp de Natzweiler-Struthof, situé en Alsace. La découverte par les Soviétiques d'Auschwitz-Birkenau, le 27 janvier 1945 choque les esprits par le gigantisme de ce centre de mise à mort. Mais ce sont surtout les images prises par les troupes et reporters anglo-américains, à partir d'avril 1945 à Buchenwald, Bergen-Belsen ou Mauthausen, qui amorcent une prise de conscience de l'opinion sur les crimes et atrocités commises par les nazis dans leurs camps de concentration.

Faire connaître l'horreur

Le 12 avril, accompagné des généraux Bradley et Patton, Eisenhower se rend à Ohrdruf, camp annexe de Buchenwald, où il découvre l'horreur des camps nazis[3]. « On nous dit que le soldat américain ne sait pas pourquoi il se bat. Maintenant, au moins, il saura contre quoi il se bat », déclare-t-il aux journalistes présents, avant de leur demander de diffuser au monde entier leurs

LE 4 MAI 1945, DES JOURNALISTES AMERICAINS EFFECTUANT
ACTUELLEMENT UN VOYAGE EN ALLEMAGNE, ONT VISITE LE
CAMP DE CONCENTRATION DE DACHAU. ILS QUITTENT L'UNE
DES SALLES OU SONT LOGES LES SURVIVANTS

DISTRIBUE PAR LES SERVICES AMERICAINS D'INFORMATI
(FRL 203163)

images : « Il faut que cela se sache. On ne peut pas se taire devant une telle tragédie. » Il incite des parlementaires américains et britanniques à se rendre aussi sur place. Une délégation de 10 parlementaires britanniques[4] inspecte le camp de Buchenwald le 22 avril, avant de rendre public son rapport sous forme d'un livre blanc, repris dans le magazine *Voir*[5] : « Le nettoyage du camp se poursuivait activement depuis une semaine lors de notre visite. Les conditions y avaient donc déjà été sérieusement améliorées. Et pourtant nous éprouvâmes une constante impression de décomposition générale. Intense. Une odeur intense de pourriture et d'excréments régnait partout[6]. » Visitant un baraquement servant d'infirmerie, les auteurs du rapport décrivent l'état de dénutrition des internés qui, incapables de parler pour certains, « gisaient dans une sorte de coma ou semblaient nous suivre du regard. D'autres s'exprimaient librement, montrant leurs plaies, leurs terribles cicatrices, leurs meurtrissures dues aux coups. Ils gisaient à même le sol sous des couvertures. Tous étaient dans un état d'extrême amaigrissement. [...] Les vêtements ordinaires consistaient en une chemise en loques, une veste et un pantalon de coton sous lesquels des cuisses déformées, pas plus grosse qu'un poignet normal. Une sorte de squelette demi-nu, clopinant péniblement comme sur des béquilles le long de l'allée se redressa en voyant notre groupe, sourit et salua. »

Au cours d'un autre déplacement fin avril, 12 membres du Congrès et du Sénat américains inspectent les camps, avant de produire à leur tour un rapport sur ce qu'ils ont vu, qui se termine ainsi : « Nous sommes forcés de conclure à l'existence d'un programme calculé et diabolique tendant à torturer et à exterminer des dizaines de milliers de prisonniers civils. Ces crimes contre l'humanité et contre la civilisation, commis par des Allemands agissant selon les ordres de leur gouvernement, devront être châtiés le plus rapidement possible et de la façon la plus adéquate[7]. »

Filmer et photographier les preuves du génocide

Conscients de la singularité de ces crimes et dans l'objectif de juger leurs responsables, une directive est donnée en avril 1945 par le SHAEF aux équipes de reporters des armées. Ils ont pour consigne de constituer des preuves en réalisant « une campagne photographique complète, à la fois en images fixes et animées, de chaque camp de concentration et de prisonniers de guerre [...] dépassant dans l'ordre des priorités la photographie des combats. »

De véritables cahiers des charges sont établis en fonction de chaque camp pour déterminer ce qu'il est important de photographier : une fosse, des piles de vêtements, de chaussures, de bijoux, de fausses dents, etc. Dans le cadre d'une procédure juridique ultérieure chaque image doit être accompagnée d'un affidavit (déclaration sous serment) destinée à l'authentifier. Le document comporte le nom et le grade du photographe qui atteste sous serment que son image est « une reproduction exacte et vraie » de ce qu'il a pu observer.

Outre les victimes, les reporters photographient ou filment les visites des populations civiles ou de personnalités officielles, le travail des militaires et les installations concentrationnaires.

Cette directive permet de mieux comprendre la raison pour laquelle il existe autant d'images sur la découverte des camps prises parfois par des reporters célèbres comme Margaret Bourke-White, Lee Miller, Henri Cartier-Bresson, Éric Schwab ou George Stevens.

De leur côté, manquant d'images, les Soviétiques décident de les reconstituer en faisant rejouer certaines scènes de la libération des camps comme Auschwitz. Des survivants jouent le rôle de déportés, tandis que des soldats soviétiques vêtus de tenues rayées complètent le casting. Images souvent présentées de nos jours comme prises lors de la découverte d'Auschwitz en janvier 1945.

Culpabiliser les Allemands

Pour aider à nettoyer le camp Buchenwald, les Alliés réquisitionnent les civils allemands du voisinage « qu'on amène tous les jours pour faire constater ce qui a été accompli en leur nom et parmi eux[8] ». Les civils, hommes et femmes de tous âges, de Weimar, principale ville située à proximité de Buchenwald sont contraints par les Alliés de visiter le camp et de passer devant une fosse commune remplie de corps et de se voir expliquer par un lieutenant américain[9] le fonctionnement des fours crématoires : « Les femmes – bon nombre d'entre elles, du moins – ne pouvaient retenir leurs larmes, implorant le pardon dans des gestes théâtraux. Certaines poussaient la complaisance jusqu'à manquer de se trouver mal. Les adolescents se muraient dans un silence désespéré. Les vieillards regardaient ailleurs, ne voulant visiblement rien entendre[10]. »
Le Nouvel Alsacien revient sur cette cécité d'une partie de la population allemande qui feint de ne pas avoir su ce qui se passait dans les camps, se demandant « combien ont été lâches, combien ont pensé : « je m'en lave les mains », ou n'ont rien voulu voir, que les succès du Führer, semblant ignorer le reste[11] ». Tel le bourgmestre d'une petite ville qui prétend ignorer l'existence d'un camp sur sa propre commune.
L'Espoir de Nice explique avec ironie que les Alliés obligent les Allemands à voir leur « Kultur », à savoir « les méthodes raffinées employées par ces Allemands corrects pour exterminer des millions d'innocents », avant de présenter les témoignages de deux rescapées de Birkenau[12].
Le journal britannique *Cadran*[13] qui évoque ces visites obligatoires de civils allemands dans divers camps nazis estime qu'« aucun peuple ne peut dégager entièrement sa responsabilité des actions et des crimes de son gouvernement ». Sur le plan moral, le magazine se demande si de reposer la seule culpabilité sur le peuple allemand ne serait pas un faux-fuyant : « Le crime dont nous pouvons, à juste titre, accuser chaque Allemand est un crime d'omission. Est-ce un crime dont nous sommes totalement innocents ? »
En complément de ces visites, les Alliés organisent des séances de projection obligatoires pour les populations locales de ce qui a été filmé par les correspondants de guerre lors de la découverte des camps de concentration ou placardent des panneaux avec des photos des camps sur les lieux de passage stratégiques des villes.

Le 29 avril 1945, les soldats de la 45e division d'infanterie pénètrent dans le camp de concentration nazi de Dachau. Horrifiés par la vision des déportés squelettiques et l'amoncellement de 2 300 cadavres décharnés dans 39 wagons abandonnés à l'entrée du camp, les Américains décident de permettre à leurs journalistes de découvrir l'intérieur du camp et d'interroger les survivants. Au cours de ce voyage de presse, organisé le 4 mai, des photographies sont prises par les services américains d'information pour être distribuées aux médias alliés. Dans les jours qui suivent, une délégation de politiques et représentants de pays alliés font la même visite, parmi lesquels figure Fernand Grenier qui représente l'Assemblée consultative française et qui à son retour fait une conférence de presse pour décrire cette « vision d'enfer ».

PREMIERS TÉMOIGNAGES DANS LA PRESSE

Contrairement à ce qui a longtemps été écrit, les récits de déportation sont très nombreux dès 1945 et la presse a été à l'affût de publier ces témoignages hors du commun afin de faire comprendre au public aussi bien l'horreur du système concentrationnaire nazi que sa singularité. Les rescapés rentrant en nombre étant les déportés de répression, appelés « déportés politiques » à l'époque, leurs témoignages couvrent la voie des rares déportés de persécution de retour en France.

Rare évocation de la Shoah

L'effroi est tel lors de la découverte des centres de mise à mort nazis qu'il l'emporte sur la spécificité de ces camps destinés aux Juifs, différents des camps de concentration où sont enfermés les Résistants. La presse met en avant les descriptions macabres des souffrances, tortures et assassinats des déportés sans chercher à distinguer les Juifs des autres déportés.

Le 19 septembre 1944, *Ce Soir* publie un article intéressant sur les deux aspects de mise à mort dans le cadre de la Shoah mais sans évoquer une seule fois que tout ce qui est expliqué concerne les Juifs. Ainsi, l'article cite, sans les orthographier correctement, les principaux centres de mise à mort[1], avant de faire une description de la Shoah de proximité, appelée aussi Shoah par balles : « Les condamnés avaient été contraints au préalable de creuser d'immenses fosses. Les Allemands contraignaient une centaine de malheureux à se coucher au fond des fosses et les tuaient à coups de mitraillettes, puis un nouveau groupe s'étendait sur les cadavres et ainsi de suite jusqu'à ce que les fosses fussent pleines. »

L'Humanité est l'un des premiers quotidiens à publier un témoignage sur Auschwitz, celui d'une rescapée dénommée Paulette[2]. Et lorsqu'en juin, *L'Espoir de Nice*[3] retranscrit le récit de deux femmes rescapées de Birkenau, une seule fois le journaliste parle de « femmes juives », non pour les deux témoins mais pour évoquer le sort d'autres déportées. Là encore, la mise en abyme de ces femmes face au sadisme des SS importe plus que le motif de leur déportation.

Deux éditeurs différents publient, au premier semestre 1945, des rapports clandestins sur les camps d'Auschwitz et de Majdanek, l'un sous le titre *Documents inédits sur les camps d'extermination nazis*[4] et l'autre *Souvenirs de la Maison des morts – Le massacre des Juifs – Documents inédits sur les camps d'extermination*[5]. Il s'agit de rapports reçus pendant la guerre par le bureau américain du Congrès juif mondial. La préface de Marc Jarblum[6], de la première brochure, avertit le lecteur que « les pages qui suivent sont

Libération

2e ANNEE — N° 214 DIMANCHE 22 - LUNDI 23 AVRIL 1945 EDITION DE PARIS — 1 FR. 50

COMBATS DANS BERLIN

LA JONCTION EST ATTENDUE POUR AUJOURD'HUI AU SUD DE MAGDEBOURG

Dempsey autour de Brême et dans les faubourgs d'Hambourg

Hodges pénètre dans les faubourgs de Dessau

Patton occupe la ville d'Asch en Bohême

De Lattre à 4 kilom. de Stuttgart

Bologne est tombée

DES patrouilles russes et américaines auraient fait leur jonction dans la région de Dresde au moment où la bataille pour la capitale du Reich est engagée. Les armées russes, débordant la ville au nord et au sud, ont maintenant encerclé de trois côtés l'agglomération du Grand-Berlin. Sur le front occidental, l'effort allié porte principalement dans la partie sud du front où deux armées américaines et l'armée française convergent vers le « réduit » bavarois où l'ennemi semble avoir déjà concentré d'importantes forces.

DERNIÈRE MINUTE

— Les faubourgs de Pankow et Weissensee, dans lesquels les chars soviétiques ont pénétré, se trouvent au nord-est de Berlin et à 4 km et demi seulement du cœur de la ville.

La radio clandestine allemande déclare que la pénétration des chars russes s'effectue malgré une résistance acharnée des troupes allemandes.

— Les reconnaissances de l'aviation rapportent que les chars russes approchent rapidement de la tête de pont de l'Elbe, au sud de Magdebourg. On considère la jonction comme vraisemblable pour demain.

Allemagne du Nord-Ouest

Les Britanniques sont aux portes de Hambourg, après avoir atteint un point à moins d'un kilomètre des faubourgs sud-est du port.

Vers l'ouest, Brême est isolé à la suite de la progression alliée à l'est de la ville.

Front central

Sur le front central, la 1re armée américaine est entrée dans les faubourgs ouest de Dessau et a pris la moitié de Bitterfeld, entre Leipzig et Dessau.

Front sud

Trois armées alliées opèrent maintenant en étroite coopération vers le sud et le sud-est du Reich et en Tchécoslovaquie vers le réduit de Bavière et de Bohême où l'ennemi espère pouvoir résister.

Au nord, c'est l'armée Patton qui a pénétré en deux points au moins en territoire tchèque et s'est emparée d'Asch.

Plus au sud, la 7e armée américaine et la 1re armée française ont complètement encerclé Stuttgart. Les Français sont à moins de 4 km. de la ville. En même temps, l'armée française a atteint le Danube à Dinau-Eschingen à 15 km. de la frontière suisse.

L'armée du général Patch, débordant Stuttgart à l'est, se trouve à proximité immédiate de l'autostrade Carlsruhe-Munich.

En Italie

Bologne est aux mains des forces du général Clark. L'ennemi, tentant d'éviter l'encerclement, a évacué en hâte la ville, dont l'occupation ouvre aux armées alliées la route de la plaine du Pô.

La bataille pour Berlin

1.500.000 soldats russes sont lancés à l'assaut de Berlin, a déclaré aujourd'hui le commentateur officiel allemand.

J.-E. LAGRANGE.

La Volkssturm de Berlin subit l'assaut de 16 armées russes

Londres, 21 avril (A.P.). — Des unités improvisées de la Volkssturm, composées de civils sans aucune instruction militaire, ont été engagées dans une lutte sanglante. La capitale subit l'assaut de 16 armées russes.

Dans les faubourgs où le combat est le plus acharné, les Russes ont acquis une supériorité écrasante. La radio de Berlin ajoute : « Nos blessés reviennent du front dans les rames du métropolitain. »

STALINE COMMANDERAIT DEVANT BERLIN

Londres, 21 avril (A.F.P.). — Il est possible que le maréchal Staline, commandant suprême de l'armée rouge, ait pris personnellement, sur le champ de bataille, le commandement de toutes les armées soviétiques sur le front de Berlin. Cette nouvelle sensationnelle est suggérée par la réorganisation radicale des armées russes. Il n'est plus question du premier front d'Ukraine, mais uniquement du groupe d'armées central.

Miguel Maura abandonnerait sa gestion

M. Miguel Maura a l'intention de renoncer à la gestion qu'il a entreprise en novembre dernier pour constituer un gouvernement provisoire qui aurait préparé le rétablissement de la constitution républicaine de 1931 ; il donnerait prochainement un communiqué à ce sujet.

LE M.L.N. PARTICIPERA AUX MANIFESTATIONS DU 1er MAI

En réponse à l'appel de la C.G.T. le M.L.N. a pris la décision de participer aux manifestations prévues pour le 1er mai et demande à tous ses adhérents et à tous ses amis de prendre part effectivement aux réunions et au défilé qui auront lieu ce jour-là.

Ainsi s'affirmera la volonté du peuple de France de réaliser le programme de la Résistance et d'instaurer cette France démocratique et républicaine ardemment sociale pour laquelle nous avons combattu.

Pourquoi l'armée américaine s'est arrêtée devant Berlin

Les patrouilles avancées américaines sont arrivées vendredi 13 avril à Potsdam, qui est à peu près, pour les Berlinois, ce que Versailles est pour les Parisiens.

Ces informations n'étaient nullement prématurées. La nouvelle était vraie, mais les troupes américaines se retirèrent le lendemain de la grande banlieue de Berlin jusqu'aux bords de l'Elbe, à 80 kilomètres environ plus au Sud.

Ce mouvement de retraite a été ordonné à la suite d'un accord précédent, conclu avec les Russes.

MARTIN-CHAUFFIER LIBÉRÉ

Notre camarade l'écrivain Louis Martin-Chauffier qui collabora à « Libération » clandestine a été libéré hier par la 2e armée britannique au camp de Belsen. Il est en bonne santé.

LA presse a des devoirs auxquels, parfois, s'opposent des scrupules honorables. Mais il faut vaincre ces scrupules et la sensibilité qui les dicte. Les victimes des camps de déportation exigent de nous que le monde entier connaisse leur martyre et ne puisse en discuter la vérité ; nos confrères de Grande-Bretagne et d'Amérique, de leur côté, épouvantés par ce qu'ils ont vu, mettent leurs compatriotes en garde contre un sens mal compris de l'humanité. La publication de ces photographies est un hommage nécessaire et respectueux rendu aux victimes des bagnes allemands.

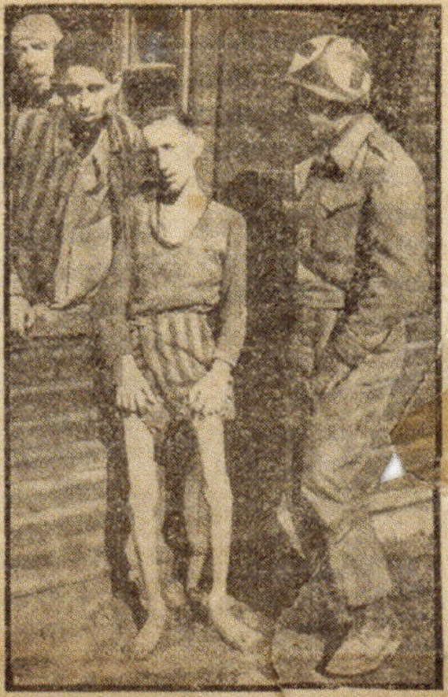

CP. 2802-83

Augmentation du pouvoir d'achat des travailleurs par des allocations prioritaires de denrées. — Blocage des petits loyers en 1945. — Limitation des majorations de prix. — La viande sur pied plus chère — Les premières réparations exigées de l'Allemagne porteront sur la main-d'œuvre

ANNONCE M. PLEVEN

QUELQUES instants avant son départ pour San Francisco, M. Pleven a exposé à la radio la politique gouvernementale en matière de salaires et de prix. Le ministre de l'Economie nationale et des Finances a notamment déclaré :

RAVITAILLEMENT ET SALAIRES

— L'amélioration des conditions de vie du salarié et de sa famille sera désormais recherchée non pas dans une augmentation du salaire nominal en espèces, mais dans la livraison de quantités croissantes, aux prix officiels, de produits de consommation qui intéressent ces travailleurs.

— Le ministre du Ravitaillement aura bientôt de bonnes nouvelles à vous donner en ce qui concerne la distribution des matières grasses pendant le mois de mai.

— La politique du gouvernement sera, par des allocations prioritaires de denrées, de donner aux salaires récemment fixés le maximum de pouvoir d'achat effectif.

LES LOYERS

— Le prix des loyers ouvriers demeurera bloqué à son niveau actuel pendant toute l'année 1945. Seuls les loyers d'un montant relativement élevé subiront une certaine majoration, mais les petits propriétaires de logements à loyer modeste recevront une compensation.

LES PRIX INDUSTRIELS

— En matière de prix industriels, nous autoriserons l'incorporation dans les prix de la majoration des salaires faite en septembre, du prix réel des matières premières et du combustible et d'une fraction de la charge des salaires résultant des derniers arrêtés de remise en ordre.

LES PRIX AGRICOLES

— En ce qui concerne les prix agricoles, le gouvernement a décidé de mettre fin à l'incohérence qui faisait payer aux agriculteurs la viande de boucherie sur pied à un prix auquel il est avéré qu'il ne pouvait couvrir leurs frais.

Le gouvernement a donc décidé de fixer le prix des bovins à 23 fr. 50 le kilo pour la qualité extra, et le prix des ovins à 30 fr. pour la même qualité.

— Nous mettons immédiatement à l'étude un système visant à donner des priorités de livraison de maïs, de tourteaux ou de certains produits et matériel nécessaires à la ferme à tous les agriculteurs qui auront au cours des mois prochains satisfait à la collecte.

— Afin d'accroître la production de lait pour cet hiver, les éleveurs sont avisés qu'ils recevront une prime fixée à 1 fr. 50 par litre livré pendant la mauvaise saison.

LA MAIN-D'ŒUVRE ALLEMANDE

— Le gouvernement a décidé d'octroyer par priorité aux producteurs de betteraves des équipes de prisonniers allemands.

La première réparation en nature que les Français veulent obtenir du Reich est une quantité de travail correspondant à celle dont l'Allemagne a privé la France en retenant nos 2.200.000 prisonniers, déportés et travailleurs.

LES IMPORTATIONS

— En ce qui concerne les importations, nous avons reçu 200.000 tonnes seulement pour tout le premier trimestre. Nous recevrons 200.000 tonnes dans le seul mois d'avril et 300.000 tonnes en mai.

— Je vais profiter de mon voyage à San Francisco pour presser nos amis de nous prêter le tonnage nécessaire pour nous permettre de faire charger d'urgence en Amérique du Sud la viande frigorifiée et en conserves, le maïs nécessaire à nos éleveurs et les suppléments de blé dont, en raison de la sécheresse, aura besoin notre Afrique du Nord.

« Le martyre des déportés avait commencé dès leur départ »

NOTRE camarade Maurice Nègre, ancien correspondant diplomatique de Havas, dans la clandestinité membre du mouvement « Libération » et fondateur du super-NAP, figure parmi les déportés libérés de Buchenwald. Il nous a donné un tragique récit du voyage qui le conduisit de Compiègne en Allemagne.

« Le 18 août 1944, le convoi partait de Compiègne, nous dit-il. Les cloches de la libération sonnaient alors sur une grande partie de la France. L'espoir d'être rejoints par les Alliés brûlait donc dans le cœur des détenus, malgré les conditions effroyables et désormais classiques du voyage. Puis les heures passèrent, l'espoir fléchit et, à la nuit, nous décidâmes d'assurer nous-mêmes notre libération. Cinq camarades purent sauter, mais, au sixième, les mitrailleuses crépitèrent. Le train s'arrêta. Les représailles commencèrent. Douze détenus dont moi-même furent alignés dans un fossé. Les S.D. (policiers) commencèrent leur exécution. Une balle dans chaque nuque. Plusieurs camarades tombèrent. Puis brusquement, sans raison apparente, peut-être à la suite d'une étincelle d'humanité née d'une protestation véhémente, l'officier commanda : « Halte ! »

« Nous remontâmes, rongés par l'angoisse toute la nuit, tout le jour. Une conversation avec un gardien, l'intervention d'un colonel moins inhumain, divers autres incidents de route, nous permirent en fin de compte de terminer ce voyage

Signature du pacte d'alliance soviéto-polonais

Varsovie, 21 avril.

RADIO-VARSOVIE a annoncé à 19 h. 25 :

Aujourd'hui 21 avril, à 18 heures, a eu lieu la signature solennelle d'un pacte soviéto-polonais d'amitié et d'assistance mutuelle

d'une lecture pénible. Plus d'un ami qui en a pris connaissance nous a avoué l'état d'obsession, de cauchemar dans lequel, pour des heures et des jours, l'avait plongé cette lecture. Néanmoins, il faut que ces pages voient le jour ». Cette publication est nécessaire pour que nul ne puisse réfuter l'existence même de ces camps et pour « que le souvenir de cette vérité se perpétue dans des documents authentiques, afin que les générations à venir la gardent présente à l'esprit à l'heure où les épigones de l'hitlérisme chercheront à enjoliver sa légende ».
La seconde brochure justifie sa publication dans sa préface en insistant sur le fait que « depuis plusieurs années déjà, une des plus grandes tragédies que l'histoire n'ait jamais connues, s'accomplit sous les yeux de l'humanité incrédule. Le monde civilisé assiste, avec une sereine indifférence et dans un silence presque absolu, à un crime qui par sa cruauté et son étendue dépasse tout ce que l'homme a pu imaginer jusqu'ici ». Étonnamment la préface indique un chiffre qui est celui désormais admis comme nombre des personnes assassinées dans le cadre de la Shoah, « quatre à cinq millions de Juifs – peut-être le nombre des victimes atteint-il déjà six millions ». Le préfacier insiste aussi sur la responsabilité des complices du génocide et pose la question, toujours en débat, du silence « des hommes d'État, des chefs spirituels de l'humanité et des hautes instances neutres [...] qui informés à temps, auraient pu arrêter les crimes et sauver des centaines de milliers de victimes s'ils avaient agi avec plus de hardiesse ».
En réalité, pour lire les témoignages des rescapés de la Shoah dès 1945, il faut se procurer la presse juive, tel le *Bulletin du Service central des déportés israélites et du Service d'évacuation et de regroupement*, *Les Absents* ou *Le Monde juif* qui en publient dans leurs colonnes.

Les récits affluent

C'est majoritairement à partir d'avril 1945, que la presse française évoque la découverte des camps. *Le Figaro* publie le récit de son reporter de guerre qui, suivant la 1re armée française, découvre le camp de Kleingladbach. Face au « récit hallucinant [de] James de Coquet, dans cet esprit véridique qu'on lui connaît et qui donne une valeur si nette à ses témoignages », la rédaction prévient ses lecteurs des raisons pour lesquelles elle a décidé de le publier : « Je crois qu'il est de notre devoir de ne pas jeter le voile sur ces atrocités. Il est de notre devoir d'enregistrer ces faits, de les consigner, d'en fixer l'image et de le faire au moment même où l'imminence de la victoire prépare, dans un monde épuisé d'horreur, les voies de l'oubli. Il faut que ces documents paraissent à leur date avec la précision irréfutable des choses vues tel jour, à telle heure, dans telles circonstances. [...] Il faut que soient connues, perpétuées et gravées dans l'airain les ignominies d'un régime dont un peuple entier, ivre d'orgueil et délirant derrière son chef s'est fait l'exécuteur et le complice.[7] »
Le même journal publie le lendemain le témoignage de Julien Cain, ancien administrateur de la Bibliothèque nationale, rescapé de Buchenwald où « les morts s'accumulaient ». Camps qui « ne sont pas autre chose qu'une organisation scientifique d'extermination », poursuit-il, avant de conclure : « J'arrive à Paris comme un revenant, notre joie est immense[8]. » Témoignage similaire sur « l'enfer nazi » de Buchenwald par André Marie, dans les colonnes de *Patrie*[9] qui justifie son récit estimant, à juste raison, que « les Français

croyaient sincèrement que les déportés politiques menaient en Allemagne une existence certes pénible dans les enceintes des fils de fer barbelés, mais cependant supportable au prix de quelque patience et de quelque résignation. » En publiant le témoignage d'Antoine Labussière, le doyen de Buchenwald avec ses 78 ans, *Ouest-France* en conclut que « quel que soit notre souci de demeurer humains, nous pensons qu'il est des heures où certains peuples doivent subir avec rigueur la loi du talion et même davantage[10]. »

Le 4 mai, *France-Soir* publie le témoignage de Geneviève de Gaulle, nièce du général, rescapée de Ravensbrück qui au-delà des seules souffrances physiques, insiste aussi sur les souffrances morales endurées par les femmes déportées : « Nous n'avions jamais pensé qu'un être humain pouvait être soumis à une déchéance systématique, tant morale que physique, orchestrée dans ses moindres détails, qui aboutissait non seulement à la perte de toute personnalité, mais aussi à ses défaillances de plus en plus nombreuses de la pensée, à un état de torpeur et au déclin de certaines facultés[11]. » L'écrivaine Simone Saint-Clair, déportée le 14 janvier 1944, dans le même camp relate son calvaire pour *Le Monde illustré*[12]. Le 1er août, *Ce Soir* publie un numéro spécial de 8 pages intitulé « Mauthausen, le camp de l'assassinat » qui reproduit plusieurs photos du déporté qui sera surnommé « le photographe de Mauthausen[13] ».

Pour sa part *L'Aurore* publie, en mai, en 23 épisodes, le récit détaillé du résistant déporté, Roger Farelle[14], sous le titre « Je suis un rescapé des bagnes du Neckar », récit dépouillé de toute emphase. Tandis que *L'Époque*[15] se rend à la faculté de Strasbourg, où « le professeur Hirt aidé de 50 aides SS prenaient femmes et enfants pour cobayes » pour ses pseudo-expériences scientifiques.

Des dizaines de déportés avec leur tenue rayée participent au défilé du 1er mai, ce qui « rendit la manifestation de la Nation plus émouvante encore », selon la légende de la photo publiée par *Franc-Tireur*[16]. Quotidien qui n'oublie pas d'évoquer le sort des veuves ou des mères de ceux qui ne reviendront jamais malgré l'espoir du retour, « mais des camarades de captivité sont venus, timides, gênés, ne sachant comment dire la chose… l'horrible chose ! Alors il a bien fallu se rendre à l'évidence devant ces témoins de leur agonie[17]. » Cette pratique de défiler avec les tenues de déportés va se reproduire dans toute la France pendant de nombreuses années lors des cérémonies patriotiques.

Libération
COMBATS DANS BERLIN

Dans son édition du 22-23 avril 1945, le quotidien *Libération* publie ces deux photos prises au « Kommando » de Langenstein-Zwieberge, dépendant du camp de concentration de Buchenwald. Les déportés y travaillaient principalement pour la société aéronautique allemande Junkers. Quand, le 11 avril 1945, les Américains de la 83e DI découvrent le camp abandonné par les nazis depuis deux jours, ils trouvent les Reviers (nom donné aux pseudo-hôpitaux des camps nazis) remplis de mourants qui décèdent au rythme de 20 par jour. Malgré l'aide médicale américaine, les deux tiers de ces survivants décèdent peu de temps après.

DES DÉPORTÉS ATYPIQUES

Parmi les rapatriés figurent plusieurs catégories de déportés moins connues que les deux principaux groupes constitués par les « déportés politiques » et les « déportés raciaux », pour reprendre la terminologie de l'époque. Il s'agit de groupes atypiques, spéciaux et marginaux du reste de la société. Leur retour en France se fait dans la joie, pour les « otages d'honneur », dans l'indifférence pour les « patriotes résistant à l'Occupation » et dans l'oubli pour les déportés pour motif d'homosexualité ou les Tsiganes.

Les « otages d'honneur »

Dans cette catégorie, se distinguent trois grands groupes. Des personnalités arrêtées par Vichy dès 1940 et livrées aux Allemands, des officiers et quelques civils arrêtés par les Allemands en 1943, et 366 « notables » arrêtées au printemps 1944. Au total, cela concerne environ un millier de détenus[1] considérés comme otages par l'Allemagne et maintenus en captivité dans divers lieux afin de pouvoir être utilisés, en cas de besoin, comme monnaie d'échange. Les avantages qui leur sont concédés consistent en de supportables conditions de logement et en l'absence de travail obligatoire.
Parmi eux se trouvent des figures politiques importantes aux horizons idéologiques opposés : Albert Lebrun, président de la République écarté par Vichy, rapatrié en France en 1943 pour raison de santé ; Paul Reynaud, Léon Blum (interné avec son épouse à proximité du camp de Buchenwald) et Édouard Herriot, anciens présidents du Conseil ; les généraux Gamelin et Weygand ; l'ultranationaliste colonel de La Rocque ; Michel Clemenceau et Pierre de Gaulle (fils de Georges Clemenceau et frère de Charles de Gaulle)...
Si 241 déportés sont incarcérés au château d'Eisenberg, la majorité des hautes personnalités sont internées dans le Tyrol au château d'Itter, aux conditions de détention correctes. Ils n'en demeurent pas moins à la merci de Hitler comme le prouve le rapatriement en France de l'ancien ministre Georges Mandel pour y être jugé sur demande de Hitler[2] et dont l'assassinat prouve aux otages qu'un sort identique peut leur arriver.
La troisième vague d'arrestations effectuée au lendemain du 6 juin, constitue le plus gros de l'effectif des « déportés d'honneur ». Il s'agit pour les Allemands d'arrêter ceux qu'ils craignent voir devenir de futurs cadres de la nouvelle organisation administrative, politique ou morale de la France libérée. Certains ont déjà eu des ennuis avec les Allemands, d'autres sont soupçonnés d'avoir des relations ou des contacts avec des organisations de résistance, tandis que d'autres sont arrêtés en raison de leur tiédeur envers l'occupant. Internée dans diverses prisons françaises, la majorité est regroupée à Compiègne, puis déportée au camp de Neuengamme. Logés dans des baraques spéciales, ils ne connaissent pas l'horreur de l'univers concentrationnaire, n'étant astreints ni aux appels ni au travail, malgré une nourriture insuffisante. Neuf meurent en déportation.

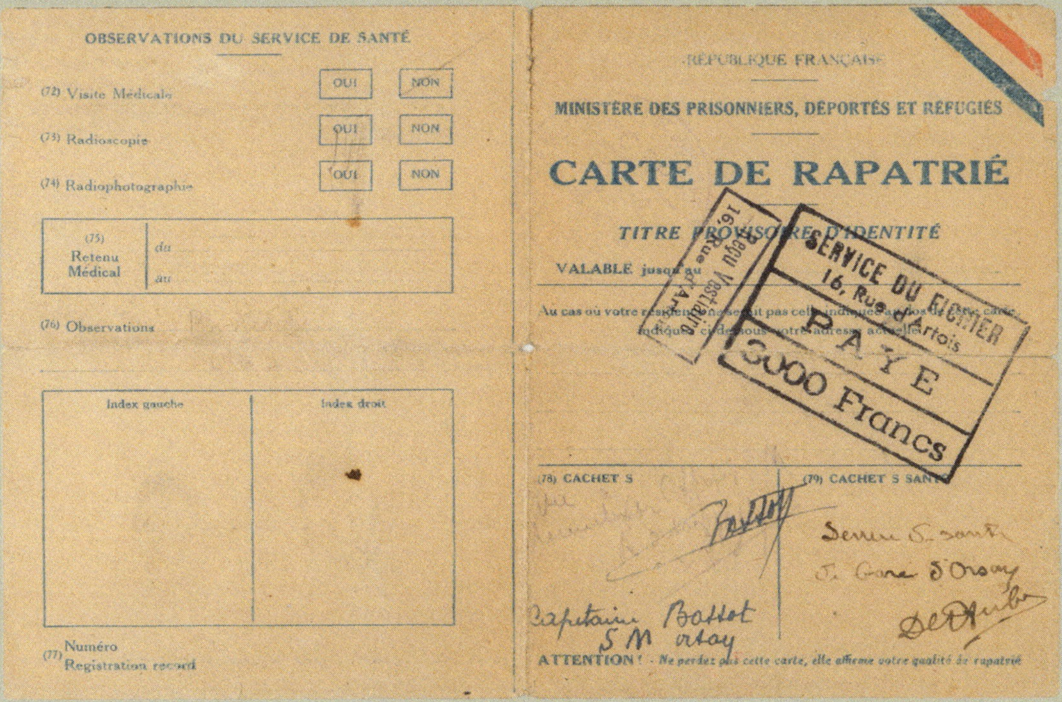

OBSERVATIONS DU SERVICE DE SANTÉ

(72) Visite Médicale — OUI — NON

(73) Radioscopie — OUI — NON

(74) Radiophotographie — OUI — NON

(75) Retenu Médical — du — au

(76) Observations

Index gauche — Index droit

(77) Numéro Registration record

RÉPUBLIQUE FRANÇAISE

MINISTÈRE DES PRISONNIERS, DÉPORTÉS ET RÉFUGIÉS

CARTE DE RAPATRIÉ

TITRE PROVISOIRE D'IDENTITÉ

VALABLE jusqu'au

Au cas où votre résidence ne serait pas celle indiquée au dos de cette carte, indiquez ci-dessous votre adresse actuelle.

SERVICE DU FICHIER
16, Rue d'Artois
PAYÉ
3000 Francs

(78) CACHET S

(79) CACHET S SANTÉ

Capitaine Bottot
S M Orsay

Service S. santé
J. Gare d'Orsay

ATTENTION ! Ne perdez pas cette carte, elle affirme votre qualité de rapatrié

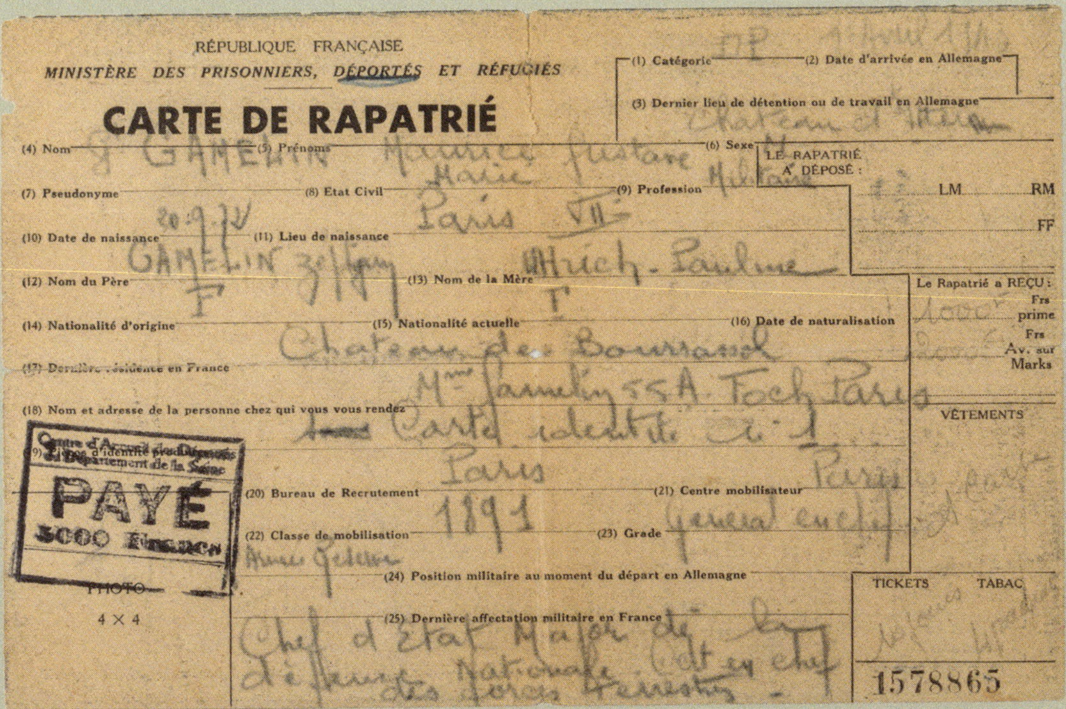

RÉPUBLIQUE FRANÇAISE

MINISTÈRE DES PRISONNIERS, DÉPORTÉS ET RÉFUGIÉS

CARTE DE RAPATRIÉ

(1) Catégorie DP — (2) Date d'arrivée en Allemagne

(3) Dernier lieu de détention ou de travail en Allemagne: Chateau d'Itter

(4) Nom: GAMELIN — (5) Prénoms: Maurice Gustave — (6) Sexe: M

(7) Pseudonyme — (8) Etat Civil: Marié — (9) Profession: Militaire

(10) Date de naissance: 20.9.72 — (11) Lieu de naissance: Paris VII

(12) Nom du Père: GAMELIN Zeffirin — (13) Nom de la Mère: Uhrich Pauline

(14) Nationalité d'origine: F — (15) Nationalité actuelle: F — (16) Date de naturalisation

(17) Dernière résidence en France: Chateau de Bourrassol

(18) Nom et adresse de la personne chez qui vous vous rendez: Mme Gamelin 55 A. Foch Paris

(19) Pièces d'identité produites: Carte identité

(20) Bureau de Recrutement: Paris — (21) Centre mobilisateur: Paris

(22) Classe de mobilisation: 1891 — (23) Grade: General en chef

(24) Position militaire au moment du départ en Allemagne

(25) Dernière affectation militaire en France: Chef d'Etat Major de la défense nationale Cdt en chef des forces terrestres

Centre d'Accueil des Déportés du Département de la Seine
PAYÉ
3000 Francs

PHOTO 4 × 4

LE RAPATRIÉ A DÉPOSÉ : LM RM FF

Le Rapatrié a REÇU : Frs prime — Frs Av. sur Marks

VÊTEMENTS

TICKETS — TABAC

1578865

Une reconnaissance difficile

L'avancée des armées alliées et l'effondrement du Reich permettent leur libération, parfois au terme d'une véritable bataille rangée, comme ce fut le cas autour du château d'Itter attaqué par un détachement de SS et libéré par une colonne américaine : « Prenant eux-mêmes les armes, les prisonniers tirèrent sur les nazis. MM. Clemenceau et Borotra se distinguèrent dans cette dernière bataille[3]. » Évacués vers Innsbruck, ils sont rapatriés en France. Léon Blum et sa femme, toujours près de Buchenwald[4], sont évacués en avril 1945[5].

À leur retour, ils sont reconnus comme « internés d'honneur[6] ». Le fait que presque tous soient revenus vivants de leur déportation, sans avoir été astreints à aucun travail et ayant bénéficié de conditions de détention améliorées, préjuge défavorablement de leur qualification de « déportés ». D'autant que plusieurs otages ont soutenu le maréchal Pétain ou participé au régime de Vichy[7], ce qui brouille leur image aux yeux de l'opinion. Pour les otages de Neuengamme, le problème est plus difficile au regard des déportés classiques détenus sur les mêmes lieux mais aux souffrances incomparables. Si bien que le titre de « déporté » sera attribué au cas par cas après des démarches individuelles[8]. Les déportés d'honneur de Neuengamme ont donc juridiquement trouvé leur place parmi les « vrais déportés ». Néanmoins, l'amicale de Neuengamme refuse de les admettre parmi ses membres.

Les patriotes résistant à l'Occupation

En Alsace et en Moselle, annexées de fait au Reich, de nombreuses personnes s'opposent à la politique de germanisation et de nazification mise en place à l'été 1940. D'autres subissent les représailles après le départ de leurs proches en Suisse ou en zone non occupée. Sont aussi visés par la répression nazie, ceux qui refusent d'adhérer à la Hitlerjugend, d'aller au Reichsarbeitsdienst (service du travail, RAD), d'être incorporés dans la Wehrmacht, ou qui « utilisent la langue française de façon provocante ».

D'abord internés individuellement dans des camps de rééducation comme à Schirmeck en Alsace, puis collectivement, en groupes de 50 à 1 000 personnes, dans des locaux réquisitionnés (anciens châteaux, écoles, couvents), la répression s'élargit ensuite à la famille du récalcitrant.

À partir de 1942-1943, les transplantations débutent. Les familles de détenus sont triées. Celles de « race supérieure » sont dirigées vers les territoires occupés à l'est, celles de « race acceptable » à l'intérieur du Reich, enfin celles de « race inférieure » sont destinées à être, un jour, envoyées en France. Le départ des familles mosellanes débute en janvier 1943 et celles d'Alsace en mai. Les estimations font état de 9 250 Mosellans et 3 700 Alsaciens déportés dans le Grand Reich[9].

Considérées comme des personnes déplacées et n'ayant pas été internées dans des camps de concentration nazis, le titre de déporté leur est refusé à leur retour. Il leur faudra attendre 1954 pour être reconnus comme « proscrits et contraints à résidence forcée en pays ennemi en raison de leur attachement à la France ». Malgré leurs demandes répétées, ils n'ont jamais pu acquérir le statut de déportés politiques. Leur qualification définitive de « Patriotes résistant à l'Occupation des départements du Rhin et de la Moselle 1939-1945 » (PRO) date de 1959[10].

Deux catégories de déportés « oubliées »

Le nombre d'hommes arrêtés ou déportés pour motif d'homosexualité en France ou de Français arrêtés pour ce motif dans le Reich est de 550 (88 en zone occupée ; 115 au sein du Reich ; 350 dans les trois départements annexés d'Alsace-Moselle). Parmi eux, 31 sont internés en camp de concentration et 27 meurent durant leur détention ou de ses conséquences. Les autres sont victimes de détention policière, de « rééducation » de quelques jours à plusieurs mois ou à des peines de travaux forcés en forteresse ou dans des camps comme Schirmeck. 80 sont libérés au terme de leur peine[11].
Ces 550 hommes ont été arrêtés en application de la législation allemande, victimes du paragraphe 175 du Code pénal allemand, datant de 1871 et aggravé en 1935 par les nazis[12]. Figure aussi une liste de peines plus lourdes pour les cas considérés comme « aggravés ». En revanche, pour masquer l'incapacité nazie à éradiquer l'homosexualité dans la zone annexée ou, pire, lorsque le coupable a eu une relation avec un soldat allemand, la déportation est inscrite sous le motif d'« atteinte à la sûreté de l'armée allemande », au même titre qu'un résistant ayant blessé ou tué un soldat allemand. Raison pour laquelle, à ce jour, les 2 seuls cas de déportés « triangle rose » au départ de France sont des soldats allemands. Tous les autres déportés arrêtés comme homosexuels se voient attribuer le « triangle rouge » des politiques. Si l'État français a promulgué un décret en 1942 condamnant l'homosexualité, il n'y eut ni propagande en ce sens ni arrestation d'homosexuels par les forces de l'ordre françaises durant cette période.
En revanche, que ce soit en Allemagne ou en France, l'homosexualité n'étant pas dépénalisée en 1945, aucune attribution d'un quelconque statut de déporté n'est possible pour ces victimes[13]. Pire, en Allemagne certains déportés quittent leur camp de concentration pour être aussitôt internés dans une prison afin de finir d'y purger leur peine infligée par le régime nazi.
Les Tsiganes sont interdits de circuler par décret du 6 avril 1940. Après la défaite, les Allemands imposent l'internement dans des camps. Une trentaine de camps, gérés par Vichy, existent dans lesquels entre 3 000 et 6 000 familles tsiganes sont enfermées dans des conditions de vie lamentables, dans des forts, des gares abandonnées ou des carrières.
Le 13 janvier 1943, 68 hommes partent du camp des Tsiganes de Poitiers pour Oranienburg et Buchenwald *via* Compiègne[14]. Le 15 janvier 1944, 351 Tsiganes résidents des départements du Nord et du Pas-de-Calais sont déportés par le convoi Z sur Auschwitz. 90 % d'entre eux ne revinrent pas. À la Libération, le GPRF voulant sédentariser ces nomades, quatre camps restent ouverts jusqu'en mai 1946. L'internement en France et la déportation des Tsiganes tombent dans l'oubli jusqu'aux années 1990.

Comme n'importe quel autre rapatrié d'Allemagne, le général Gamelin, « otage d'honneur » libéré du château d'Itter, se voit attribuer sa carte individuelle. Son dernier lieu de détention et sa dernière affection militaire sont mentionnés, ainsi que la somme d'argent, le nombre de tickets de rationnement et de paquets de tabac reçus. En revanche, certainement en raison de son rang social, seule 1 carte de vêtement lui a été attribuée, alors que généralement les rapatriés se voient gratifier d'effets civils (pantalon, chemise, veste, chaussettes, sous-vêtements, etc.).

ENTRAIDE SOCIALE ET POLITIQUE

Du 24 décembre 1944 au 1er janvier 1945 le gouvernement organise la « semaine nationale de l'Absent » au profit des familles dont un membre est toujours retenu en Allemagne sous divers statuts : 937 000 prisonniers de guerre, 600 000 requis du STO, 60 000 déportés politiques ou raciaux, 200 000 Alsaciens et Mosellans incorporés de force dans l'armée allemande. Alors que la libération de la France touche presque à sa fin, il faut attendre le printemps 1945 pour que ces 1 797 000 personnes retrouvent leur foyer. Pour aider les rapatriés, l'État instaure des « bons du retour » à grand renfort de publicité dans la presse.

Obtenir des droits et des aides spécifiques

Le 5 mai 1945 au cours d'un meeting à Japy, après avoir entendu le récit de déportation de rescapés de Ravensbrück et de Buchenwald, Henri Manhès et Marcel Paul énoncent une série de revendications et de droits à obtenir pour les déportés. Pour faire entendre leurs voix, les deux hommes créent en novembre la Fédération nationale des déportés et internés résistants et patriotes (FNDIRP), proche du Parti communiste. L'autre grande structure est la Fédération nationale des déportés et internés de la Résistance (FNDIR), créée en juin, qui ne regroupe que des résistants déportés. Par suite d'une crise interne au sein de la FNDIRP, jugée trop pro-Soviétique par une partie des membres, un groupe de démissionnaires, sous l'égide du Révérend Père Riquet crée, en 1950, l'Union nationale des associations de déportés, internés et familles de disparus (UNADIF). À ces grandes structures s'ajoutent une multitude d'amicales créées par principaux camps de concentration.
Pour la Résistance, l'entraide passe par le Comité des œuvres sociales des organisations de Résistance (COSOR), créé en février 1944. À partir de janvier 1945, elle s'étend à toute la France avec mission du gouvernement de « secourir sans distinction de race, d'opinion ou de confession, toutes les détresses nées de l'oppression nazie ».
Ce schéma de fédérations puissantes numériquement se retrouve aussi chez les prisonniers de guerre et les requis du STO, appelés à l'époque « déportés du travail ». Ce qui explique que ces catégories d'individus ont pu faire valoir leurs droits et faire entendre leurs voix, y compris par pressions politiques lors d'élections, à la différence des déportés Juifs plus isolés car moins nombreux.
L'ambition initiale d'une réinsertion commune et égale entre toutes les catégories de libérés échoue rapidement. La souffrance endurée hiérarchise les

IL VA REVENIR !..
après cinq ans de privations.
cinq ans de souffrances.
cinq ans d'exil.
AUX ARMES!
Numéro 6
Mars 1945
IL FAUT PRÉPARER SON RETOUR
ET RÉPONDRE A SON ESPÉRANCE

rapatriés. Ainsi, en avril 1945 le gouvernement annonce qu'une allocation d'accueil ainsi qu'un congé de libération seront attribués aux prisonniers de guerre, déportés politiques et travailleurs non volontaires[1]. Finalement la prime de retour, qui concrétise cette différence est fixée à 9 000 francs pour un déporté, 2 000 pour un prisonnier de guerre et 1 000 pour un requis. Des aides communes sont toutefois décidées par le gouvernement comme le moratoire sur les loyers.

Le rapatrié a souvent du mal à comprendre que son accueil soit si systématisé et avec une organisation aléatoire où il doit aller de lui-même d'un bureau à un autre. Il se sent seul et perd ses repères dans une France meurtrie par quatre ans d'occupation et partiellement détruite lors de la Libération. S'ils sont choyés dans les premiers jours de leur retour, ils se sentent vite banalisés ensuite.

L'aide apportée aux enfants

Une attention particulière est portée aux enfants ; gage d'avenir, ces orphelins dont les parents ont péri pendant la guerre, victimes de la répression nazie ou des persécutions antisémites. De nombreux centres d'accueil sont créés pour les héberger comme la Maison d'enfants de fusillés et déportés de Ville-d'Avray. Il s'agit soit de colonies de vacances pour des séjours temporaires, pour ceux qui ont encore un parent, ou d'orphelinats pour les autres.

Certaines structures apportent un complément aux parents d'enfants sinistrés telle la britannique Association des volontaires français (AVF) qui organise des centres aérés pour distraire les enfants les jours sans école. Ainsi, dans la ville de Falaise fortement détruite à l'été 1944, un baraquement provisoire est mis à la disposition de l'AVF pour y recevoir les enfants. À Paris et en banlieue, l'AVF choisi une vingtaine de fillettes « qui ont vécu dans des conditions anormales, particulièrement éprouvantes[2] », toutes orphelines de père ou de mère, pour leur permettre de passer les deux mois des vacances d'été 1945 en Grande-Bretagne.

L'assistance provient aussi de structures existantes avant-guerre, comme l'Orphelinat national des chemins de fer qui accueille 335 enfants dans ses foyers mixtes d'Avernes (pour les pupilles de 3 à 14 ans) puis du Vésinet (à partir de 15 ans). Pour inciter aux dons, l'agenda 1948 présente en couverture la photo d'un jeune garçon dont « les Boches ont assassiné [le] papa » et au dos une photo de trois fillettes dont « [le] Papa et mort dans les Camps d'extermination nazis. [La] Maman elle aussi a disparu[3] ».

Afin de permettre à certains enfants de raconter leurs traumatismes, des enseignants de l'École moderne française, suivant de la pédagogie Freinet fondée sur l'expression libre des enfants par le texte et le dessin, l'imprimerie et le journal, leur propose d'écrire ce qu'ils ont vécu. Cela donne lieu à une série de récits spontanés et naïfs publiés dans la revue *Enfantines*. Tels celui de ce jeune garçon de 11 ans, arrêté avec sa mère, interné à Drancy, puis déporté à Bergen-Belsen, où sa mère meurt ; celui des 18 écoliers de 7 à 14 ans qui ont vécu le drame de l'attaque allemande sur le Vercors ou encore celui de cet écolier de 14 ans qui raconte sa vie de réfugié avec sa famille de 1940 à la Libération[4].

Les enfants rescapés de la Shoah

En France, les principales organisations en charge d'aider les enfants juifs rescapés de la Shoah sont le Comité juif d'action sociale et de reconstruction (COJASOR[5]), l'œuvre de secours aux enfants (OSE[6]), le Service d'évacuation et de regroupement des enfants (SERE), l'Organisation reconstruction travail (ORT[7]), le Service central des déportés israélites ou les Éclaireurs israélites de France. L'OSE et l'ORT vont être d'un grand secours pour les enfants juifs qui, cachés, ont été sauvés de la déportation mais qui comprennent vite qu'ils ne reverront jamais leurs parents, morts dans les camps nazis. Divers centres d'accueil sont ouverts par ces associations juives laïques ou religieuses. Ainsi, la maison d'Écouis, dans l'Eure, qui dépend de l'OSE devient un lieu de passage pour 426 garçons rescapés de Buchenwald. Parmi eux se trouve Elie Wiesel. Mis en quarantaine médicale comme les autres « enfants de Buchenwald », il vit mal cette situation venant tout juste d'être libéré de l'enfermement des camps nazis : « Pauvres moniteurs et monitrices. Croient-ils pouvoir nous éduquer, nous qui avons regardé la mort en face ? [...] Le plus jeune d'entre nous possède une somme d'expériences plus vaste que le plus âgé parmi eux. Comment peuvent-ils comprendre notre besoin de garder quelques restes de gâteau sous nos oreillers ? Et la méfiance que nous inspire n'importe quel inconnu ? La parole qui revient le plus fréquemment sur nos lèvres ? "Vous ne pouvez pas comprendre"[8]. »

Les responsables s'efforcent de trouver des proches à l'étranger pour accueillir les jeunes orphelins dans le cadre du regroupement familial. Au total, ils seront 48 % à retrouver un membre de leur famille. Les garçons y restent entre 4 et 8 semaines avant que la maison ne ferme ses portes, en août 1945[9]. Les autres sont sollicités par des représentants d'organisations juives américaines qui tentent de les persuader d'émigrer aux États-Unis. Les associations françaises ne sont pas en reste, qui cherchent elles aussi à convaincre ces jeunes Juifs de s'installer définitivement en France.

D'autres se laissent séduire par le projet sioniste et font le choix de partir en Palestine, en *Eretz Israël* (« terre d'Israël ») selon la terminologie employée, afin d'y créer le futur État d'Israël. Ainsi 173 adolescents quittent Écouis pour embarquer depuis Marseille pour la Palestine, en juillet 1945. Parmi eux se trouve Israel Meir Lau, surnommé Loulek[10], le plus jeune rescapé de Buchenwald, qui émigre à 8 ans avec son frère de 17 ans.

Pour ceux restés en France et qui souhaitent adopter une vie pratiquante, l'OSE ouvre une maison à Ambloy, avec repas casher, shabbat et lecture du Talmud[11]. À l'automne 1945, les plus jeunes partent pour la maison de Versailles et le groupe des religieux s'installe au château de Vaucelles, à Taverny. Les autres enfants sont dispersés dans des foyers ou placés dans des familles d'accueil. Certains retrouvent aussi leurs parents[12].

Le mensuel lyonnais *Aux Armes*, issu de la Résistance, appelle, dès mars 1945, la population à accueillir dignement les prisonniers de guerre de retour en France, même si la majorité d'entre eux ne regagneront leur foyer qu'entre mai et août. L'illustrateur Jean Stetten-Bernard est lui-même un ancien prisonnier de guerre évadé grâce à ses talents de faussaire qu'il met ensuite au profit de la Résistance pour réaliser des faux-papiers sous l'Occupation.

UN FLUX DE RÉFUGIÉS SANS PRÉCÉDENT

Au fur et à mesure de leur avancée sur les territoires du Grand Reich, les Alliés sont confrontés à la gestion de millions de personnes déplacées de leur pays pour des raisons raciales (Juifs et Tsiganes), politiques (déportés de répression), militaires (prisonniers de guerre) ou économiques (travail forcé dont le STO français). Alors que les combats se poursuivent, il faut structurer la gestion de ces personnes regroupées dans d'immenses camps avant d'organiser leur retour dans leurs pays d'origine. Et malgré la spécificité du génocide dont ils ont été victimes, les Juifs ne sont pas prioritaires sur les autres catégories de personnes déplacées. Seul l'état de santé est pris en compte pour un rapatriement plus ou moins rapide.

Les « personnes déplacées »

Le SHAEF a créé en juin 1944 le terme générique de « personnes déplacées » (*displaced persons,* en abrégé DPs) pour désigner ces individus. Au printemps 1945, les DPs incluent aussi les populations fuyant l'avancée soviétique en Europe orientale. Si bien que le SHAEF estime à 10 ou 11 millions les DPs dans la zone occidentale de l'ancien Reich. Sur l'ensemble de l'Europe, ce sont 40 millions de civils et combattants de tous bords qui doivent rentrer chez eux ou être acheminés vers de nouvelles destinations. À la fin de l'année 1945, il reste entre 1 et 2 millions de personnes n'ayant retrouvé ni foyer ni lieu d'accueil et 700 000 à l'été 1947[1]. Initialement le terme de « rescapés » désigne les Juifs en vie sur les territoires sous contrôle des nazis, tandis que les « survivants » désignent ceux qui ont survécu aux camps nazis ou autres lieux d'enfermement. La Shoah a occasionné la mort de plus de 6 millions de Juifs. Les rescapés sont estimés entre 4 et 5 millions et les survivants des camps à 60 000 dont une partie disparaît dans les premières semaines. On comprend dès lors que ce chiffre paraît infime parmi les 40 millions de DPs. Pour la France, sur les 1 700 000 individus rapatriés en quelques mois, figurent 3 800 survivants juifs.
En raison des violences antisémites qui se poursuivent dans certains pays d'Europe orientale après-guerre, surtout en Pologne, environ 250 000 DPs[2] juifs ne souhaitent pas rentrer dans leurs foyers et se retrouvent dans les camps de réfugiés dans l'attente d'une émigration en Europe occidentale, aux États-Unis, en Australie ou en Palestine, où les mouvements sionistes s'activent pour faire attirer le plus grand nombre de rescapés, légalement ou non.
Les actions antisémites post-génocidaires qui font de 1 500 à 2 000 victimes juives entre 1944 et 1946 constituent l'une des motivations à quitter définitivement la Pologne. Le point culminant est le

89e ANNÉE - No 4302 PRIX : 30 FRANCS

LE MONDE ILLUSTRÉ

LE BONHEUR RETROUVÉ

LE RETOUR DES PRISONNIERS

1945
7
AVRIL

pogrom de Kielce, le 4 juillet 1946, qui fait 42 morts et 77 blessés.
La Suisse s'inquiétant d'un afflux de réfugiés décide en avril 1945 de fermer ses frontières, tout en déclarant étudier le cas de personnes « dignes d'asile » pour autant que le permettent les possibilités d'accueil[3].

Les déportés changent de gardiens

Faute de moyens pour rapatrier rapidement tous ces déportés et aussi pour raison sanitaire à cause d'épidémies de typhus, les Alliés choisissent de garder dans l'enceinte même des camps ces hommes et femmes pourtant enfin libres. À la suite des gardes SS, ce sont désormais les Alliés qui surveillent les camps.
La situation provoque l'incompréhension et la colère chez certains déportés de même qu'elle soulève l'indignation en France. « Les Alliés entourent les camps de cordons sanitaires et en interdisent l'accès. Si bien que nos déportés ne peuvent recevoir les médicaments et les soins nécessités par leur état », s'insurge *Les Nouvelles du Matin*[4]. La reporter Simone Téry, qui a réussi à entrer dans le camp de Dachau en quarantaine, relaie l'appel des déportés français qui demandent au gouvernement qu'« on les sauve d'une mort certaine[5] ». Pour *Ouest-France*, laisser les déportés sur les lieux de leur souffrance est inimaginable, estimant qu'« un changement les délivrant du sinistre décor où leur vie, goutte à goutte, se perdait dans le désespoir, leur ferait moralement, mentalement et par suite physiquement, un bien immense[6] ». Le journal suggère de faire comme les Britanniques qui ont expulsé de leurs domiciles des Allemands pour y loger leurs prisonniers de guerre.
Concernant l'internement des Juifs, en attente de leur rapatriement, la population allemande finit par se demander si les Alliés ne poursuivent pas la politique raciale nazie. En août 1945, la spécificité des victimes du génocide des Juifs semble enfin prise en compte avec la création de camps séparés et une amélioration de leur sort. C'est depuis ces camps spécifiques que l'immigration clandestine vers la Palestine est mise en place par les mouvements sionistes, malgré le veto de la Grande-Bretagne qui exerçait alors un mandat tutélaire sur cette région.

Le retour en France

La première étape pour un rapatrié est d'être soumis à une enquête individuelle pour éviter que des droits communs, collaborateurs ou Français ayant servi volontairement sous l'uniforme allemand ne se glissent subrepticement parmi eux afin d'échapper à la justice. Concernant les déportés, les équipes du 5e bureau, chargé du contre-espionnage, sont bien renseignées sur le système concentrationnaire nazi, possédant une liste exhaustive des camps et prisons mais aussi la liste des convois partis de France.
Le dossier médical est établi après un examen rapide du sujet afin de prodiguer ensuite les soins nécessaires et d'ouvrir éventuellement des droits à une pension d'invalidité. L'individu se voit à ce moment-là administrer une dose de poudre de DDT pulvérisé sur ses vêtements, dans la braguette et le col, par crainte des poux, vecteurs du typhus. Selon les centres d'accueil, certains sont soumis à de vrais soins avec douche, prise de sang, radio, épouillage, bilan médical, tandis que d'autres ont un semblant d'examen médical peu sérieux. Dans tous les cas est remis le sésame indispensable pour se réinsérer socialement, la « carte de rapatrié » et une carte textile.

Le rapatrié a droit à un paquetage, là encore inégal dans son contenu d'un centre à l'autre en fonction du ravitaillement disponible, qui comprend des vêtements civils, une paire de chaussures, un peu de nourriture, un ou deux paquets de cigarettes, parfois une bouteille de vin. Faute de vêtements civils, le rapatrié reçoit une partie d'uniforme américain qu'on lui recommande de teinter d'une autre couleur. Le rapatrié peut alors regagner son domicile en se débrouillant seul pour trouver un moyen de transport.

Afin de permettre aux familles et amis de connaître le nom des rapatriés, la presse ou la radio en diffuse régulièrement. C'est parfois de l'étranger que les listes arrivent, telle la liste de ces 4 000 Françaises libérées d'Auschwitz et de Ravensbrück en transit par la Suède et dont la radio Stockholm énonce les noms[7].

Partout en France des centres d'accueil pour les rapatriés s'ouvrent. À Paris sont réquisitionnés les cinémas Gaumont et Rex, ainsi que l'hôtel Lutetia, « palace des bagnards d'honneur[8] ». En revanche, la décision de réquisitionner aussi le Vél'd'Hiv ne fait pas l'unanimité, ce lieu évoquant de fâcheux souvenirs : « C'est là que la Gestapo a entassé par milliers les familles juives vouées à la déportation », s'insurge *Le Populaire*, qui se demande si « pour les Français qui reviennent d'Allemagne après avoir tant souffert, [on ne pourrait pas] trouver des centres d'accueil... plus accueillants[9]. »

Les derniers rapatriés en France

En août 1945, quasiment tous les « absents » sont rentrés en France. Les rentrants les plus tardifs sont ceux libérés par l'Armée rouge qui organise plus lentement les voyages du retour s'effectuant le plus souvent par bateau depuis les centres de rassemblement de Mourmansk et d'Odessa. Le port du retour est, dans ce cas, Marseille.

Quant aux « malgré-nous », considérés par l'URSS comme des prisonniers de guerre allemands puisque capturés avec cet uniforme bien qu'ayant été incorporés de force, quelques milliers sont libérés en 1955. Ils rentrent en France en ayant laissé en URSS beaucoup de leurs camarades d'infortune morts dans les goulags.

En 1945, ce sont environ 937 000 prisonniers de guerre français, captifs depuis la défaite de juin 1940 dans les stalags pour les soldats et sous-officiers et oflags pour les officiers, qui sont rapatriés des territoires du IIIe Reich en France. Leur retour fait l'objet de nombreux articles dans la presse comme ici avec l'hebdomadaire *Le Monde illustré* qui a choisi de suivre le parcours d'un prisonnier de guerre qui retrouve son épouse et son domicile parisien.

RÉTABLIR LA SOUVERAINETÉ RÉPUBLICAINE

Tout juste débarqué sur le sol français le 14 juin 1944, le général de Gaulle prononce à Bayeux son premier discours dans la France en voie de libération. Il y rend hommage au combat des résistants de l'intérieur et des troupes coloniales, et y réaffirme la volonté de la France Combattante de lutter aux côtés des Alliés, « comme un allié » jusqu'à la victoire et « jusqu'à ce que la souveraineté de chaque pouce de territoire français soit rétablie ». L'enjeu de ce discours est d'annoncer le rétablissement de la souveraineté républicaine en France.

L'éphémère république du Vercors

Depuis début 1943, un important maquis est installé dans le Vercors. À partir du 9 juin 1944, le Vercors fonctionne comme une zone libérée et le commandant militaire y ordonne la mobilisation générale suivie de l'arrivée d'une centaine d'hommes. Le massif sécurisé, une administration civile est créée avec l'instauration d'un Comité de libération nationale du Vercors qui se dote des principaux services d'un État : contrôle des déplacements ; tribunal militaire qui prononce plusieurs condamnations à mort ; camp d'internement où sont détenus soldats allemands, miliciens, collaborateurs et simples suspects ; édition des journaux *Vercors Libre* et *Le Petit Vercors* ; gestion du ravitaillement ; contacts avec l'extérieur dont les parachutages de matériel et les missions alliées. Le 3 juillet 1944, lors d'une venue d'Yves Farge, commissaire de la République de la région R1, la République française y est restaurée et annoncée par une affiche : « À dater de ce jour les décrets de Vichy sont abolis et les lois républicaines remises en vigueur ». L'assaut allemand du 21 juillet met tragiquement fin à cette expérience.

La fin du régime de Vichy et de la IIIe République

Le retour à la République a été précédé de la déclaration aux mouvements de Résistance, signée du général de Gaulle au printemps 1942, et largement diffusée dans la presse clandestine en France. Mais il a surtout relevé de l'important travail exécutif d'Alger prévu par l'ordonnance fondamentale du 21 avril 1944 sur « l'organisation des pouvoirs publics à la Libération », qui régit le retour à la vie démocratique dans cette période de transition politique. Elle prévoit que « le peuple français décidera souverainement de ses futures institutions », de l'élargissement de l'Assemblée consultative provisoire et propose la création d'une Assemblée nationale constituante élue par tous les Français majeurs. Elle entérine le vote des femmes et des militaires. Les conseils municipaux et généraux de 1939 sont rétablis jusqu'à

JEUNE FRANCE
TEXTE ET MUSIQUE DE
Paul-Silva HERARD
GALIANA-B.

leur élection lorsque les conditions légales sont réunies, tandis que Paris fait l'objet d'une ordonnance spéciale qui règle son administration municipale et départementale. Mesures qui préfigurent la fin de la IIIe République et renforcent les pouvoirs de De Gaulle et dont la dernière étape est l'abrogation du régime de Vichy par l'ordonnance du 9 août, comportant la liquidation des lois et règlements postérieurs au 16 juin 1940, « dernier jour du gouvernement légitime de la République ».
Pour de Gaulle, la République n'a jamais cessé d'exister, comme il l'exprime avec véhémence le 25 août, à l'Hôtel de Ville de Paris, en répondant à Georges Bidault qui lui demande de « proclamer solennellement la République devant le peuple ici rassemblé », représenté par le Conseil national de la Résistance et le Comité parisien de libération : « La République n'a jamais cessé d'être. La France Libre, la France Combattante, le Comité français de libération nationale l'ont tour à tour incorporée. Vichy fut toujours nul et non avenu. Moi-même suis président du gouvernement de la République. Pourquoi irais-je la proclamer[1] ? » S'il ne mentionne pas le Conseil national de la Résistance (CNR), il donne une place importante à ses représentants dans le « gouvernement d'unanimité nationale » qu'il constitue et qui sera reconnu le 23 octobre par les Alliés comme celui de la France.

Le rétablissement d'une presse libre

Au fur et à mesure de leur libération, renaissent dans les régions libérées les réunions publiques et les manifestations de rue où sont débattus les problèmes de la vie quotidienne : ravitaillement, travail, pouvoir d'achat, etc.
Parmi les signes de ce renouveau démocratique, la parution foisonnante et au grand jour de la presse clandestine de la Résistance (*Libération*, *Défense de la France* devenu *France Soir*, *Témoignage chrétien*, *Combat*, etc.), de titres sabordés en 1940 ou en 1942 ou nés à la Libération (*La Presse cherbourgeoise*, *Ouest-France*, *La Nouvelle République*, *Le Dauphiné libéré*, etc.). À Paris et en province, on compte plus de 30 quotidiens tirant à plus de 10 millions d'exemplaires dont 85 % sont des journaux d'opinion. Pour permettre aux journalistes de rénover leurs pratiques, en 1945, Philippe Viannay et Claude Richet, qui ont participé au journal clandestin *Défense de la France*, créent un centre de formation international, qui devient en juillet 1946 le Centre de formation des journalistes. Les débats politiques, économiques et sociaux, culturels sont nombreux dans cette presse libre et indépendante, émancipée des tutelles de l'État et des puissances d'argent. La presse sert aussi de relais pour donner la parole aux citoyens.
C'est le cas du sondage mené par *Ouest-France,* en février-mars 1945, partant du principe que « la France a payé cruellement ses erreurs : la malfaisance de son vieux système politique et social éclate dans nos déroutes » et demandant « qui oserait défendre encore un système et des mœurs qui ont conduit un peuple de victoires sans précédent à des effondrements sans exemple[2] ? » En un mois, le journal reçoit 21 631 bulletins répondant à trois questions principales déclinées ensuite en sous-thématiques : êtes-vous partisan du renforcement de l'autorité gouvernementale (20 886 oui, 709 non), d'un autre scrutin que celui d'arrondissement existant avant-guerre (19 437 oui, 1 879 non) et du maintien du Sénat (10 303 oui, 11 092 non, qui vaut en titre, « le Sénat est en ballotage ! ») ? Le sondage est représentatif des classes socio-professionnelles avec une majorité des habitants de la

campagne et des petites villes. Au moment où les femmes votent pour la première fois, le journal constate que beaucoup de femmes ont répondu « en Bretagne souvent sur le bulletin de leur mari, ou donne[nt] sur un autre bulletin une réponse identique à [leur] mari ; tandis qu'en Normandie et en Vendée les idées du ménage ne concordent pas toujours ». Trois autres questions ont une réponse favorable, à propos du droit de vote familial (15 373 oui, 6 043 non) et obligatoire (10 303 oui, 3 866 non) et sur la création d'une Assemblée professionnelle nationale (16 680 oui, 4 025 non[3]).

La mise en œuvre du programme du CNR

L'exigence quasi générale de profonds changements dans tous les domaines s'exprime le 21 octobre 1945 par un référendum se prononçant pour une République nouvelle, auquel plus de 80 % des votants participent en répondant positivement à plus de 90 %.

C'est au sein des partis et sous leur impulsion que se reconstruit la vie politique fortement marquée par les organisations de gauche, en premier lieu le Parti communiste français avec plus de 500 000 adhérents et la CGT qui compte plus de 4,5 millions d'adhérents. Le sens et la nature des transformations à apporter à la société française sont présentés, le 15 mars 1944, dans le programme du CNR, sous la rubrique « mesures à appliquer pour la libération du territoire » et dans le discours sous forme de programme du président du GPRF au palais de Chaillot le 12 septembre.

Sans remettre en cause les principes et les mécanismes du système économique capitaliste, un ensemble de mesures affirment la primauté de l'intérêt général sur les intérêts particuliers ; la primauté du politique sur l'économie ; la responsabilité sociale de l'activité économique. Il en découle par exemple : la création d'un commissariat général du plan et de la construction d'un grand service public ; la nationalisation d'entreprises pour maîtriser les secteurs clés de l'économie (transport aérien, banques et assurances, énergie).

Les réformes donnent de nouveaux droits aux travailleurs et à leurs représentants grâce à des comités d'entreprise. Elles reconnaissent pour tous des droits fondamentaux à l'existence, assurée par la solidarité nationale et non par l'assistance humanitaire. Il s'agit de la création d'un salaire minimum vital ; de la Sécurité sociale et de l'assurance vieillesse ; d'allocations familiales ; de l'instauration du congé maternité de 14 semaines ; d'une politique de protection, d'assistance, de surveillance et d'éducation de la jeunesse délinquante ; de la reconnaissance du droit au logement, etc.

L'illustration de cette partition d'une marche musicale du deuxième trimestre 1945, « interdite par la censure allemande en 1943 », illustre parfaitement l'idée de la France née de la Libération qui, dans toutes les régions, renaît sous la protection du soldat de l'armée nouvelle issue de la Résistance.

FEMMES À LA LIBÉRATION

Durant la guerre, les femmes ont été mises à contribution à l'arrière et nombreuses sont celles qui ont rejoint les rangs de la Résistance.

À la Libération, les marques de reconnaissance sont loin d'être à la mesure de leurs investissements. 6 femmes sont faites Compagnons de la Libération face à 1 032 hommes, 10 % seulement comptent parmi les médaillés de Combattants volontaires de la Résistance, et l'ordre de la Libération les néglige complètement. De plus, les hommages qui leur sont rendus insistent sur le caractère provisoire et exceptionnel de leurs engagements entre 1940 et 1945.

Si le préambule de la Constitution de la IVe République française de 1946 leur garantissait « dans tous les domaines, des droits égaux à ceux de l'homme », elles n'en demeuraient pas moins dépendantes.

Il leur faudrait se battre contre les préjugés diffusés dans la société à travers les objets parfois les plus innocents, comme des pochettes-surprises pour les enfants. Il leur faudrait militer et réclamer, notamment le droit de travailler, le droit de voter et se battre pour les obtenir.

Femmes combattantes

En France, la période de la Libération est l'occasion de rendre brièvement hommage à la participation féminine dans la Résistance, estimée entre 10 et 16 % selon les régions et les réseaux, et comme auxiliaires dans les différents corps militaires des armées alliées.

Le 13 mai 1945, des femmes des armées britanniques, américaines et françaises participent ainsi à une « prise d'armes féminine », organisée sur les Champs-Élysées. La démarche sérieuse n'en sera pas moins relatée avec une certaine légèreté dans la presse, laissant augurer une assignation difficile à renverser : « Les officiers de marine avec leur tenue bleu foncé et leur petit bonnet marquis accentuèrent la note d'élégance et de charme qui se dégageait de cet impeccable défilé des forces féminines[1]. »

Une fois les rares hommages rendus, l'heure est davantage à la revirilisation de l'armée française et de ses héros libérateurs qu'aux préoccupations de genre liées à sa féminisation naissante.

Les femmes ayant servi dans l'Arme féminine de l'armée de terre (AFAT) sont alors plus de 10 000. Celles-ci sont pourtant vivement encouragées à rejoindre leurs foyers et à retrouver une vie « normale ». Pour les y inciter, l'AFAT est dissoute moins d'un an après la fin du conflit, et remplacée par le service du Personnel féminin de l'armée de terre (PFAT) dont les effectifs sont trois fois inférieurs à ce qu'ils étaient en 1945.

BONHEUR DES ENFANTS
SATISFACTION DES PARENTS
"Coucou"
série n°7
LISTE
ELECTORALE
Je le choisirai beau
et fort

BONHEUR DES ENFANTS
SATISFACTION DES PARENTS
On voit qu'elle se présente aux élections
"Coucou"
série n°7

C'est toutefois leur engagement qui va contribuer à les faire passer de combattantes à militantes et leur ouvrir les portes d'une forme de reconnaissance politique. En novembre 1944, se crée l'Union des femmes françaises (UFF). Cette association non mixte est l'héritière du Comité mondial des femmes contre le fascisme et de l'Union des jeunes filles de France, fondés en 1934 et 1936 par le Parti communiste français, afin de développer son influence chez les femmes. Elle éditera notamment en 1945 une série de brochures intitulées *Héroïnes d'hier et d'aujourd'hui*.

Travailler

Durant la guerre, les Alliés ont mobilisé la main-d'œuvre féminine afin de compenser celle des hommes partis au front. Une fois la guerre finie, que vont devenir ces femmes qui ont contribué à l'effort de guerre de leur pays ?

Un mensuel britannique distribué en France apporte une cinglante réponse : « Les hommes sont en train de rentrer. Le processus qui a fait sortir les femmes de leur foyer doit s'appliquer inversement. [...] » D'autant, poursuit le journal qu'après six ans d'un travail acharné, les femmes « se sentent fatiguées » et qu'elles « auront à sacrifier cette indépendance financière à laquelle elles se sont habituées. »[2]

L'indépendance financière est une revendication apparue chez des féministes du XIXe siècle comme Louise Michel ou Flora Tristan. Elle fait partie des revendications édictées lors du premier congrès de l'UFF, pour qui les devoirs des femmes consistent à faire et élever des enfants, travailler à la reconstruction du pays et participer activement à la vie du pays. Tandis que leurs droits sont d'avoir un travail, avec un salaire égal pour un travail identique effectué par un homme, et posséder l'égalité civile et juridique.

Sur la question du travail des femmes, l'UFF évolue, puisqu'en 1947, elle ne le considère non plus comme une nécessité mais comme résultant d'une contrainte économique, au contraire de la nouvelle vague féministe, Simone de Beauvoir en tête.

Voter

En France, le droit de vote accordé aux femmes fait partie des avancées qui ont contribué à tourner la page du régime de Vichy et de renouer avec la République. En 1943, le Comité français de Libération nationale, qui siège à Alger, aborde le sujet des droits politiques des femmes. Lors des débats, on retrouve tous poncifs de la IIIe République en faveur ou défaveur de ce vote féminin.

Ces préjugés sont repris en métropole dans le journal de la Milice : « Le Comité de la Libération vient d'accorder le droit de vote aux femmes françaises. [...] Celles qui sont amoureuses voteront comme leur mari ; les autres voteront pour un séducteur. [...] Heureusement qu'il ne s'agit là que d'une joyeuse fantaisie de nos histrions d'Alger. Et que du rêve à la réalité, il y a tout de même quelques pas... et quelques fusils.[3] »

Le 18 mars 1944, le général de Gaulle tranche et déclare devant l'Assemblée consultative provisoire que « le régime nouveau doit comporter une représentation élue par tous les hommes et toutes les femmes de chez nous ».

Le 24 mars 1944, cette même assemblée adopte l'amendement du communiste Fernand Grenier qui instaure le droit de vote et d'éligibilité à toutes les femmes françaises. Le 21 avril 1944, l'article 17

de l'ordonnance portant sur organisation des pouvoirs publics en France après la Libération dispose que « les femmes sont électrices et éligibles dans les mêmes conditions que les hommes ».
Les élections municipales d'avril-mai 1945, premier scrutin auxquelles elles participent, font voler en éclats les préjugés. Non seulement les femmes ont beaucoup voté mais aussi de manière plus modérée que les hommes. Tendance qui se confirmera pendant des dizaines d'années.
L'engouement féminin pour s'inscrire en mairie sur les listes électorales est relaté avec amusement dans *Libé-Soir*, pour qui ce nouveau droit échu « leur fait un petit quelque chose [...]. Elles semblent légèrement excitées comme si elles respiraient un air nouveau. [...] Et de vieilles dames, même très âgées, semblent être pressées de répondre à l'appel, comme si elles voulaient rattraper le temps perdu, connaître une sensation nouvelle : celle du vote ![4] »
Ce vote féminin est d'autant plus crucial qu'en l'absence des prisonniers de guerre, requis du STO et déportés, « ce seront les femmes qui, dans bien des cas, emporteront la majorité[5] », rappelle la socialiste Suzanne Collette-Kahn. L'absence de tous ces votants a d'ailleurs été sévèrement débattue.
La nécessité de restaurer rapidement la légalité républicaine l'emporta toutefois. À l'issue des élections, près d'une vingtaine de femmes sont élues, aux profils variés, mais ayant en commun un idéal issu de la Résistance à laquelle elles ont, d'une façon ou d'une autre, participé.
Les limites du renouvellement républicain sont cependant tangibles chez les femmes qui voient les poursuites pénales maintenues en matière de contraception et d'interruption volontaire de grossesse.
Amer constat effectué par Simone de Beauvoir pour qui « il y a une fonction féminine qu'il est actuellement presque impossible d'assumer en toute liberté, c'est la maternité[6] ».

Pochettes-surprises destinées aux enfants. À la Libération, chacune est illustrée d'un dessin humoristique en lien avec l'actualité. Celles-ci traitent du vote des femmes aux élections municipales d'avril-mai 1945.

L'ÉPURATION ENTRE VENGEANCE ET JUSTICE

Dans une allocution diffusée par la BBC le 25 août 1943, Pierre Laroque évoque la question de l'épuration qui surviendra à la Libération et qu'il imagine, à l'aune de « l'ivresse de la victoire » comme un temps où « beaucoup seront peut-être tentés d'assouvir des colères trop légitimes, de frapper eux-mêmes les traîtres par crainte de la défaillance ou de l'indulgence des juges officiels ». À ces inévitables excès, il estime être « un devoir national de montrer au monde que la France nouvelle saura faire justice dans l'ordre et la dignité » et que « les épurations indispensables seront effectuées dans l'ordre et dans la discipline ». Un an plus tard, ses prophéties deviennent réalité. L'épuration encadrée par les tribunaux est partout précédée de règlements de compte extrajudiciaires.

Épurer et se venger

Pendant la guerre, coexistent l'appel à la vengeance, présent dans quelques tracts et articles de la presse clandestine et le souci de justice. Engagée sous l'Occupation contre les collaborateurs et leurs soutiens, l'épuration s'intensifie à la Libération, en lien avec la radicalisation de la répression en 1944. Ainsi, sans justifier les excès de l'épuration extrajudiciaire, et tout en s'y opposant fermement, Yves Farge, commissaire de la République à Lyon, souligne l'ampleur des massacres commis par les troupes allemandes dans la région qui ont suscité une forte émotion dans la population. Cette justice, parfois réclamée sans aucun fondement légal, ressemble le plus souvent à un règlement de compte, un exutoire collectif, voire un acte de purification, au cours desquels la victime est humiliée publiquement, battue, voire tuée. Cette épuration extrajudiciaire est qualifiée après-guerre de « sauvage » par ceux qui en furent victimes. Bien que difficile à chiffrer, selon les sources, entre juin et novembre 1944, 9 000 personnes sont exécutées sans être passées devant une instance judiciaire légale. Ce chiffre inclut les 2 200 personnes tuées avant le 6 juin 1944 en raison d'un collaborationnisme trop affiché. D'ailleurs certains résistants emploient cette méthode pour dissuader quiconque de collaborer. C'est dans ce contexte de peur que certains collaborateurs reçoivent à leur domicile, en guise d'avertissement, des petits cercueils.

Sont visés les vrais collaborateurs ou affichés comme tels, mais aussi toutes les personnes qui auraient été trop amicales avec les Allemands ou qui se seraient enrichies en commerçant avec eux, sans avoir nécessairement pratiqué le marché noir. Les prisonniers allemands et les Miliciens capturés dans les premiers jours de la Libération par les civils ou les

A Drancy, on fume des cigarettes américaines...

ET LES DÉTENUS Y COTOIENT DES PRISONNIERS SOVIÉTIQUES !

Lorsque nous avons pénétré ce matin dans le camp de Drancy, un gardien fumait une cigarette.

— Cest une Chesterfield, précisa-t-il, qu'une détenue m'a offerte ce matin.

La chose se passe de commentaires. Elle est le symbole de tout ce que nous allons découvrir, sous les galeries, dans les chambres, sur les pelouses où hier encore les détenus s'ébattaient au soleil.

Il n'y a pas bien longtemps, des familles entières,a près avoir été flagellées furent déportées de ce camp vers des lieux d'où beaucoup d'entre elles ne sont pas revenues. On y loge aujourd'hui pêle-mêle avec d'insignifiants collaborateurs des miliciens, tueurs professionnels qui avouent en ricanant des meurtres qu'on se refuse à décrire.

Lorsqu'on a visité ces chambres, dont la plupart contiennent des lits, lorsqu'on a pris connaissance des menus où la confiture voisine avec le vrai sucre, on a envie de mettre sur la porte l'écriteau que l'on trouve sur certaines auberges de campagne : « Ici, bon gîte et bonne chère ».

Sacha Guitry se fait raser à domicile

Au premier étage, les gros bonnets, « les « huiles », selon le mot d'un gardien, ancien interné, qui nous accompagne. M. Sacha Guitry se fait raser par un coiffeur qui vient le trouver à domicile. Sacha Guitry porte un béret. Où est le fameux chapeau, qu'on a vu si longtemps accroché aux patères du Maxim's parmi les képis verts des officiers allemands ? Dans une chambre voisine, MM. Paul Chack, Abel Hermant, Me Jean-Charles Legrand, tuent le temps sans trop d'amertume. Mme Mary Marquet demande cinq minutes pour s'habiller et poser devant le photographe. Hier, Mme Charlotte Lysès a retrouvé Sacha Guitry qu'elle n'avait pas vu depuis trente ans. Ils ont été un peu émus de se revoir tous les deux.

Aux fenêtres garnies de monde, on converse, on papote. Quelques détenues au crâne rasé fument des cigarettes. On reçoit ici les colis que l'on veut. Il serait dommage de délaisser ces petits riens qui meublent agréablement une journée. La chambre aux murs gris qui ne vaut évidemment pas le boudoir, mais l'imprévu, ne manque pas de charme.

Ce matin, un petit scandale a pris fin. Ces messieurs et ces dames vivaient ensemble dans une dangereuse promiscuité dont ils abusaient un peu.

On a décidé de leur faire faire chambre à part. Le transfert s'est accompli ce matin. Mais ce n'est que la fin d'un petit scandale.

L'autre continue.

Des prisonniers de l'Armée Rouge !

Sous les galeries, nous avons rencontré un homme, sombre brute, ex-milicien qui a 39 crimes sur ce qui lui sert de conscience. Il les a avoués l'autre jour en narguant un gardien. Le gardien l'a giflé. Quand il a ensuite rendu compte de son geste, on lui a dit : « Vous n'aviez pas le droit de porter la main sur lui. » Voici autre chose. Une chose qu'il faut avoir vue pour y croire : on peut croiser, entre les pelouses, des hommes qui portent sur un brassard l'étoile rouge de l'armée soviétique. Ce ne sont pas des gardiens. Ce sont des prisonniers, anciens internés des Allemands. Ils sont encore là. Ils ne sont pas libérés. Les gardiens attendent des ordres et les ordres n'arrivent pas...

François POLI.

J.-C. Legrand, Paul Chack, Abel Hermant et (ci-dessus) Sacha Guitry dans leurs cellules au camp de Drancy.

La br

POUR RECRUTE

Bony-I

FAISAIENT UNE

Déat-D

L'instruction de l'affaire Bony-Lafont vient d'être confiée au juge Gerbinis. Il faudra compter cinq à six mois avant que les recherches, perquisitions et interrogatoires aient donné tout ce qu'on en attend.

Ce matin, à 10 heures, Bony est

résistants, de longue date ou de la dernière heure, sont souvent passés par les armes sans aucune forme de jugement. Dans certains cas une cour martiale ou un « tribunal du peuple » est autoproclamé pour condamner au châtiment suprême les « traîtres ».
Même lorsque des collaborateurs sont jugés par des tribunaux légaux, il est arrivé que des résistants soient allés dans des prisons, comme à Béziers, Rodez ou Alès, pour les exécuter, jugeant leur peine trop clémente.

Les femmes tondues

Parmi ces exactions commises à la Libération, l'image la plus emblématique est celle des femmes tondues publiquement, accusées, à tort ou à raison, d'avoir eu des relations intimes avec un Allemand sous l'Occupation, crime qualifié de « collaboration horizontale ». Dès juillet 1941, des menaces de tonte apparaissent dans la presse clandestine de la Résistance. *Défense de la France* appelle à les marquer au fer rouge d'une croix gammée : « Vous serez tondues, femelles dites françaises qui donnez votre corps à l'Allemand, tondues avec un écriteau dans le dos : « vendues à l'ennemi ». Tondues vous aussi, petites sans honneur qui minaudez avec les occupants, tondues et cravachées. Et sur vos fronts, à tondues, au fer rouge, on imprimera une croix gammée[1]. »
Les premiers exemples de cette « épuration sexuée » remontent à la mi-1943 et les derniers cas ne cessent qu'en 1946 (en Savoie). On estime à environ 20 000 le nombre de femmes qui ont subi ce châtiment infamant. La grande majorité subit cet outrage lors des journées libératrices. Environ 6 % sont tondues avant la Libération et 28 % dans les mois qui suivent. Les cas de tonte publique touchent 77 des 90 départements français, des grandes et moyennes villes comme Paris, Lyon, Marseille, Cherbourg, Rennes ou Chartres (la femme ainsi tondue tenant son bébé dans les bras a été rendue célèbre par les photos prises par Robert Capa[2]) et de petites communes comme Saint-Sauveur-le-Vicomte dans la Manche ou Saint-Pierre-sur-Dives dans le Calvados (avec 6 femmes tondues[3]).
Généralement la tonte infamante s'effectue en public sous les huées d'une foule déchaînée devant un lieu de la représentation républicaine, mairie ou préfecture, tel un acte expiatoire de purification d'une République et d'une France souillées par quatre années d'Occupation. Selon les cas, les femmes sont ensuite promenées à pied ou sur des camions à découvert, dans un défilé à travers la ville. Les femmes sont aussi bien habillées que totalement nues. Une croix gammée est parfois inscrite au marqueur noir ou au goudron sur le crâne rasé. L'humiliation terminée, la femme est abandonnée et peut rentrer chez elle ou bien elle est emprisonnée dans l'attente d'être jugée. Finalement peu d'entre elles sont condamnés à des peines de prison.
D'ailleurs, bien vite, le sort de ces femmes n'intéresse plus l'opinion, comme le résume assez bien, et avec cynisme, cet article de *Temps présent* : « On les a promenées pendant deux ou trois jours. Et puis on a eu d'autres chats à fouetter. On ne sait trop ce qu'elles sont devenues. Chaque jour apporte son lot d'angoisse et d'inquiétude… Eh bien, voici de leurs nouvelles. Certaines ont quitté leur quartier et Paris pour une province lointaine où la typhoïde a bon dos. D'autres ont bravé le voisinage et sont restées chez elles. Elles portent un turban serré, sortent peu et n'ont pas d'amis[4]. »
Le profil des femmes tondues est variable. Ce sont souvent des jeunes filles peu

favorisées économiquement, des femmes seules, divorcées, veuves ou dont le mari est encore en captivité. La plupart ont dû, pour survivre, faire le ménage, laver le linge, ou faire d'autres travaux au service des Allemands. Certaines sont tondues parce qu'elles vivaient à proximité de l'occupant, ce qui a permis l'établissement de relations jugées sévèrement. D'autres sont accusées d'avoir eu des relations sexuelles avec l'ennemi, allant des prostituées à celles entretenant une réelle relation amoureuse avec un soldat allemand.

Pour celles dont le seul « crime » est d'avoir aimé sincèrement un soldat allemand, entre 100 000 et 200 000 enfants sont nés de ces relations amoureuses[5]. Ces enfants, souvent stigmatisés durant leur enfance et adolescence par le nom d'« enfants de Boche », obtiennent en 2009 la possibilité d'acquérir la double nationalité.

On retrouve des cas de tonte, sous cette forme de cérémonie expiatoire, en Belgique, en Italie, et en Norvège et dans une moindre mesure, aux Pays-Bas et au Danemark.

Une épuration qui lasse l'opinion

La presse se fait écho de l'opinion en condamnant cette épuration qui s'apparente davantage à des règlements de compte et à du banditisme qu'à une véritable justice. Ce que condamne l'hebdomadaire *Temps présent*[6] qui estime que, deux mois après la Libération, l'heure « n'est plus à la répression immédiate mais à la justice consciente », rappelant que « l'État ne peut pas accorder, fussent-ils très vaillants, à des patriotes passionnés le « droit » de faire eux-mêmes leur justice ». L'éditorialiste comprend qu'« il est naturel et semi-légitime, dans l'effervescence de l'indignation, [que] des patriotes aient, sans autres formes de procès, exécuté des traîtres ou des individus douteux qui leur tombaient entre les mains ». Mais il fustige « les exécutions de citoyens, peut-être coupables, peut-être innocents, qui avaient été dénoncés par des témoins insuffisamment éclairés ou par des voisins haineux qui saisissaient l'occasion d'assouvir une vengeance ». Le journal va encore plus loin, associant ces « méthodes exécrables » de justice expéditive à du nazisme et compare les exécutants de ces basses œuvres aux « Boches qui ont déteint sur eux ».

Si à l'hiver 1944-1945, la violence semble s'être calmée, en raison entre autres de l'instauration de cours de justice dans chaque département libéré, cette lassitude des exactions est remise en cause de mai à juillet 1945. Le retour des travailleurs volontaires en Allemagne ou de collaborateurs ayant fui lors de la retraite allemande entraîne une nouvelle vague de bains de sang et de règlements de compte.

A Drancy, on fume des cigarettes américaines...
ET LES DETENUS Y COTOIENT DES PRISONNIERS SOVIETIQUES

Ce Soir du 7 septembre 1944 prend plaisir à présenter à ses lecteurs des personnalités du monde littéraire, soupçonnées de collaboration, enfermées à la cité de la Muette de Drancy, dans les mêmes locaux où furent internés les Juifs, avant leur déportation, d'août 1941 à août 1944.

L'ÉPURATION LÉGALE

Si le châtiment exemplaire et désordonné des traîtres a pu sembler un court temps être un mal nécessaire, il n'est pas question pour le GPRF de tolérer ces actes sur le long terme. Le rétablissement de la légalité républicaine passe par l'instauration d'une justice qui doit permettre de prouver aux Alliés que le retour à la démocratie, clamé par de Gaulle, n'est pas un vain mot.

Création de tribunaux spécifiques

Le 18 août 1943, est créée à Alger la commission d'épuration, pour enquêter sur les élus, les fonctionnaires et les agents publics qui ont « par leurs actes, leurs écrits ou leur attitude personnelle, soit favorisé les entreprises de l'ennemi, soit nui à l'action des Nations unies et des Français résistants, soit porté atteinte aux institutions constitutionnelles et aux libertés publiques fondamentales ».
L'épuration administrative, c'est-à-dire l'éviction des cadres de l'administration fidèles au gouvernement de Vichy, la condamnation pour faits de collaboration politique et économique, pour délation, sont prévues. Les ministres de Vichy doivent tous être traduits devant la Haute Cour de justice.
L'épuration judiciaire utilise le Code pénal existant qui lui permet de juger les crimes de trahison, intelligence avec l'ennemi et l'atteinte à la sûreté extérieure de l'État. Mais lui sont ajoutés, en janvier 1944, la délation et les actes commis contre les « Alliés de la France en guerre ».
Dans un premier temps des tribunaux miliaires sont instaurés, vite remplacés par des tribunaux spéciaux, créés en 1944 : les cours de justice, en juin, et les chambres civiques, en août. Face au nombre de dossiers à instruire, 90 cours de justice existent jusqu'à leur suppression en juillet 1949. Les chambres civiques qui existent dans chaque cour sont chargées d'appliquer la nouvelle sanction d'« indignité nationale », introduite dans le Code pénal français, le 26 août 1944. Peine qui condamne, pour une durée variable, à la « dégradation nationale », c'est-à-dire la privation des droits civiques.
Alors que l'Alsace attend sa cour de justice, un quotidien local dresse un état des lieux de celles déjà existantes au 31 décembre 1944 et constate que les délits jugés sont très divers : « Il y a bien des nuances à la trahison. L'espion classique, le délateur qui agit par intérêt, touchant 3 000 frs par tête, ceux qui ont agi par vengeance, par passion ou dans un but politique encombrent les sessions des cours de justice. Des haines de famille font apparaître des actes monstrueux, telle cette jeune fille qui fait exécuter son père ou ce père qui dénonce son fils réfractaire. [...] Il reste beaucoup à faire, mais chaque jour apporte la preuve que la justice passe[1]. »

2 f. l'aube

RÉDACTION - ADMINISTRATION - PUBLICITÉ 49, av. de l'Opéra, PARIS - Tél. : OPEra 89-31

16e ANNÉE — N° 2.674

MARDI 24 JUILLET 1945

ABONNEMENTS

Directeur : Francisque GAY

Le procureur général MORNET

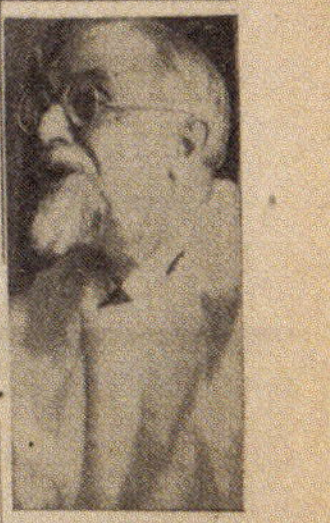

Le président MONTGIBEAUX

ÉPILOGUE d'une des périodes les plus douloureuses de notre histoire

LE PROCÈS PÉTAIN a commencé hier

L'ancien "chef de l'Etat" refuse de répondre à l'interrogatoire

M. Paul Reynaud, premier témoin, a entamé sa déposition

L'audience

De violents incidents

(Lire la suite en 2e page, 2e colonne.)

Des conclusions d'incompétence

Un dernier « message aux Français »

Nécessité de la France

par Maurice SCHUMANN

NOUS avons fait écho — ici même — aux déclarations successives et concordantes par lesquelles M. Tataresco, au nom de la Roumanie, et le président Benès, au nom de la Tchécoslovaquie, ont exprimé la nécessité de la présence et de la puissance françaises.

Mais voici que M. Osubka-Morawski, chef du gouvernement polonais, vient de proclamer le même impératif historique, géographique et moral, dans des circonstances et sous une forme qui confèrent à ses paroles un poids singulier.

En effet, il ne s'est pas contenté de souligner que l'affaiblissement, même relatif et provisoire, de la France, rompait l'équilibre de l'Europe et de la paix. Il s'est, par surcroît, déclaré favorable à la conclusion d'un traité d'amitié et d'alliance entre les gouvernements de Varsovie et de Paris. Comme pour infliger un démenti à Flaubert, qui prétendait que le goût de la précision était incompatible avec l'usage du superlatif, il a dit explicitement que c'était là son « désir le plus cher ». Enfin, il n'a pas manqué d'élargir le sens et la portée de l'opération diplomatique à laquelle la nouvelle Pologne attache ses premiers pas, en posant cet axiome : « Une coopération de plus en plus étroite entre la France et les pays slaves, désormais unis, constitue à nos yeux la meilleure garantie de la paix et de la sécurité en Europe ».

Un président Benès, un Tataresco, appartiennent au personnel politique de la jeune Tchécoslovaquie et de la Grande Roumanie d'entre les deux guerres. En revanche, M. Osubka-Morawski est le guide d'une nouvelle Pologne, ressuscitée par la Russie, et le chef d'un gouvernement lié à l'alliance russe. Or voici que la politique traditionnelle dont le peuple polonais ne s'était jamais écarté, même lorsque la clique des Beck en avait renié l'esprit pour le plus grand malheur de la Pologne, retrouve, par sa bouche, un interprète fidèle et chaleureux. Rien n'est à la fois plus significatif et plus réconfortant. On a parfois douté de l'indépendance réelle du gouvernement de Varsovie, que nous avons défendu, pour notre part, dès le temps où il siégeait à Lublin. C'est dans l'expression de sa fidélité à l'alliance française qu'il a trouvé, d'emblée, le meilleur signe de cette indépendance.

Hélas ! Les saines paroles de M. Osubka-Morawski ont été prononcées à égale distance de Potsdam, où la Conférence des « Grands » délibère sans la France, et de Moscou, où la Commission des réparations s'efforce d'appliquer, à l'insu du gouvernement français, des décisions prises à Yalta hors de la présence française.

(Lire la suite en 2e page, 1re colonne.)

LE M.R.P. DE LA SEINE A PRÉCISÉ SES POSITIONS SUR LES PROBLÈMES DE L'HEURE

Devant plus de dix mille personnes MAURICE SCHUMANN fait acclamer à Douai le programme du Mouvement

Pour une Constituante souveraine

Le retour des prisonniers de la zone soviétique

Le meeting de Douai

Le débat constitutionnel s'engagera vendredi en présence du général de Gaulle

PARIS, CENTRE DE REPOS pour nos petits privés d'air pur

LE BOIS DE VINCENNES

Magasin général des armées américaines

— Michel Raymond.

LE GÉNÉRAL DE GAULLE EST RENTRÉ A PARIS

M. Albert LEBRUN photographié à son arrivée au Palais

Le général LE GENTILHOMME gouverneur militaire de Paris

Le général Le Gentilhomme vient d'être nommé gouverneur militaire de Paris, en remplacement du général Kœnig, appelé à d'autres fonctions.

Rallié à la France Libre dès août 1940, le général Le Gentilhomme exerça les fonctions de haut-commissaire à Madagascar, puis à la Guerre et à l'Air. Depuis la Libération, il commandait la 3e région de Rouen.

Les troupes françaises occuperont deux quartiers de Berlin

L'Allemagne paiera aux "Trois Grands" 20 milliards de dollars de réparations...

...mais la part de la France n'est pas déterminée

Le problème sera étudié en conseil des ministres

Des obsèques nationales seront faites demain à Paul VALÉRY

UNE MESURE DE JUSTICE QUI NE COUTE PAS CHER !

Le sursalaire familial

Yves FOURNIS.

La Haute Cour de justice juge tous les membres du gouvernement, gouverneurs des colonies, ambassadeurs, secrétaires généraux des ministères qui ont été en poste entre le 17 juin 1940 et la Libération. Sur les 108 cas jugés, elle prononce 8 condamnations à mort dont 3 sont appliquées (Laval, de Brinon et Darnand), tandis que celle de Pétain est commuée en détention à perpétuité sur l'île d'Yeu.

L'internement administratif

Avec les étapes de la Libération, ce sont des milliers de personnes, soupçonnées de collaboration ou accusées de marché noir, qui sont internées administrativement en attente de l'examen de leurs cas, voire d'un procès. Les prisons ne suffisant pas, ce sont parfois d'anciens sites d'internement des proscrits du régime précédent qui sont utilisés pour regrouper ces individus : les prisons, le Vél'd'Hiv à Paris, d'anciens camps d'internement comme Drancy ou Rivesaltes ou même le camp de concentration nazi du Struthof en Alsace. Plusieurs journaux reproduisent la même photo du Vél'd'Hiv où 2 000 collaborateurs (600 femmes et 1 200 hommes) sont internés, dont Sacha Guitry, Pierre Taittinger, René Bouffet, ex-préfet de la Seine, l'actrice Dita Parlo. « Tous sont traités humainement. Quel contraste avec le régime du Vélodrome d'Hiver sous la surveillance des nazis ! », écrit *Le Parisien libéré*[2]. *Ce Soir*[3] se rend à Drancy où l'on retrouve Sacha Guitry, en compagnie des écrivains Abel Hermant et Paul Chack, des actrices Charlotte Lysès et Mary Marquet, qui « demande cinq minutes pour s'habiller et poser devant le photographe ».
L'internement en principe fixé pour un temps précis de 6 mois à un an dans les deux tiers des cas, se prolonge jusqu'à la fin des hostilités dans un cinquième des cas. Cette forme d'internement disparaît au printemps 1946. Date à laquelle, les internés sont soit libérés soit déférés en justice. Cet internement a souvent été décrié dans des brochures et pamphlets par ceux qui en firent l'objet.

Bilan de l'épuration judiciaire

Les estimations les plus fiables donnent un chiffre de 350 000 personnes dont un dossier a été instruit par l'un des tribunaux spéciaux mais dont 59 % sont classés avant jugement faute de preuves nécessaires. Sur les affaires jugées, 15 % des prévenus sont acquittés en cours de justice et 25 % en chambres civiques.
Parmi les condamnés, nombreux sont ceux qui se voient bénéficier rapidement de remises de peine ou de grâces, sans compter sur les premières lois d'amnistie votées dès 1947.
Après avoir frappé fort, la volonté d'apaisement devient le mot d'ordre au nom de la restauration nationale. L'opinion comme les pouvoirs politiques estiment le temps venu d'en finir avec cette guerre franco-française.
Les sentences des cours de justice sont de 2 853 condamnations à mort avec 1 303 grâces ; 3 910 condamnations à mort par contumace ; 38 266 peines de prison. Les chambres civiques prononcent 46 145 dégradations nationales[4].

Des épurations administratives et économiques

Chaque administration pratique aussi une épuration parmi ses membres. 100 000 dossiers sont constitués et 28 000 fonctionnaires ont été punis d'un blâme à une révocation. L'ordonnance du 7 janvier 1944 facilite une discrète mise à la retraite d'agents ayant 15 années de service.

Les corps les plus fortement épurés sont la magistrature et les forces de l'ordre, loin devant les postes, la SNCF ou l'Éducation nationale. Cette épuration administrative atteint ses limites par les besoins en personnels qualifiés dans une France qui ne peut se passer d'eux dans le cadre de sa politique de redressement national.
Les milieux économiques sont tardivement touchés par l'épuration puisque l'ordonnance qui les vise n'est publiée qu'en mars 1945. Sur les 1 538 affaires jugées, seuls 10 % font l'objet de sanction pour collaboration. Cependant l'État veut se montrer implacable contre certaines entreprises nationalisées comme Renault ou Berliet et leurs dirigeants sont condamnés à de lourdes peines.
En pleine reconstruction, le secteur du bâtiment, qui a participé à la construction du mur de l'Atlantique, a donné lieu à peu de poursuites après-guerre. Et les entreprises comme Sainrapt et Brice, qui figurent parmi les rares sociétés à avoir été condamnées, sont réintégrées dès 1950. Dans le seul département du Calvados, sur 113 entrepreneurs du BTP jugés, seuls 8 sont emprisonnés[5].
En réalité, l'épuration économique a été très limitée et les mots de Robert Lacoste, futur ministre qui, en 1944, disposait dans une circulaire que « les chefs d'entreprise les plus coupables doivent être poursuivis pénalement » restent pour l'essentiel lettre morte dans ce secteur.
Les milieux culturels ne sont pas épargnés, d'autant qu'on y vise là des personnes connues du grand public, journalistes, intellectuels ou artistes. Certains n'échappent pas à la peine de mort comme l'écrivain Robert Brasillach ou le journaliste Jean Luchaire, patron de la Corporation de la presse parisienne collaborationniste. Le cinéma fait sa propre autoépuration qui aboutit à des blâmes ou interdiction de tourner : Arletty est interdite 3 ans, Mireille Ballin, 1 an et Henri-Georges Clouzot, 2 ans.
Les partis politiques, les syndicats ou les obédiences maçonniques ont, eux aussi, fait le ménage dans leurs rangs au moment de leur réimplantation au grand jour à la Libération. Ainsi la SFIO élimine les parlementaires qui ont voté les pleins pouvoirs à Pétain le 10 juillet 1940.
Malgré tout, si les victimes ont exagéré après-guerre les chiffres de l'épuration, inversement certaines voix s'élèvent, comme celle du Parti communiste qui accuse les autorités d'avoir épuré avec une grande mollesse les milieux économiques, financiers, ainsi que la magistrature, l'armée ou le haut clergé. De Gaulle et son entourage sont accusés d'avoir été aux manettes au nom d'un apaisement national pour les uns, de la menace de guerre froide pour les autres ou bien encore en raison d'un consensus décidé avec les Américains dès 1943[6]. Cette « non-épuration » voulue des élites a permis à de nombreux décideurs d'échapper aux châtiments promis à Londres et à Alger et d'en arriver à des cas extrêmes, symbolisés par un Maurice Papon rattrapé par la justice qu'en 1997.

l'aube
LE PROCÈS PÉTAIN

Si la presse régionale rend compte des procès d'épuration des collaborateurs et trafiquants du maché noir locaux, la presse nationale publie quotidiennement dans le menu détail les séances des procès des responsables politiques sous l'Occupation, à commencer par celui du maréchal Pétain, comme ici dans *L'Aube* de Francisque Gay, qu'il a créé en 1931. Ce quotidien d'inspiration démocrate-chrétienne, dont le directeur politique est Maurice Schumann est l'organe du mouvement républicain populaire (MRP).

LES PRISONNIERS DE GUERRE DE L'AXE, UNE MAIN-D'ŒUVRE COMPLÉMENTAIRE

Au lendemain de la capitulation allemande, la France retient sur son sol un million de prisonniers dont 90 % de nationalité allemande. Près des trois quarts de ces hommes (740 000) ont été mis à disposition des autorités françaises par l'armée des États-Unis, à partir de février 1945. Ces soldats confrontés à la défaite « impensable[1] » de leur pays seront utilisés comme main-d'œuvre.

Les « dépôts » en France

Au lendemain du Débarquement, c'est à même les plages ou les dunes, dans des enclos de fortune ou dans des fosses creusées dans le sable, appelés *beach enclosures*, que les premiers prisonniers de guerre allemands attendent d'être embarqués pour la Grande-Bretagne. Mais bien vite, les camps qui doivent les accueillir sont saturés.
À partir d'août, ils sont gardés sur place en Normandie et servent de main-d'œuvre aux Alliés, principalement pour assurer la logistique de leurs troupes jusqu'à la fin de la guerre. Ainsi, près de 500 prisonniers allemands sont requis pour aider à ramasser les corps des soldats alliés et allemands, à les identifier et les enterrer, après les combats meurtriers de la poche de Falaise-Chambois fin août 1944. Sur ce champ de bataille, ils sont aussi employés jusqu'au 1er décembre 1944 pour ramasser le matériel endommagé, allant des pistolets aux chars d'assaut, occasionnant des tués ou des blessés, victimes de pièges allemands[2].
Au fil de la progression, de nombreux autres camps sont ouverts, aux conditions tout aussi précaires. Ces mauvaises conditions sanitaires et alimentaires des premiers mois de captivité engendrent la mort de 24 178 prisonniers allemands[3]. Ensuite se créent les 140 « dépôts », selon la terminologie administrative française, dont la densité de prisonniers varie de 6 000 à 60 000 pour les plus importants[4]. Parmi ces prisonniers, se trouvent environ 400 femmes à l'été 1945, principalement des auxiliaires de la Wehrmacht, les « souris grises » qui ont toutes quitté la France début 1946[5].
Dans certains cas, les prisonniers sont gardés par des troupes marocaines de l'armée française, situation difficile à accepter pour les captifs encore endoctrinés par l'idéologie raciste nazie. La dénazification est d'ailleurs la première étape pour les prisonniers qui subissent un interrogatoire en règle mené par les armées américaine puis française. L'objectif est de démasquer les SS cachés parmi les soldats de la Wehrmacht, les éventuels criminels de guerre à juger et de déceler les plus

ILS ONT DÉTRUIT...

QU'ILS RÉPARENT...

Imprimerie Nationale — J. H. 524933

endoctrinés afin de les isoler pour qu'ils ne tentent pas d'influencer les autres captifs.

Une main-d'œuvre peu onéreuse

D'abord utilisés par les Alliés, les prisonniers passent sous le contrôle des autorités françaises à l'été 1945. Estimant que l'Allemagne occupée n'existe plus de fait, les puissances alliées s'affranchissent de certaines dispositions de la Convention de Genève de 1929 qui protègent les prisonniers de guerre. Cela entérine une position prise dès le printemps 1943 par Eisenhower : les Allemands ne sont plus prisonniers de guerre mais des ennemis désarmés venant d'un État qui n'a plus d'existence légale. C'est aussi ce qui ressort d'un document du ministère britannique de la Guerre, de juin 1945[6]. Des soldats allemands capturés après le 8 mai 1945 sont alors envoyés en France avec le statut de « personnel militaire désarmé », non couvert par la Convention de Genève.

Les pertes démographiques inhérentes à la guerre et aux conséquences de la déportation, sont estimées en 1946 à 1 500 000 habitants en France[7]. Le GPRF estime normal, dès le printemps 1945, de compenser le manque de travailleurs français peu qualifiés par 1,5 à 2 millions de prisonniers de guerre allemands. Toutefois, la France ne pourra compter que sur 1 065 000 soldats de l'Axe, dont 907 000 Allemands, entre 1944 et 1948 ; et jamais plus de 870 000 n'ont été détenus en même temps.

La Direction générale des prisonniers de guerre de l'Axe, qui relève de l'autorité du ministère de la Guerre, est bien décidée à utiliser ces hommes en « réparation » des dommages de guerre pour participer à la reconstruction de la France. En effet, cette manne économique représente 4,8 % de la population active masculine, en novembre 1946, soit 3,1 % de la population active totale[8]. Les prisonniers de guerre ont donc un rôle important dans le processus de reconstruction de la France mais aussi pour le redressement économique du pays. Ainsi, la moitié d'entre eux travaillent dans des exploitations agricoles où ils logent le plus souvent, les autres sont employés dans l'industrie, les mines, les travaux publics et le déminage.

Le désamorçage des mines est l'une des tâches confiées aux prisonniers. Théoriquement, leur rôle se limite à les détecter, manuellement ou au moyen d'appareils spécifiques, et à signaler leur emplacement. De plus, ce travail doit se faire uniquement sur la base du volontariat. En période de guerre, les Américains tendent à respecter ces prérequis de peur que des pratiques abusives ne se retournent contre leurs prisonniers captifs en Allemagne. Cependant, les abus se multiplient une fois la capitulation signée. Il faut attendre la pression de la Croix-Rouge suisse, « puissance protectrice » des prisonniers de guerre alliés et allemands, et ses véhémentes protestations pour que l'emploi des prisonniers à des tâches dangereuses, dont le déminage, cesse en France à l'été 1946. Date à partir de laquelle la Croix-Rouge est enfin autorisée à inspecter les camps de prisonniers de guerre allemands en France. Les plaintes du public, y compris français, et des articles de presse britanniques et américains reprenant les protestations d'anciens prisonniers de guerre alliés ont contribué à ces assouplissements[9].

Les vagues de rapatriement

Satisfaite de cette main-d'œuvre peu onéreuse, la France tarde à rapatrier chez eux « ses » prisonniers. Il faut la pression de la Croix-Rouge et des États-Unis, pour que les rapatriements s'accélèrent. Les premiers débutent fin 1945 pour les prisonniers inaptes au travail (blessés, amputés). Il faut ensuite attendre 1947 pour que commence réellement leur retour qui doit s'effectuer au rythme de 25 000 libérations par mois[10]. L'accompagnement est sommaire ; seul le transport est pris en charge. Arrivés à destination, ces hommes sont livrés à eux-mêmes sans argent et sans vivres. Face à l'indignation de la Croix-Rouge internationale, la France finit par améliorer les conditions de rapatriement.

Mais à leur arrivée en Allemagne, nombre de prisonniers se heurtent à un accueil quasi inexistant. Ils ne se sentent ni attendus ni aidés par une société allemande qui voit en eux le reflet d'une défaite qu'elle essaie d'oublier depuis près de quatre ans. Seuls ceux capables de reprendre rapidement une vie professionnelle s'en sortent. En février 1949, les derniers prisonniers de guerre de l'Axe quittent le territoire français, à l'exception de 138 000 hommes ayant opté pour un statut de travailleur civil libre et qui, à ce titre, restent en France. Ce contrat à durée déterminée permet à ces anciens détenus de participer à la Reconstruction en échange d'une libération et de la fin de leur statut de prisonnier. 27 600 s'installent définitivement en France après 1948, parfois ayant rencontré des Françaises avec lesquelles ils ont fondé un foyer[11].

Parmi les 24 178 décès de prisonniers de guerre officiellement comptabilisés, 5 745 décès font suite aux mauvaises conditions de vie dans les dépôts français et 5 000 aux campagnes de déminage, pour 500 morts français[12].

Les captifs en Allemagne et en URSS

Après l'entrée des Alliés en Allemagne, à partir d'avril 1945, les prisonniers de l'Axe sont regroupés sur place dans l'un des 19 Prisoners of War Temporary Enclosures (PWTE) ou Rheinwiesenlager. Ces vastes enclos ne cessent de se remplir lors de la percée finale vers Berlin. Après la capitulation allemande, la Grande-Bretagne exsangue ne peut assurer l'entretien et la surveillance des prisonniers allemands sur son secteur et doit en abandonner la gestion aux États-Unis qui ont un total de 3,4 millions de prisonniers sous leur responsabilité. En septembre 1945, seuls deux des PWTE sont maintenus, le temps d'assurer le transit des prisonniers envoyés en France.

Si les conditions de vie dans les PWTE sont rudes et précaires, ayant occasionné la mort de 3 000 à 6 000 captifs, ces prisonniers n'ont rien à envier à leurs homologues captifs de l'Armée rouge. Les Soviétiques, les comparant à un butin de guerre, n'hésitent pas à les exhiber pour les besoins de la propagande. De nombreux prisonniers des PTWE ont certainement en tête l'image de ces 57 000 prisonniers allemands contraints de défiler à Moscou sous les huées de la foule, le 17 juillet 1944. Défilé illégal au regard de la Convention de Genève de 1929, qui protège théoriquement les prisonniers contre la curiosité publique, mais qui est réalisé afin de montrer à l'opinion russe que la victoire finale est désormais à portée de main.

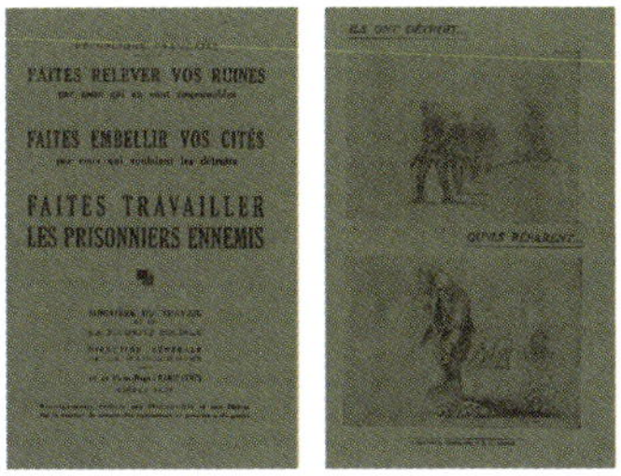

Brochure éditée en 1945 afin d'inciter les maires des communes sinistrées à demander l'emploi de prisonniers de guerre allemands pour déblayer les ruines et participer à la reconstruction du pays. L'idée de vengeance des épreuves endurées sous l'Occupation et des destructions subies lors de la Libération est forte dans l'opinion française.

MISE AU PAS DE LA RÉSISTANCE

Une des premières tâches du Gouvernement provisoire installé à Paris fin août 1944 est de mettre fin à une organisation administrative dédoublée, dans laquelle se juxtaposent pouvoirs de l'État et de la Résistance.

Ainsi, alors que le commissaire de la République ou le préfet s'installent dans les chefs-lieux de département, les municipalités nommées par Vichy sont le plus souvent remplacées par des comités locaux de Libération, appelés délégations municipales provisoires, qui prennent en charge, pendant quelques jours voire quelques semaines, l'épuration, le ravitaillement avec l'aide des FFI et des membres des milices patriotiques qui patrouillent dans les rues.

La crise de l'automne 1944

En province, les commissaires régionaux de la République sont chargés d'asseoir l'autorité du GPRF et de rétablir la légalité républicaine. Ils font fonction de préfets, issus de la France Combattante pour parer aux risques d'empiétements des Alliés sur la souveraineté nationale avec l'AMGOT et à celui de voir le Parti communiste « prendre la tête du pays grâce à la surenchère sociale[1] », selon de Gaulle. Ces « super préfets », comme ils sont parfois surnommés, se heurtent souvent sur le terrain avec la Résistance, les comités de Libération et les FFI qui refusent de recevoir des ordres d'individus qui à leurs yeux n'ont pas risqué leur vie sous l'Occupation. Afin de rétablir l'autorité de l'État, le général de Gaulle prend plusieurs initiatives.

Dès septembre 1944 des résistants intérieurs sont intégrés au sein du gouvernement, représentant ainsi un tiers des charges ministérielles. L'élection de l'Assemblée nationale est repoussée jusqu'à la libération de l'ensemble du territoire et au retour des prisonniers et déportés.

En attendant, par l'ordonnance du 12 octobre, l'Assemblée consultative provisoire, qui a tenu sa dernière séance à Alger le 25 juillet, se transforme en Assemblée consultative élargie. Elle voit ses effectifs triplés avec l'entrée dans ses rangs de résistants métropolitains et d'anciens parlementaires, à raison de 148 représentants sur les 248 membres. Elle siège à partir du 7 novembre au palais du Luxembourg.

Les milices patriotiques, créées en septembre 1943 par les communistes, pour insuffler la « résistance de masse », sont dissoutes en octobre. Ces hommes, peu nombreux, qui n'ont pas dans les combats l'influence escomptée par leurs créateurs, se limitent au rôle d'une force de maintien de l'ordre supplétive de l'épuration. D'ailleurs lorsque Maurice Thorez, le dirigeant du PCF, revient de son exil moscovite, il approuve la mesure, se prononçant en janvier 1945 pour une police nationale unique débarrassée de ces « groupes armés irréguliers ». Quant aux 200 000 FFI, ils sont désarmés et

LE GÉNÉRAL DE GAULLE

DANS LES ALPES

REPORTAGE SPÉCIAL

DROME

EN AVANT ! F.F.I.

1, AVENUE VICTOR-HUGO — VALENCE

PRIX 10F

intégrés à l'armée régulière pour ceux qui souhaitent poursuivre le combat.

Un tour de France pour rétablir l'autorité de l'État

Enfin, de Gaulle effectue un véritable « tour de France » en septembre et octobre 1944 pour asseoir la place des commissaires régionaux de la République représentant l'État face aux comités départementaux de Libération. « Pendant deux mois, une série de déplacements allaient me mettre en contact avec les provinces, tandis que dans les intervalles, je dirigeais à Paris le travail du gouvernement », écrira-t-il dans ses *Mémoires*[2].

De Gaulle visite successivement la plupart des grandes villes françaises et rencontre à cette occasion des commissaires de la République à Nantes, Lyon, Marseille, Toulouse, Orléans, Nancy, etc.

À Bordeaux, il est assuré du soutien de la presse qui comme *France Libre*[3] dresse un portrait élogieux de celui « qui représente avec une autorité formidable, cette force morale dont, hélas !, les dirigeants de la France n'ont pas toujours fait preuve ».

À Lille, la presse lui apporte le même soutien, comme en atteste l'éditorial du socialiste Victor Provo dans *Nord-Matin*[4] intitulé « Toute la nation derrière le gouvernement », qui recommande à ses lecteurs d'aider de Gaulle dans sa tâche de tous les jours qui est à la fois « pénible et délicate ». Le soutien à de Gaulle est nécessaire pour lui permettre aux yeux des Alliés, d'« affirmer l'autorité de la France et gagner la bataille de la paix ».

Soutien apporté par Denis Cordonnier, maire socialiste de Lille, qui demande aux Lillois d'« adresser l'hommage de son infinie reconnaissance » au natif de la ville, « chef incontesté [...] à qui nous devons toutes nos libertés recouvrées ».

Toulouse la frondeuse

Mais la réorganisation administrative pose parfois des problèmes comme à Toulouse, le 17 septembre, où le commissaire de la République Pierre Berteaux est aux prises avec le jeune chef régional des FFI, Serge Asher alias Ravanel, qui se présente comme l'homme à nommer au commandement militaire de la région. Ces désordres et la rivalité entre les deux hommes ont été présentés à de Gaulle par la DGSS[5] comme des aspirations révolutionnaires qui régneraient à Toulouse et dans sa région. Ce mythe de la « République rouge de Toulouse » est né de la psychose anticommuniste diffuse dans de nombreux milieux avant la Libération. Si bien qu'après avoir été accueilli chaleureusement par une foule immense place du Capitole, où de Gaulle prononce un discours dithyrambique à la gloire de la ville qui « n'a renoncé ni à la grandeur du pays, ni à sa victoire, ni à la liberté des hommes, ni à celle des Français et des Françaises », lors de la réception des diverses autorités locales à la Préfecture, l'ambiance est houleuse.

De Gaulle et Ravanel présenteront chacun une version de leur rencontre. « Le 17 au matin, avec une solennité calculée, je passai la revue de tous les éléments. En prenant le contact direct des maquisards, je comptais susciter en chacun d'eux le soldat qu'il voulait être. À mesure que j'abordais les rangs, un certain frémissement me faisait voir qu'on m'avait compris. Puis le colonel Ravanel fit défiler tout le monde. Le cortège était pittoresque », écrit de Gaulle[6]. Pour Ravanel le souvenir est très différent : « Il passa en revue les officiers de mon état-major. Des hommes méritoires, courageux, dignes. Il n'eut aucun geste d'amitié à leur égard. Pire, il les humilia. Il ne posait qu'une seule

question. Toujours la même : « Quel était votre grade dans l'armée ? » Un peu plus tard, je le vis en tête à tête. J'eus en face de moi un homme qui refusait d'écouter. Il était venu « mettre de l'ordre »[7]. »
Par cet épisode toulousain, de Gaulle donne un signal fort et marque un tournant décisif. Celui de la normalisation et de l'affirmation de l'autorité de l'État centralisé et de ses représentants, les préfets et le commissaire de la République en tête.

Pèlerinage en villes détruites

En octobre 1944, de Gaulle se rend dans plusieurs villes normandes détruites lors des bombardements de l'été précédent afin de rencontrer les populations civiles sinistrées. Après être passé par Forges-les-Eaux, Yerville, Yvetot, Bolbec, il se rend au Havre, « écrasé, déchiqueté, martyr de la victoire, effacé du sol de France » qui « a payé un si lourd tribut à notre délivrance », selon *Le Figaro*[8] qui estime entre 7 000 et 10 000 le nombre de victimes, pour 2 408 morts dont 330 disparus en réalité[9]. Le soir, de Gaulle gagne Rouen où il assiste le lendemain matin à une messe célébrée par l'évêque. Puis direction Louviers et Évreux, avant un arrêt au Neubourg, petit bourg agricole, d'où il s'adresse aux paysans pour leur donner « les consignes d'ordre et de travail qui leur permettront de remplir la tâche qui leur revient dans notre relèvement » et leur demande de produire au maximum malgré les innombrables difficultés du moment, en présence de Tanguy-Prigent, ministre de l'Agriculture présent dans ce voyage.
À Lisieux est célébré un Magnificat dans la basilique épargnée par les destructions, geste symbolique pour rendre hommage à sainte Thérèse de l'Enfant-Jésus et de la Sainte-Face, nommée depuis le 3 mai 1944 par le pape « patronne secondaire de la France »[10], comme sainte Jeanne d'Arc, auquel un hommage avait été rendu à Rouen. Le chef du gouvernement clôt son périple en fin de journée par Caen. Le journal *Liberté de Normandie* demande d'acclamer « celui qui nous apporte, au plus profond de notre âme, l'espoir qu'il n'a jamais perdu, le gage de la victoire, l'assurance du triomphe de la France, la promesse que sur nos ruines relevées, va fleurir à nouveau la paix[11]. »
Les thèmes abordés lors des différents discours sont la guerre à terminer « par la victoire totale et complète sur un ennemi détesté », la reconstruction d'une armée nouvelle forte et respectée « venue de l'Empire et qui s'est dressé sur le sol national », la préparation de l'avenir « avec une direction assurée par l'organe qui en est naturellement chargé, c'est-à-dire par l'État », la reconstruction du pays. Immenses efforts qui ne seront possibles non « par des formules, des querelles, des intrigues, des combinaisons politiques » mais « dans l'ordre public et la discipline nationale ».

Ce hors-série du journal lyonnais issu de la Résistance *En avant FFI* relate les étapes du voyage du général de Gaulle dans les Alpes, début novembre 1944 : Ambérieu, le cimetière de Morette à Thônes pour honorer les tombes de 70 maquisards tués dans le maquis des Glières, Annecy, Albertville, Chambéry et Grenoble à qui est décernée la médaille de Compagnon de la Libération.

RÉAFFIRMER L'UNITÉ DE LA FRANCE

Au cours de l'année 1945, le général de Gaulle se rend en province pour réaffirmer l'autorité de l'État sur les anciens territoires annexés par l'Allemagne ou l'Italie, en tant que chef du gouvernement et chef des armées et pour s'approprier la mémoire de la Libération et de la victoire sur le nazisme face à l'émergence de la mémoire communiste. Ces déplacements seront aussi un geste politique en vue du référendum et des élections législatives du 21 octobre 1945.

Reconquérir l'Alsace et la Moselle annexées

L'Alsace revêt un enjeu symbolique important en raison de son annexion par Hitler depuis l'été 1940 et au regard de son passé historique[1]. Or en pleine bataille d'Alsace, commencée en novembre 1944, face aux contre-attaques allemandes, Eisenhower décide un repli stratégique sur les Vosges. Pour de Gaulle comme pour Leclerc « l'abandon de l'Alsace et de Strasbourg sans bataille et par les troupes françaises eût été un désastre national irréparable ». De Gaulle passe alors Noël sur le front[2] pour soutenir le moral des troupes françaises et pour tenter de convaincre les Américains de changer d'avis. Il a enfin comme mission de renouer les relations tendues entre le commissaire de la République en place à Strasbourg et les Américains qui, estimant que l'Alsace est une « zone de combat », décident de tout. « L'armée est solide mais lasse. L'Alsace est loyale mais inquiète. J'en tire la conclusion que dans le cas d'un événement fâcheux, il me faudrait intervenir pour empêcher de sérieuses conséquences », écrit-il dans ses Mémoires[3]. Après être intervenu, le 2 janvier 1945 auprès de Roosevelt et de Churchill, il ordonne au général de Lattre de Tassigny de défendre Strasbourg et de vaincre la poche de Colmar avec l'aide américaine, ce qu'il fait avec succès, le 9 février. Aussitôt, les 10 et 11, de Gaulle se rend à Mulhouse, Colmar et Strasbourg pour y apporter le salut de la patrie française. Le GPRF peut désormais organiser la réintégration de cette région annexée au Reich. De Gaulle reviendra en octobre à Strasbourg, administré par Charles Frey, pour y être honoré citoyen d'honneur, cérémonie au cours de laquelle il proclame : « Oui, l'avenir de l'Europe occidentale passe ici, il passe à Strasbourg ».

Une crise franco-italienne autour de deux communes

À Nice, où il se rend le 9 avril 1945, il s'agit cette fois de rappeler la reconquête de territoires annexés par l'Italie jusqu'en septembre 1943. Avec emphase, il s'adresse aux Niçois depuis la place Massena : « Nice libérée, Nice fière, Nice glorieuse vient d'exprimer magnifiquement les sentiments de

N° 222 — Prix : 1 fr. 50 * * * * Mardi 10 Avril 1945

COMBAT

LE GRAND QUOTIDIEN RÉPUBLICAIN DU SUD-EST

Nice libérée, Nice fière, Nice glorieuse acclame le général de GAULLE et lui crie son éternelle gratitude

24 heures dans l'ombre d'un grand chef

Mario BRUN.

général de GAULLE, devant le monument aux Morts. (Ph. Paul-Louis)

Dimanche, 19 h. 43 : l'avion "France" se pose sur l'aérodrome de la Californie

Le général descend de l'appareil

Itinéraire détourné à travers Nice

En route vers Beaulieu

Nice crie victoire !

Pierre ROCHER.

LE GÉNÉRAL PARLE AUX NIÇOIS

"Ah ! qu'ils étaient naïfs en même temps qu'insolents ceux qui avaient prétendu qu'on pouvait arracher Nice à la France !"

LE GÉNÉRAL DE GAULLE DÉCORE LE DRAPEAU DE LA LÉGION (Photo Paul-Louis)

Au pas, derrière le général...

LA CONSPIRATION DU SILENCE

LE « PATRON » CHEZ SES SOLDATS

MANQUE D'ORGANISATION

LE VENT DE LA VICTOIRE

Par dizaines de milliers, Niçois et Niçoises se sont rassemblés, place Masséna, pour acclamer le Général de GAULLE

la population tout entière[4] ». Avant de scander : « Qu'ils étaient naïfs en même temps qu'insolents, ceux qui avaient prétendu qu'on pourrait arracher Nice à la France ! » Paroles qui prennent tout leur sens alors qu'une crise est en cours à propos des communes italiennes de Tende et La Brigue qui réclament leur rattachement à la France.
Les origines de cette tension remontent à 1860. Alors que l'ancien comté de Nice est rattaché à la France, Tende et La Brigue restent piémontaises. Le 18 septembre 1944, les habitants profitent de la Libération pour réclamer une rectification des frontières de 1860. Pour appuyer leur demande, le 21 avril 1945, de Gaulle envoie les troupes françaises libérer les deux communes pour y organiser, le 28, un plébiscite[5] au résultat sans appel, 1 076 oui, soit 70 % des voix à Tende et 694 oui, soit 90 % des voix à La Brigue.
Pour confirmer ce vote, le 6 mai le préfet des Alpes-Maritimes procède au rétablissement des administrations françaises et au remplacement de la lire par le franc. Il est néanmoins demandé aux journalistes la plus grande discrétion sur ces événements : « la censure nous recommanda un silence habile, un silence diplomatique que nous n'avons jamais bien admis[6] ». Ce plébiscite est perçu comme une provocation. Si bien que le 10 juillet, sur ordre du commandement allié, les Français sont obligés d'évacuer la haute Roya et sont remplacés par les troupes américaines, tandis que les autorités italiennes reprennent en main l'administration des communes. Les États-Unis ne veulent pas donner raison à la France de peur de voir naître d'identiques revendications italiennes sur d'autres régions frontalières. Décision vécue avec amertume par les habitants, comme par la presse qui n'hésite pas à faire le lien avec la situation internationale : « Il est amer de constater qu'à l'heure où les Syriens obtiennent le droit de disposer d'eux-mêmes, et même celui de piller et massacrer, les habitants de Tende et La Brigue ne peuvent suivre les penchants de leur cœur[7]. »
Il est alors décidé de faire résider des observateurs anglais, américains et français à Tende et La Brigue pour y « vérifier les sentiments authentiques de la population ».
La crise ne sera réglée qu'au traité de Paris de 1947 qui donne à la France les deux communes, sauf quelques hameaux sur le versant piémontais. Six communes retrouvent les territoires, forêts et pâtures qui leur appartenaient en propre avant 1860. En contrepartie, la France renonce à réclamer la basse vallée de la Roya. Un ultime plébiscite est organisé le 12 octobre 1947 dans les communes concernées qui confirme leur volonté de rattachement à la France par 2 603 bulletins favorables (contre 218 et 137 abstentions).

Commémorer le premier anniversaire de la Libération

La conception gaullienne de la commémoration ne se situe ni dans le registre de la nostalgie ni dans celui de la repentance, mais se place au service d'une politique de grandeur fortement ancrée dans le présent. Le 14 janvier 1945, il se rend à Nantes, première des villes de France à être décorée de la croix de la Libération[8]. Le choix n'est pas innocent puisque c'est lui qui a créé, en 1940, l'Ordre de la Libération destiné « à récompenser les personnes ou les collectivités militaires et civiles qui se seront signalées dans l'œuvre de libération de la France et de son Empire ». Lorsqu'il attribue à Nantes cette distinction, le 11 novembre 1944, il rend hommage aux figures locales de la Résistance, comme Honoré d'Estienne d'Orves, officier de la France Libre arrêté à Nantes, autant qu'aux 48 otages fusillés le 22 octobre[9]. Il s'agit donc de rappeler en 1945 l'unité vécue dans la Résistance pour vaincre l'occupant, qui est toujours « indispensable pour mener à bien tout ce qui nous reste à faire », à savoir « terminer cette guerre victorieusement »[10].

Dans le cadre mémoriel du général de Gaulle, les cérémonies du 6 juin 1945, pourtant organisées par des élus gaullistes, n'ont pas leur place. C'est donc volontairement qu'il décale son voyage en Normandie afin de le faire coïncider avec la date de son retour sur le sol français, le 14 juin 1944. Un pèlerinage où la population l'acclame non comme un chef d'État mais comme « un ami, tant sa popularité est grande, sa personnalité présente, un enfant du pays qu'on accueille et dont on fête le retour », s'enthousiasme *Ouest-France*[11].

Il se rend d'abord à Bayeux, puis le cortège part pour le « pèlerinage des ruines ». D'abord Saint-Lô[12], « avec ses ruines certes mais avec son énergie, son courage, son désir de revivre, c'est le symbole de la Patrie que je veux voir ici ». C'est ensuite Coutances, où le maire lui rappelle la motion de confiance que la ville lui avait apportée *via* le Portugal, le 5 septembre 1940, aux premières semaines de l'Occupation. Par route, le cortège traverse ensuite de nombreuses communes détruites, qui rivalisent de pavoisement, « par endroits, on a été jusqu'à décorer la route elle-même, où des croix de Lorraine et des V, faits de petits cailloux blancs et de fleurs bleues et rouges » sont visibles, tandis qu'ailleurs « les portiques de verdure sont devenus des arcs de triomphe[13] ». De Gaulle s'arrête à Percy, Villedieu-les-Poêles, Saint-Hilaire-du-Harcouët où il inaugure un baraquement de sinistrés, Mortain, Sourdeval, Tinchebray, Flers, Argentan, pour enfin faire halte à Alençon, ville libérée par la 2e DB de Leclerc afin de clore ce périple par un hommage à la France Libre dans les combats de la Libération.

En revanche, son discours de Béthune du 12 août porte sur le redressement économique de la France et en particulier la bataille de la production des mines du Nord qui atteint déjà 75 % de la production d'avant-guerre. Si ce thème fait l'unanimité des partis politiques, de Gaulle profite de l'occasion pour critiquer le Parti communiste et les socialistes. La reconstruction se fera « en bâtissant, peu à peu du neuf et du raisonnable, et non point, ah ! non, certainement ! en retournant aux vieilles formules, ni en courant aux aventures », écrit-il dans ses *Mémoires*[14]. En effet, le Gouvernement provisoire repose sur la coalition des trois grands partis, PCF, SFIO et MRP (chrétiens-démocrates) sous l'autorité du général de Gaulle. Mais à l'été 1945, les tensions politiques sont grandes, principalement entre le PCF et les autres partis, à propos de la Constitution qui sera adoptée le 21 octobre 1945. Les déplacements du général de Gaulle deviennent, dans cette perspective, prétextes à des règlements de compte politiques. Ce discours est donc clairement une réponse à celui de Maurice Thorez à Waziers, le 21 juillet précédent.

La venue du général de Gaulle en avril 1945 à Nice est aussi l'occasion de réaffirmer la volonté de rattachement à la France des communes, alors italiennes, de Tende et de La Brigue, au risque d'incidents diplomatiques avec les Alliés.

9 OCTOBRE 1944

HÉROÏSATION DE LA RÉSISTANCE

À la différence des unités combattantes de la France Libre, dont les succès sont régulièrement mis en avant tout au long du conflit *via* la radio, des tracts, des brochures ou des images, les actions des résistants demeurent inconnues du grand public. Même s'ils ne représentent sous l'Occupation qu'environ 3 % de la population, avec une multitude de complicités ponctuelles difficiles à quantifier, la participation, cette fois visible, du résistant aux combats pour la Libération lui donne une place à part. On voit en lui le symbole de la France qui a toujours lutté contre l'occupant honni et ses sbires collaborationnistes. Du « terroriste » anonymisé par la propagande nazie et vichyste ou associé à l'étranger, il devient un héros issu du peuple.

Le nombre de résistants morts : entre mythe et réalité

Dans un discours prononcé à Oran, le 12 septembre 1943, de Gaulle parle de « 55 000 Français tués aux poteaux d'exécution et plus de 10 000 qui ont succombé dans les camps et les prisons de l'ennemi ». Pour *Combat*, « la résistance française, c'est d'abord 100 000 fusillés et 400 000 déportés[1] ». Dans les campagnes électorales de 1945 et 1946, le Parti communiste évoque les « 75 000 communistes fusillés par les hitlériens ou morts sous la torture, dans les prisons et les bagnes nazis », donnant ainsi naissance au mythe du « Parti des 75 000 fusillés[2] ». Mention lisible sur ses bulletins d'adhésion : « Les Parisiens adhèrent au parti des fusillés. Notre campagne d'adhésion remporte le plus vif succès. Sur les barricades, dans le feu de la bataille, les Parisiens viennent rejoindre les rangs du Parti communiste français, pour remplacer les héros et les martyrs de Paris[3]. » En réalité, les études les plus récentes font état d'environ 41 500 morts au titre de la Résistance intérieure. Sur les 4 379 personnes jugées par la justice militaire allemande, 2 892 sont fusillées. Enfin sur les 89 000 personnes déportées au titre de répression allemande, environ 40 % n'ont pas survécu, soit 36 000 décès[4]. Le taux de mortalité chez les déportés membres de la Résistance s'élève à environ 39 % (soit près de 19 500 morts) tandis qu'il est d'environ 31 % pour ceux relevant de la Résistance civile (soit près de 3 900 morts). On obtient donc près de 23 400 déportés morts au titre d'une activité de résistance contre l'Occupant.

Honorer les martyrs et les héros

Sur les ruines encore fumantes de la Libération, la Résistance est héroïsée. « Nos martyrs et nos héros seront parmi nous[5] », écrit Louis Aragon à propos de l'hommage rendu aux victimes du nazisme

HISTOIRE D'UN PETIT
GARS DU MAQUIS

au cimetière du Père-Lachaise, le 9 octobre 1944. La cérémonie organisée par le Parti communiste se déroule devant les tombes, situées côte à côte, de deux de ses anciennes figures « qui furent les premiers en France à crier très haut le danger du fascisme », le pacifiste Henri Barbusse, mort en 1935, et Paul Vaillant-Couturier, mort en 1937. La même terminologie, « Honneur à la Résistance, à ses martyrs et ses héros », se retrouve en pleine page de l'hebdomadaire communiste *La Marseillaise*[6], avec les photos de Guy Môquet, Gabriel Péri et Honoré d'Estienne d'Orves.

Le 22 octobre, en souvenir des fusillés de Châteaubriant de 1941 et à tous les morts de la Résistance, la ville de Paris débaptise le nom de 18 rues ou places, pour leur donner le nom d'une « victime de la Gestapo » sélectionnée par le Comité parisien de libération qui « a choisi les noms les plus représentatifs » et dont « la liste n'est pas limitative. D'autres noms venant sans doute s'ajouter à cela. » La liste comprend des femmes et des hommes de conditions sociales et politiques différentes représentant « tout le peuple de France », auxquels il sera rendu hommage en toute simplicité, avec « quelques phrases sobres, quelques drapeaux frissonnants au vent mélancolique d'octobre »[7]. Parmi les noms retenus, on rencontre ceux de Berthie Albrecht, Danielle Casanova, Victor Basch, Pierre Brossolette, etc. Georges Mandel doit attendre le premier anniversaire de son assassinat pour qu'une avenue soit inaugurée à son nom[8].

Libé-Soir rend à sa manière hommage aux résistants FTP-MOI de l'« affiche rouge », en publiant sur plusieurs numéros la série *Leur dernière lettre*, courant octobre 1944. Le lecteur peut y lire les lettres de Georges Cloarec, Roger Rouxel ou Michel (pour Missak) Manouchian.

À la Libération, le résistant est associé au sans-culotte de 1789, principalement dans la rhétorique communiste, tandis que le FFI qui s'engage dans l'armée nouvelle de la Libération est comparé au soldat de l'an II. Thématique déjà existante sous l'Occupation, comme en atteste le nom d'un journal clandestin, *Valmy*. L'élan révolutionnaire et émancipateur de 1789 et 1793 devient une référence constante. Le général Hoche est régulièrement cité, tandis que les trusts deviennent de nouvelles Bastille à prendre[9]. Une image d'Épinal présente « Le soldat de la révolution, ancêtre de nos braves FFI[10] ». La publicité pour les emprunts de la Libération compare quant à elle la situation de 1944 à trois autres dates historiques : « 1792, les citoyens portent sur l'autel de la patrie leur or et leurs bijoux, et c'est la libération ; 1871, les Français couvrent 14 fois l'emprunt de cinq milliards et le territoire est libéré des Prussiens ; 1918, le pays entier souscrit avec enthousiasme à l'emprunt de la Victoire et le boche est chassé de France ; 1944, à l'appel du général de Gaulle, les Français souscrivent à l'emprunt de la Libération[11]. »

Les résistants sortent de l'ombre

Au-delà de la récupération politique de la Résistance, l'opinion voit en elle une revanche sur la défaite de 1940 et la reconquête du pays sur l'occupant. Les actions individuelles et collectives sont sublimées et mythifiées. Du Parisien en armes sur les barricades au maquisard, l'image de la Résistance dans l'imaginaire social conduit à des simplifications et d'inévitables exagérations. Cette dimension légendaire est d'autant plus forte que la majeure partie de la société n'a pas eu de contact direct avec le monde maquisard et l'univers résistant. Situation paradoxale dans laquelle les premiers récits vont s'écrire sur la foi de leurs auteurs puisque, par essence, la résistance clandestine a peu de preuves à fournir.

Ainsi, pour évoquer les souffrances, la presse publie de nombreux articles sur les lieux et instruments de torture, ainsi que sur les sites d'exécutions des suppliciés.
Pour aider le public à mieux comprendre les actions clandestines, certains résistants rejouent leur rôle devant l'objectif de photographes ou de cameramen à la Libération. Ainsi, à l'automne 1944 est tourné en Haute-Vienne le film *R5, histoire d'un maquis*[12], dans lequel Guingouin joue son propre rôle. Ce court-métrage de 18 minutes revient sur les principaux exploits du « préfet du maquis » que la mise en scène réinterprète avec davantage d'héroïsme qu'en réalité. Il en est de même pour la reconstitution du vol de dynamite en plein jour sur un terrain surveillé par de nombreuses sentinelles allemandes alors qu'en réalité l'opération eut lieu de nuit sur un site non gardé. Inversement, le numéro spécial de la revue artistique et littéraire *Le Point*[13] ne cherche pas à héroïser un fait ou un personnage mais à expliquer par des scènes reconstituées le travail des imprimeries clandestines sous l'Occupation. Les 48 clichés, effectués par le photographe Robert Doisneau, lui-même ancien résistant, présentent les étapes de fabrication clandestine de tracts ou revues. Pour Doisneau, l'enjeu mémoriel est de taille puisqu'il s'agit de témoigner du quotidien des Parisiens pendant et après cette funeste période.
Des expositions sont aussi organisées pour présenter les actions de la Résistance et les risques pris par leurs membres. Comme *FFI. La vie secrète des patriotes. Leurs armes. Leurs trophées,* au palais Berlitz à Paris, en avril 1945, sous-titrée « En ce temps-là était le Boche[14]... » Ou celle consacrée à la résistance en Haute-Vienne, présentée à l'hôtel de ville de Limoges, en août 1945, à l'occasion du premier anniversaire de la Libération de la ville dont Guingouin est élu maire.

La chanson joue aussi son rôle dans cette exaltation de la Résistance avec des dizaines de titres à la gloire du général de Gaulle dont la photo figure sur certaines partitions (*Le Grand Charles, La Gauloise, France en avant*), à celle des résistants (*Hymne des FFFI, Voilà les gars, la marche de la Résistance, Les Gars de France, C'est un p'tit gars*), des maquisards (*Le Chant du Maquisard, La Chanson du Maquis, Gloire à vous Maquisards de France*), y compris des femmes (*Fifi, reine du Maquis, Victoire, la petite fille à Madelon, La Mascotte des FFI, C'est Marie*). Des jeux de plateau sont même créés comme *Le Jeu du maquis* ou *Radio maquis*.
S'y ajoutent les albums dessinés et revues qui contribuent à donner une image héroïque de la Résistance aux enfants et adolescents. C'est le cas des albums *Titi chez les FFI* ou *La Bête est morte*, et des aventures de « Fifi gars du maquis » dans *Vaillant*, « Un p'tit gars du maquis » *dans Pic et Nic et Cendrillon réunis*, « Un du maquis » dans *Jumbo*, « Les trois mousquetaires du maquis » dans *Coq hardi* et des exploits de « Fabien » dans *Vaillant*.

La jeunesse n'est pas oubliée dans la volonté d'exalter l'image du maquisard à la Libération. Sous forme de récits, de jeux ou d'albums à colorier, il est présenté de façon héroïque. Comme ici avec cette brochure imprimée à Toulouse en 1945 qui suit le récit d'un jeune de 20 ans qui rejoint la Résistance en 1942, puis participe à des combats sur les barricades en 1944, avant de rejoindre la 1re armée française pour poursuivre le combat jusqu'à la capitulation allemande.

LE « BLANCHIMENT » DE L'ARMÉE FRANÇAISE

Malgré leur participation aux combats lors de la campagne de France en mai-juin 1940 et à leur présence au sein des Forces françaises libres jusqu'à l'été 1944, les soldats de couleur des troupes coloniales vont avoir un destin bien différent des autres combattants lors de la Libération.

« Blanchiment » de la 2e DB

Le 24 août 1943, est constituée, au sein des Forces françaises libres, la 2e DB, dont le commandement est confié au général Leclerc. Il s'agit d'une division hétéroclite quant aux soldats qui la composent, allant des tirailleurs africains aux volontaires européens venus en Afrique du Nord, souvent refusés dans les armées giraudistes[1]. Ces nouvelles recrues complètent les Français libres ayant rejoints Leclerc depuis 1940, qui ont accompli la campagne du Tchad.

Or en constituant, sous uniforme et matériel américain, cette division, l'état-major américain est clair. Il est hors de question que la 2e DB, certainement appelée à participer à la libération de Paris, comprenne des soldats noirs. Ce que confirme une note du général Bedell Smith, chef d'état-major d'Eisenhower, début 1944 : « Il est hautement désirable que la division [...] soit composée de personnels blancs[2]. » De Gaulle doit donc faire appliquer la politique de ségrégation américaine s'il souhaite recevoir le matériel nécessaire.

Le blanchiment de la 2e DB se conforme fidèlement à la politique raciale américaine en excluant de ses rangs les tirailleurs noirs, versés dans un nouveau régiment. Ils sont remplacés par des soldats maghrébins, en complément de ceux déjà présents, portant à près d'un quart leur effectif au sein de la division. Sur les 16 000 hommes de la 2e DB demeure un seul soldat noir, Claude Mademba Sy[3], qui participe à la libération de Paris à bord du char *Pantagruel*.

Le « Lion noir du XVIIe »

Il y a une volonté claire d'écarter les hommes de couleur des images de la libération de Paris. L'exemple de Georges Dukson, exclu de la descente des Champs-Élysées par de Gaulle, le 26 août 1944, est à ce titre édifiant.

Ce jeune FFI d'origine gabonaise, évadé d'un stalag en 1943, participe aux combats de l'insurrection parisienne où il lutte héroïquement lors de la prise de la mairie du XVIIe arrondissement. Blessé au bras, il poursuit le combat avec des bouteilles incendiaires. Ses actions lui valent le surnom de « Lion noir du XVIIe ». Repu de cette gloire, il estime légitime de participer au défilé des Champs-Élysées, aux côtés

4. Le Blanchiment de la Division

Vu par la caricature

— Coûment ! quoi qu'y en a… çà ?
— Ça ? C'est Général, y'en a blanchir la Division !

des représentants militaires et politiques qui entourent de Gaulle.
Par son audace, il atteint le cortège officiel, apparaissant en chemise blanche le bras en écharpe, derrière le général Leclerc, alors que les cinéastes du Comité de libération du cinéma immortalisent cette journée historique pour le film *La Libération de Paris*. Il est alors écarté une première fois du cortège. Mais revenant dans le champ des objectifs, c'est avec une mitraillette pointée sur lui qu'il est sorti manu militari du défilé. Cette violente mise à l'écart s'explique par la volonté de ne pas ternir ce jour de gloire, destiné au peuple français sans la représentativité de ses colonies.
Si Georges Dukson apparaît dans trois séquences de *La Libération de Paris*[4], il ne figure sur aucune image des Champs-Élysées et il n'est fait aucune mention de lui dans le commentaire de Pierre Bost dit par Pierre Blanchard[5]. Sa mort peu glorieuse en petit trafiquant du marché noir, en novembre 1944, a certainement contribué à le faire tomber dans l'oubli[6].

Le « blanchiment » de l'armée française

À l'automne 1944, au sein de la 1re armée française, les 15 000 « tirailleurs sénégalais » de la 9e division d'infanterie coloniale (DIC) et de la 1re division de marche d'infanterie (DMI), ancienne 1re division française libre (DFL), sont remplacés par des nouvelles recrues venues des rangs des FFI. Cette opération qui va durer jusqu'en janvier 1945 porte le nom de « blanchiment ». Les historiens sont toujours divisés sur les réelles intentions de ce remplacement. Plusieurs hypothèses peuvent être apportées. Première hypothèse : la propagande française de l'époque, argue qu'à l'approche de l'hiver, ces hommes ne pourraient supporter de combattre dans le froid, qui plus est dans les zones montagneuses alpines ou vosgiennes. Prétexte combiné au fait que, si l'on prend le cas de la 9e DIC, ces hommes combattent sans relâche depuis juin 1944, ayant participé aux combats de l'île d'Elbe, au débarquement de Provence, à la libération de Toulon puis du Doubs.
Donc ces soldats doivent se reposer, ce qui n'est pas faux, comme l'explique à sa manière le journal *Patrie*[7] : « Un ennemi nouveau contre lequel les tirailleurs ne peuvent lutter, le froid, fait son apparition. Sans réactions, dans un climat trop rude, grelottant sous la pluie glacée, les pieds rongés par la boue, le noir se recroqueville, perd son rire et attend. Le magnifique combattant du mois d'août n'est plus qu'un grand enfant malade, pitoyable, sans défense. Il lui faut d'urgence le soleil du midi. »
Or, la relève et la mise en réserve d'une grande unité, qu'exigerait normalement cette transformation, sont un luxe que l'armée française ne peut se permettre. C'est donc sur place que la division se transforme. Elle se « blanchit », en remplaçant 9 000 Africains par des engagés volontaires métropolitains, attirés par le renom des troupes coloniales. Une image montre les nouvelles recrues « blanches » récupérant les uniformes des soldats noirs, en leur présence. C'est avec ces jeunes engagés, dépourvus d'instruction militaire, que la 9e DIC poursuit la campagne en Alsace et traverse le Rhin le 2 avril 1945.
Deuxième hypothèse : les États-Unis redoutant que leurs soldats noirs remettent en question le système ségrégationniste américain en voyant d'autres soldats de couleur mis au même rang que les soldats blancs font pression pour ce blanchiment[8]. L'expérience des soldats noirs fréquentant les femmes anglaises blanches en Grande-Bretagne avait déjà choqué une partie des

soldats blancs. Et l'état-major américain avait été obligé d'intervenir auprès de ses homologues britanniques pour que les soldats noirs et blancs américains aient des lieux de distraction séparés et surtout que les soldats noirs fréquentent le moins possible les femmes blanches.

Troisième hypothèse. Pour l'orgueil français il faut que ce soient des troupes « blanches » qui franchissent le Rhin et combattent les Allemands sur leur territoire. Cela permettra ainsi de retourner l'image de l'armée française forgée par la propagande nazie depuis 1939 qui affirme qu'elle ne serait qu'une armée « abâtardie » par les troupes coloniales. Cette hypothèse s'appuie aussi sur la mauvaise image que les troupes coloniales ont laissée en Allemagne après l'occupation de la Ruhr entre janvier 1923 et août 1925.

Quatrième hypothèse liée au colonialisme français. Il ne faut pas que les soldats d'Afrique noire ou d'Afrique du Nord s'émancipent de leur statut de colonisés. C'est ce que sous-entend la lettre écrite par le général Diego Brosset, commandant de la 1re DFL au général de Lattre de Tassigny, commandant la 1re armée française, en septembre 1944 : « Il est absolument nécessaire que les Sénégalais soient relevés au plus tôt, non seulement en raison de leur inaptitude physique en saison froide, mais aussi par suite de la mauvaise influence qu'exercent sur eux les grandes villes. Le moral commence à baisser, l'annonce d'un armistice possible risque de provoquer des mutineries parmi eux s'ils ne sont pas rapatriés, tout au moins sur l'Afrique du Nord. » C'est-à-dire, les soldats noirs doivent au plus vite rentrer chez eux afin d'éviter une politisation trop forte qui pourrait accélérer des processus d'indépendance aussi bien en Afrique qu'en Antilles-Guyane.

Une fin de guerre peu glorieuse pour les troupes de couleur

Quel que soit le réel motif, les troupes coloniales sont expulsées des zones de combat, parquées, parfois plusieurs mois, dans des camps, avant de regagner leur pays d'origine. Certes si le général de Gaulle les associe aux combats de la poche de Royan puis au défilé de la Victoire à Paris, le 18 juin 1945, il n'en demeure pas moins que ces combattants de l'empire, qui ont encouru, entre 1940 et 1945, les mêmes risques que les soldats français, ne se verront pas attribuer la même pension militaire.

Pourtant des « tirailleurs sénégalais », prisonniers de guerre capturés en 1940, regagnent à leur libération le camp de Thiaroye, près de Dakar, et osent réclamer leur pécule non versé durant leurs quatre années de captivité. La réponse, le 1er décembre 1944, est de briser l'émeute dans le sang faisant entre 35 et 70 morts, sur les 1 500 manifestants du camp. Puis 34 des « meneurs » sont jugés en mars 1945 et condamnés à des peines allant de 1 à 10 ans de prison et perdent leur droit à l'indemnité de démobilisation. Même s'ils sont graciés en 1947, lors de la venue à Dakar du président de la République, Vincent Auriol, ni eux ni leurs veuves ne touchent une quelconque pension[9].

Ce dessin est extrait de la plaquette *De l'AOF aux bords du Rhin* éditée en 1945 en hommage à la 9e division d'infanterie coloniale (DIC). Créée en juillet 1943, la DIC est majoritairement composée de soldats africains venus de toute l'Afrique occidentale française, avant son « blanchiment », fin 1944-début 1945.

DE L'EMPIRE FRANÇAIS À L'UNION FRANÇAISE

Beaucoup de cadres de la France Libre souhaitent réformer l'empire français, parmi lesquels Henri Laurentie et Félix Éboué. Réformes souhaitées aussi par les États-Unis qui ne cachent pas leur hostilité au colonialisme, comme l'atteste l'article 3 de la charte de l'Atlantique de 1941, pourtant co-signé avec le très colonisateur Royaume-Uni, qui s'engage à respecter « le droit qu'ont tous les peuples de choisir la forme de gouvernement sous laquelle ils entendent vivre ».

La conférence de Brazzaville

En janvier 1944, le général de Gaulle préside, au Congo, la conférence Brazzaville organisée par le CFLN en vue d'établir le rôle et l'avenir de l'empire colonial français. Contrairement au souhait d'Éboué qui pensait que les indigènes étaient à même de prendre en charge le destin des pays africains *via* une fédération France-colonies, le général de Gaulle conclut qu'« il appartient à la nation française et il n'appartient qu'à elle, de procéder, le moment venu, aux réformes impériales de structure qu'elle décidera dans sa souveraineté ». Toute possibilité d'évolution hors du bloc français et toute constitution, même lointaine, d'autogouvernement sont rejetées.
Sur le plan éducatif, la conférence affirme qu'il faut développer l'enseignement élémentaire de masse pour les garçons comme pour les filles. Mais ensuite seul le renforcement des établissements d'enseignement supérieur puis d'enseignement spécialisé est préconisé, dans l'optique de remplacer les lycées ou facultés de la métropole. L'enseignement y sera dispensé en français et les dialectes locaux strictement bannis. Il est décidé d'une ouverture de plus en plus large des emplois aux indigènes, en réservant cependant les postes de direction aux citoyens français. Une rémunération égale à compétence égale entre Européens et indigènes est proposée. La fin progressive du travail forcé dans un délai de 5 ans et la création d'un système convenable d'assistance sociale figurent parmi les propositions les plus notables sur le plan social. La conférence est un faux départ de la décolonisation française qui promet aux habitants de l'empire progrès économique, social et politique sans qu'aucune mesure concrète soit décidée.

Crise franco-britannique au Levant

La crise commence le 19 mai 1945 par des manifestations antifrançaises à Damas, auxquelles l'armée répond en ouvrant le feu, faisant de nombreux morts parmi les émeutiers. Ces manifestations qui s'étendent à Alep, Hama et Homs sont organisées en soutien au gouvernement syrien qui refuse de négocier des traités accordant à la France une position

MAINTIEN DE L'ORDRE OU ORGANISATION DU DESORDRE ?

L'hitlérisme est écrasé militairement en ALLEMAGNE. Le fascisme a subi une cuisante défaite aux élections municipales en FRANCE. Mais en ALGERIE les fascistes agissent à leur aise.

Après avoir réussi son mauvais coup, l'abominable provocation fasciste de SETIF et de GUELMA, la 5e Colonne, composée d'européens et de musulmans relève ouvertement la tête.

Des réunions clandestines se tiennent quotidiennement comme au Faubourg St-Jean. Des fascistes notoires sont libérés des camps et se regroupent pour organiser le complot contre la démocratie et la république. Une belle occasion leur a été donnée de s'organiser et de s'armer légalement avec la création de la "Milice Civile". A AIN-BEIDA, l'Adjudant de Gendarmerie a distribué des armes aux fascistes en "résidence surveillée". Le moment venu, ils ne manqueront pas d'utiliser ces armes contre les Républicains sans distinction de race ou de religion.

Et pendant que la 5e Colonne déploie une telle activité ce sont les organisations démocratiques et les républicains les plus conséquents qui sont visés.

Après ARRIS et CANROBERT, on vient d'arrêter 9 militants de FEDJ-M'ZALA, 3 de RICHELIEU, 2 de BOUGIE, 8 d'EL-ARROUCHE, 1 de SIDI-AICH. On ignore même ce que sont devenus certains d'entre eux. On perquisitionne chez des Républicains à AIN-BEIDA, à FEDJ-M'ZALA, où les archives du Parti sont saisies. On intimide nos Camarades comme ce jeune musulman de SIDI-MABROUK à qui le brigadier de Police promet "le pruneaux".

Il faut ajouter que Mr. le Préfet de CONSTANTINE estime que sa Police est insuffisante et c'est pour s'occuper "spécialement" de l'activité du Parti Communiste, qu'il a fait venir 10 agents de la sûreté d'ALGER. On les voit à longueur de journée plantés autour du local du Parti.

En un mot ce n'est pas la chasse aux hitlériens, aux vichystes, aux agents de la 5e Colonne qui sont à l'origine des évènements qui ont ensanglanté notre Département, mais la chasse aux Communistes qui ont su les éviter là où ils sont forts.

REPUBLICAINS ! DEMOCRATES ! PLUS QUE JAMAIS UNION ! ...

UNION pour faire échec au fascisme sous toutes ses formes.

UNION pour exiger la dissolution immédiate de la "Milice Civile" et le désarmement des fascistes qui la composent.

UNION pour exiger le châtiment exemplaire de tous les responsables des récentes tueries sans distinction de race ou de religion.

UNION pour exiger le respect des libertés démocratiques gravement menacées à la suite de la déclaration des fascistes des délégations financières.

UNION pour réclamer dans le plus bref délai les élections en ALGERIE afin de balayer tous les agents du fascisme et du Vichysme et permettre aux populations Algériennes de jouir d'une véritable Démocratie.

Le 23 MAI 1945.

PARTI COMMUNISTE ALGERIEN
Région de CONSTANTINE.

avantageuse dans le pays. Revendications aussitôt reprises dans le Liban voisin, lui aussi sous mandat français.
Pour rétablir l'ordre, le 29 mai, l'armée française pénètre dans le Parlement syrien pour arrêter le président Choukri al-Kouatli qui s'enfuit avec le président de la Chambre des députés de Syrie. Une grande partie de Damas est ensuite bombardée. En trois jours la répression fait 400 tués parmi les Syriens.
Le 31 mai, la situation se tend avec l'intervention des Britanniques qui veulent en profiter pour s'implanter sur ces deux pays à la place de la France, attisant en sous-main les émeutes antifrançaises. De Gaulle ordonne aux troupes françaises de cesser les affrontements avec les manifestants syriens. Décision perçue comme un coup de poignard dans le dos de la part des alliés britanniques avec lesquels la France vient de battre le nazisme et continue le combat en Asie.
Mais la présence anglaise n'est pas plus appréciée du Premier ministre syrien qui déclare, fort du soutien de la Ligue arabe nouvellement créée[1], que « la présence des troupes étrangères en Syrie et au Liban constituait une menace pour l'indépendance de ces deux pays[2] ». Nul n'est dupe sur les réelles intentions franco-britanniques en Syrie, « carrefour de l'Orient où le sang se mêle au pétrole », comme l'écrit l'hebdomadaire communiste *F*[3] qui regrette que ces enjeux pétroliers prennent « l'aspect d'une rivalité dans la meilleure tradition impérialiste, [...] au moment où l'union entre alliés est plus que jamais nécessaire ».
En octobre 1945, la communauté internationale reconnaît l'indépendance des deux pays qui entrent à l'ONU. Un accord franco-britannique en décembre prévoit le retrait des troupes pour le début de l'année 1946[4].

Les émeutes de Sétif

« Exploitant les difficultés du ravitaillement, un agitateur avait soulevé les indigènes de la région de Sétif. L'ordre est rétabli après quelques troubles sanglants », explique *Ouest-France*[5] à propos de la rébellion en Algérie, le 8 mai 1945.
Dans les faits, profitant des manifestations d'allégresse pour célébrer la capitulation allemande, les partis nationalistes algériens appellent au rassemblement. Alors que seuls les drapeaux français sont autorisés, à Sétif, un scout algérien de 26 ans est tué par un policier pour avoir brandi le drapeau algérien.
Par suite de cette mort, plusieurs villes (Sétif, Kherrata et Guelma) s'embrasent et les émeutiers assassinent dans d'atroces conditions 103 Européens. L'armée française réprime ces révoltes avec une extrême violence en provoquant la mort de 5 000 à 30 000 Algériens[6]. Il est en effet hors de question pour la France d'abandonner ses trois départements d'Algérie. L'interdiction depuis 1939 du Parti populaire algérien (PPA) qui réclame l'indépendance depuis 1937, ainsi que l'emprisonnement de son leader Messali Hadj en sont des signes. Ses 20 000 partisans qui ont défilé à Alger le 1er mai pour réclamer sa liberté ont été le prélude à ces émeutes. Autre leader important, Ferhat Abbas, qui a créé l'association des Amis du manifeste et de la liberté (AML), est arrêté et emprisonné, considéré comme l'un des organisateurs des émeutes.
À la volonté de nombreux musulmans algériens d'obtenir l'indépendance de leur pays s'ajoute une crise du ravitaillement. Cause sur laquelle s'appuie le Parti communiste pour expliquer les émeutes : « Donner à manger aux affamés, arrêter immédiatement la poignée de grands propriétaires affameurs qui sont à la source des troubles, relever de

leurs fonctions quelques hauts fonctionnaires vichystes, annoncer sans nouveaux délais la date des élections municipales et cantonales. Voilà les premières mesures à prendre d'extrême urgence, les seules qui puissent rétablir l'ordre en Algérie[7]. »

En parallèle, le PCF condamne avec fermeté les agitateurs nationalistes et les milices constituées pour les réprimer comparés respectivement à des agents de la 5e colonne et des fascistes. Propos identiques dans les colonnes de *Combat du Sud-Ouest* qui condamne « la minorité d'agitateurs, appartenant le plus souvent au PPA et au Parti du manifeste, qui ont exploité un malaise réel pour mener une politique antifrançaise, visant à développer le mouvement séparatiste[8] ».

Les émeutes de mai 1945 consacrent la rupture définitive entre les musulmans et les colons d'Algérie et annoncent la future guerre d'indépendance.

L'Union française

Le 24 mars 1945, de Gaulle lance une formule, certainement inspirée par Éboué, d'« Union française » destinée à séduire les peuples coloniaux et annoncer une ère nouvelle dans la doctrine coloniale française. Le 22 août est publiée l'ordonnance organisant la participation des populations coloniales aux élections de la future assemblée constituante, fixée au 25 octobre. Entre-temps, au retour d'un voyage aux États-Unis, de Gaulle abandonne le mot empire : « L'avenir des colonies françaises ? C'est l'Union française, chaque colonie se développant autant qu'il se peut, avec l'aide de la France. »

Le rêve d'assimilation tant souhaité par Éboué se concrétise en mars 1946 pour une minorité de colonies qui se trouvent départementalisées (Guyane, Martinique, Guadeloupe et Réunion). En revanche l'union des États libres liés à la France par des pactes d'amitié fraternelle et économique, soutenue par certains indigènes, ne voit pas le jour.

La nouvelle Constitution, adoptée par référendum, le 13 octobre 1946, consacre un titre entier à la création de l'Union française, en accordant aux territoires d'Outre-Mer que la liberté de s'administrer eux-mêmes et non de se gouverner : « Fidèle à sa mission traditionnelle, la France entend conduire les peuples dont elle a pris la charge à la liberté de s'administrer eux-mêmes et de gérer démocratiquement leurs propres affaires ; écartant tout système de colonisation fondé sur l'arbitraire, elle garantit à tous l'accès aux fonctions publiques et l'exercice individuel et collectif des droits et libertés proclamés ou confirmés ci-dessus. »

Une assemblée de l'Union française est créée, composée pour moitié de membres représentant la France métropolitaine et pour moitié les départements et territoires d'outre-mer et les États associés sous mandat ou sous protectorat. La séance inaugurale de l'Assemblée a lieu le 10 décembre 1947[9].

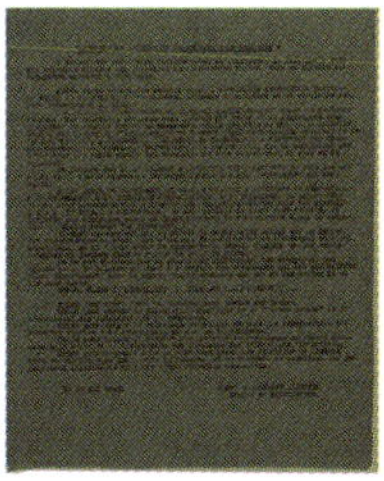

Ce tract du Parti communiste algérien de la région de Constantine reprend la ligne du Parti qui dénonce avec fermeté les émeutes de Sétif et de Guelma du 8 mai 1945, dont les instigateurs européens et musulmans sont comparés à une 5e colonne fasciste.

L'INDOCHINE DANS LA TOURMENTE

« Le Japon agonise. Dans quelques semaines l'Indochine sera libérée, non point par nos armées, car nous n'avons pu engager que de faibles effectifs, mais par les forces alliées. Demain, les territoires que nous administrions avant la guerre seront occupés par les Américains, les Britanniques, les Chinois. Quelle sera à ce moment notre situation ? », se demande *Le Figaro*[1], alors que l'amiral d'Argenlieu vient d'être nommé gouverneur général de l'Indochine française, quelques jours après la capitulation japonaise.

De l'occupation nippone à la naissance de l'indépendantisme

Si l'Indochine est restée dans le giron de l'empire français soumis à l'autorité du régime de Vichy, dans les faits, les Japonais occupent la péninsule. La souveraineté française y est tolérée car elle collabore avec l'allié allemand et ne contrarie pas les plans nippons de pillage économique de l'Indochine. De plus, une sorte de modus vivendi est instaurée entre l'amiral Decoux, représentant du gouvernement de Vichy, et les souverains régionaux qui règnent en contrepartie de leur allégeance à la France : l'empereur du Viêt Nam, Bao Dai, le roi du Cambodge, Norodom Sihanouk et le roi du Laos, Sisavang Vong. Cette harmonie de façade est brisée le 9 mars 1945.

De son côté, de Gaulle rappelle le 3 décembre 1942, que « les territoires de l'Empire, ou qu'ils soient et quels qu'ils soient, n'appartiennent à personne sinon à la France ».

La vassalisation de l'Indochine par le Japon ruine le prestige de la France. Brèche dans laquelle s'engouffrent les communistes, les seuls en capacité de proposer un programme politique appelant à l'indépendance, a contrario des sectes religieuses en plein essor mais suivant une démarche nationaliste pronippone. Le Parti communiste indochinois (PCI) est cependant divisé entre les tenants d'une doctrine pro-soviétique, face à une tendance alignée sur le Parti communiste français qui a soutenu le Front populaire français de 1936.

En 1941, un agent du Komintern, Nguyên Ai Quôc, qui se fait appeler Hô Chi Minh (« Puits de lumière »), donne un virage indépendantiste au PCI qui fait le choix d'une « libération nationale », mise au service de la « révolution mondiale » au cœur du programme communiste. La lutte armée communiste est aussi bien antijaponaise qu'anticolonialiste. Afin de mener à bien son action, Hô Chi Minh crée la Ligue pour l'indépendance du Viêt Nam (*Viêt Nam Dôc Lâp Dông Minh Hôi*, en abrégé Viêt-minh) qui connaît une progression fulgurante mais qui manque d'armes.

INDOCHINE
28 PAGES
12
FRANCS
TERRE FRANÇAISE
ÉDITÉ PAR LA DIRECTION DES SERVICES DE PRESSE DU MINISTÈRE DE LA GUERRE

Statu quo militaire en Indochine

À l'automne 1944, après ses succès en Birmanie, la Grande-Bretagne soutient la volonté française de conserver sa colonie indochinoise, jugée « vitale » par Churchill pour la défense de l'Asie du Sud-Est et de l'Océanie face au communisme. De son côté, de Gaulle ne peut pour le moment se débarrasser du représentant de Vichy, même si ce régime politique n'existe plus, sans risquer une manœuvre des Japonais sur la péninsule. Motif qui le dissuade aussi d'envoyer un corps expéditionnaire français en Asie pour combattre le Japon, voire libérer l'Indochine, afin de réhabiliter la place de la France sur ce continent. Le GPRF se contente d'envoyer des agents gaullistes et désigne le général Mordant, chef des forces françaises et de la Résistance en Indochine. Manœuvres qui ne passent pas inaperçues aux yeux des Japonais, sans représenter un danger quelconque.

Roosevelt qui ne sait qui soutenir tant la situation lui paraît complexe, finit par admettre l'utilité de la présence française pour contrer les velléités soviétiques comme chinoises sur l'Indochine. En effet, Tchang Kaï-chek a, la même année, rompu ses relations diplomatiques avec Vichy, il en a d'ailleurs profité pour faire main basse sur plusieurs établissements français en Chine.

Le coup de force japonais

Face à ces tergiversations alliées, ce sont les Japonais qui tirent leur épingle du jeu. Redoutant un débarquement américain en Indochine, le Japon sait désormais quel camp choisiront les Français infiltrés par les gaullistes. Le 9 mars, l'attaque nippone est déclenchée par 35 000 soldats bien préparés face à 30 000 combattants français dispersés et mal équipés. Malgré des parachutages d'armes britanniques et américains, l'Indochine tombe aux mains des Japonais en quelques jours.

Une répression terrible s'abat tant sur les militaires que sur les civils, allant d'exécutions sommaires de prisonniers à des viols, sans compter les nombreux internements avec torture. Se présentant en « libérateur » de peuples opprimés, le Japon accorde l'« indépendance » au Viêt Nam, au Laos et au Cambodge, en instaurant des régimes fantoches pro-nippons. L'Indochine qui vit une famine sans précédent depuis plus d'un an voit celle-ci s'aggraver et provoquer la mort de 1 à 2 millions de personnes. L'opinion publique se retourne alors très vite contre le Japon. Le Viêt-minh attise cette haine de l'oppresseur et s'emparant de stocks de riz redistribués aux plus démunis, il accroît sa popularité. Ne pouvant combattre plusieurs adversaires en même temps, Hô Chi Minh déclare que l'« unique ennemi de la révolution vietnamienne » est le Japon. Les nationalistes se sont naturellement substitués aux représentants des autorités françaises, pour la plupart emprisonnés, devenant les interlocuteurs privilégiés du GPRF, au grand dam d'une majorité de la classe politique française.

Une brève indépendance

Prenant connaissance du lancement des deux bombes atomiques sur le Japon, sans même attendre la capitulation japonaise, le Viêt-minh s'empare des grandes villes du nord du pays et instaure un gouvernement provisoire. Cette prétendue indépendance s'accompagne de violences et de meurtres des Européens et des métis eurasiens.

Triomphe de courte durée, puisque conformément aux engagements pris par Washington, l'armée nationaliste chinoise et l'armée britannique pénètrent en Indochine. Les Chinois, ennemis

héréditaires du Viêt Nam, pourchassent les nationalistes vietnamiens, tandis que les Britanniques instaurent la loi martiale dans les territoires sous leur contrôle.
Le 24 août, de Gaulle annonce que « la France prétend recouvrer sa souveraineté pleine et entière sur l'Indochine ». Les Américains encouragent ce retour par le biais du général MacArthur qui, avant la cérémonie de capitulation japonaise sur le *Missouri*, dit au général Leclerc : « Amenez des troupes, encore plus de troupes, autant que vous le pouvez[2]. » Ni les États-Unis, la Grande-Bretagne et la France ne voient d'un bon œil ces nationalistes communistes. Tchang Kaï-chek qui a déjà à combattre son ennemi intérieur communiste Mao Zedong finit par céder en retirant ses troupes en mars 1946.
La France entame une reconquête de l'opinion indochinoise avec des affiches ou des tracts bilingues distribuées aux populations leur présentant le danger Viêt-minh tout en les rassurant sur les intentions françaises : « L'inutile résistance des bandes du Viêt-minh [...] ne fait qu'augmenter les souffrances de notre peuple et qu'accélérer la ruine de notre pays. [...] Rentrez dans vos foyers. Reprenez votre travail. Vous serez protégés par les troupes françaises, aidés par les autorités et la population française. [...] Vive l'Indochine nouvelle ! Vive la France[3] ! »
Le 6 mars 1946, un accord est signé entre la France et Hô Chi Minh par lequel la France reconnaît la République démocratique du Viêt Nam, rattachée à l'Union française. Accord qui ne tient que quelques mois. Le bombardement du port de Haïphong[4], action entreprise par l'armée française contre le Viêt-minh, le 23 novembre, est l'élément déclencheur de la guerre d'Indochine, qui débute formellement le 19 décembre avec le soulèvement de Hanoï[5] : « Que celui qui a un fusil se serve de son fusil, que celui qui a une épée se serve de son épée. Que chacun combatte le colonialisme », est le mot d'ordre de Hô Chi Minh.

Des travailleurs indochinois restés en France

À partir de 1939, pour pallier le manque de main-d'œuvre masculine en raison de la mobilisation générale, la France fait venir en métropole 20 000 Indochinois dont seule une infime partie est volontaire[6]. Ils sont employés à des travaux pénibles comme le maniement de la poudre dans les usines d'armement. Parqués dans des camps disciplinaires du sud de la France, après la défaite de 1940, ils sont loués à des sociétés publiques ou privées qui les emploient sans leur verser de véritable salaire, dans les forêts, les champs ou les usines. Quelques centaines sont mis à contribution, à partir de 1941, lors de la réintroduction de la riziculture en Camargue devant compenser les pénuries alimentaires. Les récoltes sont un véritable succès et ne cessent de croître chaque année, sans aucune reconnaissance pour ces *Công-Binh* (« ouvriers-soldats ») qui ne sont rapatriés qu'entre 1946 et 1952. Seuls 1 000 à 3 000 décident de rester en France.

Éditée en avril 1945 par le ministère de la Guerre et le secrétariat d'État aux Colonies, cette brochure incite les jeunes gens à s'enrôler dans les forces expéditionnaires françaises en Extrême-Orient (FEFEO) destinées à combattre les troupes japonaises sur le front du Pacifique et rétablir l'autorité française sur ses possessions indochinoises.

SIGMARINGEN : VICHY-SUR-DANUBE

Le 26 avril 1944, pour la seule et unique fois depuis la défaite de 1940, le maréchal Pétain vient à Paris, sous haute surveillance allemande. En mai, un second voyage le mène dans plusieurs villes de la zone nord. À Paris, après avoir flétri les bombardements alliés, il est acclamé au balcon de l'Hôtel de Ville par 200 000 personnes dont on ne sait si le soutien est pour sa personne ou pour l'incarnation de la France qu'il représente malgré sa politique de collaboration. En parallèle, les partis collaborationnistes continuent leur agitation pour dénoncer les Alliés lorsque survient le Débarquement.

Ultimes manœuvres des ultras de la collaboration

La veille de la libération de la capitale, les membres des partis et mouvements collaborationnistes sont contraints par les autorités militaires allemandes d'abandonner Paris. Les Allemands craignent en effet que les chefs rivaux de l'ultracollaboration – Marcel Déat pour le RNP et Jacques Doriot pour le PPF – ne profitent de la situation insurrectionnelle pour déclencher une guerre civile à leur profit qui entravera les mouvements de leurs troupes. D'autant que Déat, secrétaire d'État au Maintien de l'ordre, peut bénéficier du soutien de sa Milice qui est fortement implantée dans la région parisienne avec environ 67 400 hommes, que les Allemands regardent avec méfiance.

Alors qu'un conseil de révision pour les volontaires de la Légion des volontaires français contre le bolchevisme (LVF) est organisé le 21 juillet, Doriot demande aux autorités allemandes de les rapatrier du front de l'Est pour défendre Paris. Requête restée lettre morte. Peu importe, le PPF proclame son intention de défendre Paris en déclarant fièrement : « Nous ne sommes pas des dégonflés. » Aux yeux des Allemands ce sont surtout des éléments turbulents et incontrôlables dont il faut se débarrasser au plus vite.

C'est Darnand qui semble sonner l'hallali, en quittant Paris le 15 août, suivi deux jours plus tard par Fernand de Brinon Le 17, tous les journaux collaborationnistes se sabordent et 200 Miliciens quittent Paris pour Nancy, suivis des membres du PPF, RNP et des Francistes de Marcel Bucard.

Depuis le Débarquement, on se demande qui de la Résistance ou de l'État français arrivera à négocier avec les Américains pour mettre de Gaulle sur la touche. Pierre Laval mise tout sur l'animosité des Américains envers de Gaulle et sur leur respect des institutions démocrates. De leur côté, bien décidés à sauver leur peau, les membres des autorités vichystes de Paris prévoient d'accueillir solennellement les Américains à l'Hôtel de Ville

ОКНО ТАСС № 1100
ПРЕСТУПНИК НЕ УЙДЁТ ОТ СУДА
В замке Лаваля, бежавшего в Германию, французской полицией были обнаружены тысячи бутылок отборного вина, золотой кинжал, подаренный Лавалю бывшим немецким послом в Виши Отто Абецом, а также много орденов и разных подарков от гитлеровских лидеров.
(Из газет).
ВИЛЛА ЛАВАЛЯ
Рейн
Лавалю-Гитлер
Пьеру от Адольфа
Лаваль в Германию бежал,
Но не унёс, умчавшись в страхе,
Подарок „фюрера“ — кинжал,
„Рейнвейн“ и с свастиною бляхи.
Народ преступника найдёт,
Не увильнёт Иуда ловкий!
Недаром Франция поёт:
„Тому, кто продавал народ,
Не откупиться от веревки“.
художники — Е. РЕЗНИКОВ, Н. КОГОУТ
М. ВЕРШИНИН

lors de leur arrivée dans la capitale. Ils imaginent même, en dépit du bon sens, que Pétain sera présent avec eux. Et Laval de conclure que cette passation de pouvoir n'aura de légitimité pour les Alliés que si l'Assemblée nationale la valide. Cette dernière n'ayant pas eu l'autorisation de se réunir depuis le vote des pleins pouvoirs à Pétain en juillet 1940, Laval s'arrange pour obtenir l'autorisation de l'ambassadeur d'Allemagne en France, Otto Abetz, pour sa convocation. Constatant certainement la vanité de ces démarches, ni Ribbentrop, ministre des Affaires étrangères du Reich, prévenu par Abetz, ni Oberg, le chef des SS en France, n'empêchent Laval d'agir.
À la surprise de tous, Laval réussi à réunir le 11 août, 87 des 89 maires de la région parisienne pour leur faire part de ses intentions. Il leur fait même voter un texte par lequel ils le mandatent à agir pour « trouver les voies du salut qui conduiront le pays vers sa résurrection ».
Il lui faut alors trouver un moyen de rétablir la IIIe République en l'absence des parlementaires. Une loi de 1872 est alors exhumée par laquelle, en cas d'empêchement de l'Assemblée nationale, les conseils généraux peuvent se substituer à elle, à la condition d'avoir l'accord de grands parlementaires. Laval se rend chez Édouard Herriot, dernier président de la Chambre des députés, pourtant rallié à de Gaulle, qui est en résidence surveillée dans sa demeure près de Nancy. Il se laisse convaincre par Laval et revient sous escorte SS à Paris. Mais avant de donner son accord, il demande à Laval d'obtenir l'avis favorable de Jules Jeanneney, dernier président du Sénat, lui aussi en résidence surveillée à Grenoble.
La Résistance ayant eu vent des intentions de Laval dénonce par affiches, le 13 août, les « maquignons de la politique » et empêche le retour de Jeanneney. Les leaders de l'ultracollaboration, encore présents pour quelques heures à Paris, font pression sur leurs réseaux à Berlin afin d'empêcher le retour du parlementarisme, qu'ils n'ont eu de cesse de combattre pendant quatre ans. Himmler et Goebbels leur donnent raison et, le 16, Herriot est ramené chez lui, avant d'être transféré en résidence surveillée à Potsdam, d'où il ne sera libéré qu'en avril 1945 par les Soviétiques. Laval a perdu la partie.
Le 17, une directive de Hitler et de Ribbentrop arrive de Berlin, qui exige le transfert du gouvernement français à Belfort, si besoin par la force. Laval réunit une ultime fois un conseil des ministres à Paris avec seulement 6 ministres[1]. Les ministres rejettent l'ultimatum des Allemands et Laval annonce renoncer à exercer ses fonctions de chef du gouvernement. À minuit, excepté Grasset qui a réussi à fuir, tous sont contraints de monter dans des voitures en direction de Belfort sous escorte de la SS.

Fin de règne à Vichy

En novembre 1943, Pétain envisage de convoquer les Chambres afin d'être en mesure de négocier avec les Américains et éviter une guerre civile que l'on imagine favorable aux communistes.
Début août 1944, il écrit une lettre à Jeanneney pour lui proposer de convoquer un Parlement devant lequel il rendrait compte de son action depuis le 10 juillet 1940. Habile façon d'assurer une passation de pouvoir honorable. Courrier qui ne parviendra jamais à Jeanneney compte tenu de la désorganisation des communications. La tentative de prise de contact avec Eisenhower échoue elle aussi. L'entourage proche de Pétain en finit par imaginer une sorte de conseil de régence qui assurerait une passation de pouvoir entre Pétain et de Gaulle. Proposition

qu'aurait évidemment refusée de Gaulle car elle aurait *a posteriori* donné une légitimité au régime de Vichy qu'il considère comme « nul et non avenu ». Des contacts avec les FFI sont aussi tentés sans plus de succès.
Toutes ces intrigues prennent fin, le 19 août, lorsque les Allemands annoncent à Pétain qu'ils ont ordre de l'emmener, de force si nécessaire, à Belfort d'où il partira pour Sigmaringen.
Excepté la résistance symbolique de la garde du maréchal au moment où les Allemands emmènent Pétain, le régime de Vichy est mort tranquillement tant en province qu'à Paris.

Sigmaringen, ultime avatar de la collaboration

C'est donc dans le Bade-Wurtenberg, au château de Sigmaringen mis à disposition par Hitler, qu'un gouvernement fantoche se reconstitue, le 1er octobre 1944, sous le nom de commission gouvernementale pour la défense des intérêts français en Allemagne, présidée par Fernand de Brinon. Ni Laval ni Pétain ne se prêtent à cette mascarade. Pétain s'estime au contraire prisonnier et ne cesse de déclarer que « quoi qu'il arrive, [il restera] toujours au milieu de [ses] concitoyens ».
Parmi les membres de cette commission se trouvent Marcel Déat, Joseph Darnand, le général Bridoux, Jean Luchaire. Ils sont entourés d'environ 30 000 Français qui ont pris ce chemin de l'exil, logés tant bien que mal dans les environs de Sigmaringen. Parmi eux figure l'écrivain antisémite Louis-Ferdinand Céline qui, docteur de son état, a beaucoup à faire à ce titre auprès de ses compatriotes exilés : « Vous vous diriez en opérette... le décor parfait... la ville, si jolie, fignolée, rose, verte, un peu bonbon, demi-pistache... le plus bluffant : le Château !... La pièce comme montée de la ville[2] », raille-t-il.
Beaucoup des ministres préparent la défense de leur futur procès en France, à commencer par Laval.
Symboliquement, les Alliés laissent, le 21 avril, les troupes françaises entrer dans le château déserté de tous ces hôtes indésirables : « Aujourd'hui sur le château de ceux qui ensanglantèrent si souvent notre sol, sur le repaire où se terraient les plus grands criminels et les plus grands traîtres que la France ait jamais connus, le drapeau français, le vrai, celui qui a été hissé par la 1re armée française, flotte joyeusement, librement en vainqueur », écrit *Patrie*[3].
La veille, les Allemands forcent Pétain à quitter Sigmaringen pour le « mettre en sécurité » plus à l'est du pays. Refusant et insistant pour rentrer en France, afin d'y « défendre son honneur », les Allemands acceptent, le 22, de le faire entrer en Suisse, d'où la France demande son extradition, malgré le refus du général de Gaulle qui ne voulait pas du procès à venir. Le 26 avril, Pétain est livré aux autorités françaises à Sainte-Marguerite, à la frontière suisse.

Cette affiche soviétique d'Efim Reznikov, intitulée « Le méchant n'échappera pas à la justice », présente Pierre Laval s'enfuyant dans une voiture remplie de bagages et biens précieux, avec la complicité d'un officier allemand. Le dessin de droite dépeint la cave de son château remplie de bouteilles de vins, d'un poignard en or offert par Otto Abetz et de médailles allemandes. Le texte russe proclame que le peuple retrouvera Laval pour le juger et lui mettre la corde autour du cou, symbole d'une quête de justice pour les traîtres de tous pays qui ont collaboré avec les nazis.

26 JUILLET 1945

LES ZONES D'OCCUPATION ALLIÉES

L'occupation de l'Allemagne après la Seconde Guerre mondiale résulte de la volonté des trois principaux alliés (États-Unis, Grande-Bretagne et URSS) d'éliminer le régime nazi, de prévenir tout risque de résurgence du militarisme allemand et d'un État pouvant à nouveau déstabiliser la paix en Europe. Préparé depuis 1943, le régime d'occupation mis en place après la capitulation du 8 mai 1945 soumet entièrement l'Allemagne à ses occupants. L'État allemand n'existe plus et son territoire est découpé en trois puis quatre zones d'occupation.

L'avenir de l'Allemagne

Dès la conférence de Téhéran de décembre 1943, les Alliés envisagent le démembrement de l'Allemagne en plusieurs États.

Il faut attendre les « déclarations de Berlin[1] », du 5 juin 1945, signées par les commandants en chef alliés pour que soit fixé le statut d'occupation de l'Allemagne. Le document stipule que les Alliés constatant qu'il n'existe plus en Allemagne de gouvernement ni d'autorité centrale en état d'assumer la responsabilité du maintien de l'ordre ou l'administration du pays, déclarent qu'« ils assument l'autorité suprême à l'égard de l'Allemagne y compris tous les pouvoirs détenus par le gouvernement allemand, par le haut commandement allemand et par tout gouvernement ou autorité d'État, municipal ou local ». La déclaration précise que « la prise de cette autorité et de ces pouvoirs n'a pas pour effet d'annexer l'Allemagne ».

Lorsqu'ils se retrouvent à Potsdam (17 juillet-2 août 1945), les « Trois Grands » tentent de définir une vision commune sur le sort de l'Allemagne. Un conseil des ministres des Affaires étrangères (CMAE) doit se réunir trois ou quatre fois par an pour élaborer les traités de paix définitifs avec l'Allemagne et les autres belligérants européens. La dénazification du pays est placée sous l'autorité des Alliés. La transformation de l'Allemagne en un pays purement agricole, un temps envisagé, est définitivement abandonnée mais son industrie sera contrôlée afin d'empêcher toute production utile à une économie de guerre.

Parallèlement à ces discussions, la commission consultative européenne (EAC[2]) aboutit, le 12 septembre 1944, à un premier protocole d'accord sur les zones d'occupation en Allemagne et du Grand Berlin, répartis entre chacune des trois puissances. Invitée à participer aux travaux de l'EAC, à partir du 27 novembre, la France, sur pression du général de Gaulle, obtient une zone d'occupation en Allemagne et à Berlin, prise sur celles attribuées aux États-Unis et au Royaume-Uni. Les limites des quatre

ZONE FRANÇAISE D'OCCUPATION

Cette carte des zones françaises d'occupation en Allemagne et en Autriche remplace celle de la série N° 7 dans laquelle quelques erreurs typographiques s'étaient glissées.

zones sont ratifiées par les quatre parties, le 26 juillet 1945.

La zone française d'occupation en Allemagne (ZFO)

La zone attribuée à la France comprend les territoires situés le long de la frontière française[3], ainsi que les districts nord de Berlin-Ouest. Le 12 août 1945, deux districts berlinois (Reinickendorf et Wedding) sont aussi attribués à la France.
Le premier commandement militaire est assuré par le général de Lattre de Tassigny, de mai à juillet 1945. Il dirige les troupes d'occupation en Allemagne (TOA) qui installent leur quartier général à Baden-Baden. Rapidement, cette ville d'eau « offre le spectacle d'une ville d'opérette. [...] Le soir lorsque les autochtones se sont enfermés chez eux (couvre-feu à dix heures), on danse et on boit des cocktails[4] ».

Le commandement en chef français en Allemagne (CCFA) est ensuite confié au général Kœnig qui assume « l'autorité sur l'ensemble des services français de gouvernement, d'administration militaire et de contrôle en Allemagne ». Parmi les services les plus importants figure la mission militaire aux affaires allemandes (MMAA) chargée de l'administration directe de toute la zone occupée dans tous les domaines (économie, production, transport, reconstruction, ravitaillement, presse, culture, etc.)
En août 1949, avec la nomination d'un haut-commissaire français, l'appellation TOA est remplacée par Forces françaises d'occupation en Allemagne (FFA). Une monnaie autonome n'ayant cours légal que dans la zone d'occupation française, le franc FFA, est créée.

La fraternisation interdite

Lors de l'entrée des troupes alliées occidentales en Allemagne, des consignes de non-fraternisation strictes sont données aux soldats, sous peine de lourdes sanctions, allant d'une suspension de soldes à six mois de prison. Il est donc interdit d'entretenir des relations amicales avec les populations civiles ou d'avoir des attitudes amicales avec les prisonniers de guerre. Seules les relations cordiales avec les enfants âgés de moins de 12 ans sont autorisées, pour les besoins de la propagande.
À partir de juillet 1945, un relâchement de ces consignes dans les zones américaine et britannique soulève l'indignation de la presse : « L'Allemand pris individuellement vous jurera n'avoir jamais été nazi, pris en groupe il redeviendra arrogant. Non ! L'Allemagne n'est pas désintoxiquée, les soins seront longs et la guérison sera d'autant plus rapide si l'on adopte une politique de fermeté à son égard[5]. » Un journal américain demande qu'une exception soit faite pour les Juifs allemands « qui ont subi le pire sadisme nazi » et auxquels il faudrait « donner leur chance » en leur permettant « de se distinguer de leur pire ennemi et de jouir du statut d'allié qui leur est dû »[6].

Les directives du GPRF

En juillet 1945, le GPRF publie une note secrète de plusieurs pages intitulée « Directives pour notre action en Allemagne » qui détaille les intentions françaises pour l'administration de sa zone d'occupation. Les extraits qui suivent permettent d'avoir une vue d'ensemble du regard que la France porte sur son ennemi vaincu : « Nous devrons chercher aussi bien la destruction de l'édifice prussien

que celle de l'édifice hitlérien. Nous devons rester réservés vis-à-vis des tendances "fédéralistes" en n'oubliant pas que c'est en s'abritant sous un masque fédéral que la Prusse a commencé son regroupement de l'Allemagne. [...]
D'une manière générale, notre occupation doit être sévère, mais elle doit aussi être juste. [...]
Nous devons sur le plan administratif et économique punir les coupables de guerre ; extirper le nazisme, au moins en la personne des agents de la Gestapo, SS, des fonctionnaires du Parti qui se sont cachés ou camouflés avec de faux papiers ; veiller à l'organisation d'une administration honnête, juste, rapide et efficace et que le contrôle ne paralyse pas [...] ; rétablir et orienter un embryon de presse [...] ; rouvrir rapidement les écoles primaires et secondaires et les doter de nouveaux manuels ou de manuels antérieurs à 1933, et filtrer soigneusement les instituteurs [...] ; assurer les possibilités d'existence matérielle de notre zone. [...]
Une condition essentielle du succès de la politique française d'occupation réside dans la parfaite tenue de nos troupes, dans leur discipline et leur sens de la justice envers une population qui ne conçoit pas la force sans l'ordre le plus rigoureux. »
La France participe à la dénazification de l'Allemagne en instaurant ses propres tribunaux militaires pour juger certains délits.

La zone française d'occupation en Autriche

Comme l'Allemagne, l'Autriche est divisée en quatre zones d'occupation par les Alliés. La France hérite des régions du Tyrol du Nord et du Vorarlberg. Le quartier général de la ZFO autrichienne est installé à Innsbruck.

À la différence de l'Allemagne, l'occupation française en Autriche n'est pas conçue avec les mêmes ressorts. Les Français, comme l'ensemble des Alliés, considèrent en effet les Autrichiens comme des victimes du nazisme et non comme les promoteurs de cette idéologie. L'Autriche est donc traitée comme un pays « libéré ».
Même si la volonté d'extirper toute trace de ferveur et de soutien à l'idéologie nationale-socialiste existe, les méthodes françaises employées sont différentes. De plus, en condamnant trop vivement ceux qui ont collaboré avec les nazis, les Français risquent de provoquer une grave crise sociale en Autriche susceptible de déstabiliser toute l'Europe centrale. En Autriche, la France use donc abondamment de politique culturelle pour ne pas heurter la population. Finalement, ce choix s'avère mauvais car il limite le succès de la dénazification.
L'occupation dans sa pleine acception prend fin en 1949 avec la renaissance de l'Allemagne *via* l'instauration de deux États, la RFA et la RDA. Mais jusqu'à la réunification en 1990, les deux Allemagnes ne jouissent pas de leur totale souveraineté puisque d'importantes forces militaires des quatre puissances demeurent stationnées sur leur sol.

Carte des zones d'occupation françaises en Allemagne, à Berlin et en Autriche, diffusée par le service de presse du ministère de l'Information, en 1946.

TENTATIVES DE GUÉRILLAS CONTRE FRANCO

Près de 12 000 Espagnols rejoignent la Résistance comme guérilleros ou dans les rangs des FFL entre 1940 et 1945, prenant part à des actions de la Bretagne aux Cévennes en passant par Poitiers, Bordeaux, Angoulême, Avignon, Montélimar, Valence ou Annecy. Dès 1944, ils espèrent continuer ce combat contre le fascisme en renversant Franco en Espagne.

Hommages aux guérilleros

C'est majoritairement dans l'organisation de la main-d'œuvre immigrée (MOI)[1] qu'entrent en résistance les communistes espagnols. Dans les Cévennes, ils sont si nombreux qu'ils s'organisent, en janvier 1943, en un mouvement autonome émancipé de la tutelle des FTP-MOI. Début 1944, en Lozère, est créé l'unique maquis espagnol de France. Le maquis de Glières compte 56 Espagnols, regroupés dans la section Èbre. Après l'attaque du maquis par les Allemands, en mars 1944, la section se reforme lors de la libération de la Savoie.

Les Espagnols ayant rejoint la 2e division blindée du général Leclerc, sont réunis dans la 9e compagnie, baptisée « Nueve », dont les chars sont nommés *Madrid*, *Guernica*, *Teruel*, *Guadalajara*, *Ebro* ou *Don Quichotte*. Ils entrent les premiers dans Paris, le 24 août 1944, puis participent à la libération de Strasbourg et aux combats des poches de l'Atlantique en 1945.

Près de Montpellier, de nombreux maquisards espagnols rejoignent le maquis Bir-Hakeim, créé en mars 1943. Après le débarquement de Provence, ils participent, avec les maquisards français, aux libérations de Privas, Foix, Lannemezan, Agen et Toulouse. Ville où, le 17 septembre 1944, le général de Gaulle rend hommage à l'un d'eux, blessé : « Guérillero espagnol, en vous je salue vos braves compatriotes pour votre courage, pour le sang que vous avez versé pour la Liberté et pour la France. À cause de vos souffrances, vous êtes un héros franco-espagnol. » Tandis que le général Bigeard (alias Aubert), chef des FFI de l'Ariège, déclare : « Je suis fier et heureux aujourd'hui de saluer et féliciter le courage de ces braves Espagnols qui, en étroite collaboration avec les FFI, ont libéré l'Ariège. [...] Nous, les FFI de l'Ariège, assurons ces guérilleros que l'idéal qui nous a unis, nous oblige à les aider à reconquérir immédiatement la liberté du peuple espagnol. Si cela est nécessaire nous sommes prêts à prendre le chemin de Madrid et ensemble combattrons les phalangistes de Franco et le reste du nazisme. » Paroles qui donnent espoir aux réfugiés républicains espagnols en France.

PREMIERS DOCUMENTS PARVENUS EN FRANCE SUR LES

MAQUIS ESPAGNOLS

CES HOMMES MAL VETUS, MAL NOURRIS, MAL ARMES TIENNENT LE MAQUIS DEPUIS DE LONGS MOIS POUR LA LIBERTE DE L'ESPAGNE.

QUAND on parle de la « Résistance » espagnole, on pense surtout au gouvernement en exil de M. Martinez Barrio et à ses démarches protocolaires à l'O.N.U., car on ignore la lutte impitoyable que se livrent, chaque jour, les « Guardias civiles » et les hommes du maquis. Cette lutte intérieure est silencieuse et sans gloire. Cependant, elle ronge le régime franquiste, épuisant peu à peu son crédit. Rien de comparable avec les combats des maquisards français contre les troupes allemandes d'occupation. En Espagne, une centaine de milliers d'hommes, dès la capitulation de la dernière armée républicaine, au printemps de 1939, se sont retirés dans les montagnes inaccessibles des Asturies, de Gredos et de Morena. Le maquis espagnol existait donc avant que l'Europe opprimée par les nazis ait organisé sa résistance armée. Restés sur des positions défensives, et sans liens entre eux, les réseaux espagnols se développèrent rapidement dès la libération de la France, en 1944. Ils recrutèrent tous ceux qui, traqués par la police, épuisés par le chômage et la faim, préférèrent reprendre la lutte ouverte contre le régime à une mort lente et sans rémission. Encadrés par des chefs qui avaient fait leurs premières armes en France, leur organisation, plus centralisée, devint plus efficace. La guérilla passa de la défensive à l'offensive. Des Asturies, le maquis se prolonge maintenant vers la Galice, où la lutte est plus spécialement engagée contre les prêtres coupables de fraterniser avec la Phalange. Les groupes de Guadarrama, en liaison avec ceux de Gredos et d'Andalousie, ne sont plus isolés. Les landes désertes, couvertes de bruyère, qui s'étendent, à perte de vue, aux environs de Tolède et de Madrid sont des champs de bataille naturels. La lutte est implacable. Les maquisards s'emparent, chaque fois qu'ils le peuvent, des armes, des uniformes et des vivres. C'est ce dont ils ont le plus besoin pour continuer la lutte. Chaque semaine, on apprend, à Madrid, qu'une rencontre a eu lieu entre les forces de police franquistes et les gens du maquis. Bien que ceux-ci ne reçoivent pas d'appui de l'extérieur, ils réunissent une force qui commence à compter. Pour en venir à bout, Franco doit mobiliser une véritable armée, nantie de tanks et d'avions, et s'embarquer dans une véritable guerre. Pour l'instant, il préfère contenir les maquisards en limitant les dégâts. Et ses adversaires, les guerilleros, toujours plus nombreux, toujours plus décidés, acceptent d'affronter la faim, le froid, les mitraillettes officielles, dans l'espoir de la liberté. Parfois, il leur arrive de voir descendre des nuages un avion. Il a passé la frontière à cinq mille mètres d'altitude. C'est la liaison avec l'extérieur. Le pilote porte un courrier chiffré abondant qu'il remet aux chefs du maquis. Dans ce courrier, il n'y a pas que des informations d'ordre militaire mais aussi des nouvelles sur ce qui se passe dans le reste du monde. Il faut dire que les réseaux républicains n'ont pas la T.S.F. Quant aux journaux espagnols qu'ils font venir de Madrid ou de Barcelone, ils sont remplis d'une propagande mensongère et injurieuse. Mais c'est souvent en lisant entre les lignes qu'ils devinent l'inquiétude qui grandit chez les franquistes.

LE 9 DECEMBRE DERNIER, réclamant l'amnistie pour leurs prisonniers, les maquisards sont allés jeter ce tract à travers Madrid, malgré la police.

SUITE

Échec de l'opération *Reconquista de España*

À l'automne 1944, l'Union nationale espagnole (UNE)[2] et l'état-major de l'AGE[3], groupement de guérilleros espagnols armés en France décident de lancer l'opération Reconquête de l'Espagne qui doit établir une zone libérée dans le val d'Aran pour y installer un gouvernement républicain provisoire. Ce lieu, situé sur le versant nord des Pyrénées est facilement accessible de la France tout en étant protégé de hautes montagnes qui entravent les communications avec le reste de l'Espagne. La date de l'opération est fixée au début de l'enneigement des montagnes formant un bouclier naturel contre les armées franquistes. Il faut agir vite pour espérer avoir le soutien des Alliés à la fin de la guerre.
Une fois la vallée prise, des groupes de guérilleros doivent essaimer des maquis dans toute l'Espagne pour harceler les troupes franquistes, en créant en parallèle une vaste insurrection populaire. « Les émigrés espagnols s'organisent et, dans toute l'Espagne, les républicains reprennent courage. La victoire des démocraties sur les États totalitaires est aussi leur victoire. C'est la logique implacable des choses. Franco ne doit et ne peut survivre à la chute de ses maîtres : Mussolini et Hitler », clame *Défense de la France*,[4] qui estime que si Franco s'accroche au pouvoir ce sera le prélude d'une nouvelle guerre civile.
Les premières incursions commencent dès septembre, mais le gros de l'offensive débute le mois suivant en Catalogne, depuis l'Aude et les Pyrénées-Orientales. Le 19 octobre, 4 000 guérilleros s'élancent dans le val d'Aran. Un reporter de *Combat* se rend dans « cette petite portion de l'Espagne libre, arrachée à Franco et à ses amis hitlériens », où il rencontre des guérilleros « mal vêtus pour le climat rude des montagnes, armés avec ce qu'ils ont pris à l'ennemi. Ils ont des mortiers, des mitrailleuses et des mitraillettes, mais en nombre insuffisant »[5].
Si plusieurs communes sont bien atteintes, la contre-attaque franquiste est plus importante que prévu. L'UNE ignore que ses plans sont connus des services de renseignement espagnols et que 10 000 franquistes (militaires, gardes civils et police armée) attendent l'invasion. Les gardes civils menacent de prison ou de mort tous villageois aidant les guérilleros. Le gouverneur de Gérone fait expulser 813 personnes, qualifiées d'« éléments subversifs de l'intérieur » de leurs domiciles[6]. Mesures qui privent les guérilleros de points d'appui solides auprès d'une population qui subit depuis plus de cinq ans une répression impitoyable et se trouve certainement peu encline à prendre le risque d'une telle aide. Mal équipés, manquant d'armes lourdes et de stocks de munitions, d'un approvisionnement en vivres suffisant, la retraite débute le 27 octobre face aux forces gouvernementales qui reprennent rapidement toutes les localités occupées. Environ 200 guérilleros périssent lors de cette opération. Le gouvernement espagnol renforce ses effectifs le long de la frontière et multiplie la construction d'ouvrages défensifs. Pour éviter de nouvelles infiltrations, des villages entiers sont vidés de leurs habitants.

Des républicains espagnols esseulés

Les Alliés n'ont jamais envisagé d'attaquer l'Espagne. Par une politique prudente et ambiguë pendant toute la guerre, Franco demeure en retrait face aux Anglo-Américains. Il obtient même des États-Unis, en 1943, qu'ils n'interviennent pas dans les affaires intérieures espagnoles.
À l'automne 1944, les trois principaux alliés font pression sur le GPRF pour qu'aucun incident à la frontière des

Pyrénées ne vienne entraver leur action contre l'Allemagne. La sécurité de cette frontière devient un gage de crédibilité de l'autorité du général de Gaulle pour une reconnaissance du GPRF par les Américains. Raison pour laquelle, le GPRF reconnaît officiellement le gouvernent de Franco, le 16 octobre. En retour, l'Espagne reconnaît le GPRF, le 16 novembre. Cela interpelle l'opinion française : « N'est-ce pas intervenir que de renouer des relations diplomatiques avec un gouvernement de force et d'injustice ? Mieux vaudrait rester neutre, pour éviter une impression regrettable, en affirmant que nous ne pouvons reconnaître Franco, ami de Pétain et obligé de Hitler et de Mussolini. Seul un gouvernement constitutionnel peut et doit être agréé par la France du général de Gaulle[7] ».

Dégradation des relations franco-espagnoles

Par décret, le 15 mars 1945, le GPRF octroie le statut de réfugié aux républicains espagnols en France, en vertu des services rendus dans la Résistance, geste perçu comme un affront par l'Espagne.
Début juillet, sur pression des États-Unis qui menacent de rompre leurs relations diplomatiques, la Phalange[8] est écartée par Franco des rouages gouvernementaux. Malgré tout, lors des accords de Potsdam, le 2 août, les Trois Grands ostracisent l'Espagne en l'excluant des Nations unies[9] : « Ils n'appuieront pas la candidature du gouvernement espagnol actuel, qui, établi avec l'aide des puissances de l'Axe, ne possède pas, en raison de ses origines, de son caractère et de son association étroite avec les pays agresseurs, les qualifications nécessaires pour justifier son admission parmi les Nations unies[10]. »
L'Espagne considère cette décision comme arbitraire et injuste et « voit dans ce fait le résultat de la fâcheuse atmosphère créée par la campagne diffamatoire des réfugiés rouges à l'étranger et de leurs associés[11] ». Pour garder la face, le communiqué gouvernemental précise que l'Espagne ne demande à entrer dans aucune conférence internationale et « qu'elle n'acceptera rien qui soit incompatible avec sa tradition et les services qu'elle a rendus à la paix et à la culture humaine[12] ».
La crise avec la France atteint son paroxysme le 27 février 1946 avec la fermeture de la frontière franco-espagnole et un embargo sur l'Espagne. Cette crise fait suite à l'exécution d'une dizaine de guérilleros espagnols par Franco, parmi lesquels figure un héros de la Résistance française, Cristino Garcia Granda[13]. À cette date, la France est isolée dans sa décision. Guerre froide oblige, l'ennemi est désormais soviétique et non franquiste. Les États-Unis et la Grande-Bretagne profitent de l'embargo français pour s'implanter économiquement en Espagne. Après le départ des ministres communistes du gouvernement français, les voix se font pressantes pour un rétablissement des relations avec l'Espagne. Les sanctions et l'embargo sont donc levés en 1948.

Le 16 janvier 1947, l'hebdomadaire *Point de Vue* propose à ses lecteurs un reportage sur les maquis espagnols d'Estrémadure qui subsistent toujours face aux contre-offensives des « Guardias civiles » franquistes.

LES BOMBES ATOMIQUES

L'annonce des destructions d'Hiroshima et Nagasaki, les 6 et 9 août 1945, est accueillie dans le monde occidental avec autant de surprise que de soulagement de voir la guerre prendre fin. Si l'emploi de la bombe atomique a pu surprendre, il n'a pas choqué et a même été vu comme la juste punition d'une nation qui a commis des crimes dans les pays qu'elle a occupés. L'arme atomique est perçue comme une bombe plus puissante parmi d'autres, capable d'accélérer la fin de la guerre.

Décision de l'emploi de l'arme atomique

Pour les Américains, le sort des civils japonais importe peu. L'opinion publique éprouve majoritairement un rejet raciste du Japonais, considéré comme un peuple inférieur. Malgré la propagande américaine pour faire de l'Allemagne l'ennemi numéro un, par préjugés antérieurs de l'opinion, l'ennemi est le Japonais plus que l'Allemand. Les soldats de l'armée impériale japonaise sont souvent représentés en petits singes astigmates cruels et aux mœurs immondes. Il est vrai que les massacres commis par cette armée, de Nankin, en décembre 1937, à Manille, en février-mars 1945, ont pu donner raison aux ennemis des Japonais.

En août 1945, les Américains ont le choix d'utiliser ou non l'arme atomique. Ils savent le Japon exsangue et au bord de la capitulation. Sur le court terme, l'usage de cette arme a comme avantage militaire de mettre un terme rapide à une guerre au coût pharaonique sur les plans humain et économique. Sur le long terme, il s'agit d'impressionner l'URSS. Puisque l'option atomique existe, Washington la saisit. D'autant que l'opinion américaine comme les membres du Congrès ne comprendraient pas qu'elle ne soit pas utilisée pour épargner la vie des GI's.

Le choc

Par manque d'information et pour éviter une panique dans l'archipel, Radio Tokyo annonce sobrement l'événement, au matin du 7 août[1]. Il faut attendre deux jours, la veille de Nagasaki, pour que le terme « bombe atomique » soit employé dans les cercles du pouvoir. La stupeur est d'autant plus grande que les chercheurs japonais qui s'étaient engagés dans le programme nucléaire au début de la guerre avaient abandonné leur projet estimant impossible la mise au point d'une telle arme. Après l'annonce faite par le président américain Truman de l'emploi de la bombe atomique, le responsable du programme nucléaire nippon écrit que si cette annonce « s'avère exacte, alors [...] il est temps pour nous de nous ouvrir le ventre. Les Américains ont remporté une immense victoire contre nous[2] ».

Dans un premier temps, la population n'est pas choquée par ces bombardements tant elle est exposée aux destructions des villes qui se sont accentuées depuis le printemps 1945. Mais une fois l'annonce de la bombe atomique connue, le pouvoir tente d'en

Nippon Times
DOUBLE DUTY DOLLARS
UNCONDITIONAL SURRENDER BY JAPS
COMPLETED AT 20-MINUTE CEREMONY
The End of the Long Road Back
JAP
KOBE
KYOTO
OSAKA
NAGOYA
YOKOHAMA
TOKYO

minimiser l'importance pour ne pas démoraliser l'armée. Le haut commandement militaire présente l'annonce de Truman comme un leurre visant à effrayer la population. Une mission d'enquête est toutefois chargée de vérifier sur place les dégâts. Son rapport est sans appel : « Quand l'avion a survolé Hiroshima, il n'y avait qu'un arbre mort calciné, comme si un corbeau était perché dessus, rien d'autre que cet arbre mort. Quand nous nous posâmes sur l'aéroport, nous vîmes que l'herbe était roussie. [...] Quelques écoles dont les toits avaient été soufflés et les fenêtres brisées restaient encore debout à quelques distances de la ville. Mais la ville elle-même était complètement annihilée – c'est bien le mot, oui, annihilée[3]. » Rejointe par un physicien nucléaire qui confirme l'emploi de l'arme atomique, le 9 août, l'autorité impériale se rend à l'évidence.

Côté français, la presse rend compte de l'événement avec espoir ou angoisse. Pour *L'Aube*, il s'agit d'« une révolution scientifique de portée incalculable » dont « le nouvel engin peut devenir un instrument puissant du maintien de la paix »[4]. Albert Camus écrit dans *Combat* : « Devant les perspectives terrifiantes qui s'ouvrent à l'humanité, nous apercevons encore mieux que la paix est le seul combat qui vaille d'être mené. Ce n'est plus une prière, mais un ordre qui doit monter des peuples vers les gouvernements, l'ordre de choisir entre l'enfer et la raison[5]. »

Victimes et survivants

Si Hiroshima n'est pas une base militaire, comme l'ont prétendu les autorités américaines, la ville est une zone importante de passage de troupes autant que des réfugiés provenant des zones sinistrées. Cet important flux de populations civile et militaire a pour conséquence de rendre difficile l'évaluation du nombre de victimes après l'explosion atomique.

Le bilan pour Hiroshima (340 000 habitants) est situé entre 68 000 et 140 000 morts et pour Nagasaki (195 000 habitants) entre 35 000 et 80 000 morts. S'ajoutent ensuite les victimes des conséquences des explosions atomiques, appelées *hibakusha*[6], qui ne sont pas que les personnes irradiées mais aussi celles ayant subi des séquelles physiques, psychologiques ou sociales. Leur nombre est estimé à 495 000[7]. Ils sont devenus les témoins capables de raconter l'indicible et, dans les décennies suivantes, des porte-parole du pacifisme et des mouvements antinucléaires dans le monde.

Une fois le pays occupé, les Américains envoient des équipes de scientifiques et de médecins sur les deux villes atomisées afin d'évaluer les destructions et les conséquences sur les humains. Des hôpitaux spécialisés y sont construits pour accueillir les victimes des radiations. À Hiroshima est créé le centre de recherche sur les effets des radiations (Radiation Effetcts Research Foundation, RERF) et une aile de l'hôpital de la Croix-Rouge est affectée à la création de la commission sur les victimes de la bombe atomique (Atomic Bomb Casualty Commission, ABCC). Côté japonais, en 1947 est créé le Yoken (Institut national de la santé) dont le rôle est d'examiner sans les soigner les *hibakusha*. Les membres et les directeurs du Yoken, de 1947 à 1983, sont issus de l'ancienne Unité 731[8]. Il faut attendre 1953 pour que l'ABCC organise concrètement les soins aux malades.

Dans le plus grand secret, une commission est chargée de compiler les documents émanant des recherches américano-japonaises. Ils ne sont rendus publics, aux États-Unis, qu'en 1981 sous le nom d'*Effets physiques, médicaux et sociaux des bombardements atomiques*. Même si des études ont été publiées dès 1947 avec des informations déjà précises, celles de 1981 prouvent que des scientifiques se sont intéressés aux conséquences génétiques des irradiés sur trois décennies, afin d'y étudier des maux nouveaux et les traitements à y apporter.

Résilience japonaise

L'emploi des bombes atomiques sert de prétexte à la population japonaise pour tourner la page de l'impérialisme et du colonialisme nippon et faire passer le pays du statut d'agresseur à celui de victime, en faisant porter la responsabilité des excès et crimes commis durant la guerre à une poignée d'individus. Cette victimisation de la population a aussi été rendue possible par la propagande japonaise qui a présenté les vainqueurs impitoyables, dont le but est l'« extinction de [la] race » japonaise, selon les propres mots de l'empereur Hirohito. Il faut attendre que la censure américaine se mette en place pour réduire au silence toute condamnation de la bombe atomique.

Hiroshima et Nagasaki marquent une rupture idéologique profonde pour la quasi-majorité de la population qui a pris conscience de sa vulnérabilité. Le premier grand choc vient du discours radiodiffusé de l'empereur le 15 août, au cours duquel il demande à la population d'accepter la capitulation. Parmi les autres tournants inédits figure le rescrit du 1er janvier 1946 par lequel Hirohito renonce à son statut de divinité.

Malgré tout, l'archipel va vivre dans les années suivantes un véritable « miracle » économique, consécutif à de profondes réformes politiques et sociales, mises en place sous l'autorité de Douglas MacArthur, à la tête du commandement suprême des forces alliées (SCAP). Pour permettre cette transition, le SCAP instaure une censure très efficace qui contrôle avec minutie l'image des forces américaines, présentées en occupant bienveillant, exempt de tous reproches. Dans ce registre, toutes références aux destructions d'Hiroshima et Nagasaki sont scrutées par la censure composée en 1947 de plus de 6 000 personnes, essentiellement des Japonais anglophones[9]. Cette censure, qui n'empêche pas une liberté d'information, est instituée jusqu'au départ des Américains de l'archipel en septembre 1951.

L'opinion japonaise est alors partagée entre les partisans du réarmement pour assurer sa protection et ceux qui rejetant tout risque d'escalade de la violence, en pleine guerre froide, revendiquent le pacifisme.

Souvenir en tissu de soie reproduisant la couverture du journal américain *Nippon Times*, du 2 septembre 1945, qui présente la carte du Japon vaincu par les États-Unis d'Amérique, le Royaume-Uni, la Chine et l'Australie. Les villes surlignées présentent les principales cibles des bombardements stratégiques alliés sur l'archipel nippon. On notera que les villes atomisées de Hiroshima et Nagasaki ne font l'objet d'aucune mention particulière conformément à la propagande américaine qui contrôle strictement toute référence à l'emploi de l'arme atomique en évitant de la mettre en avant dans sa victoire contre le Japon.

PILLAGE ET SPOLIATION DES ŒUVRES D'ART

Pendant quatre ans, inlassablement, les autorités allemandes ont pillé les musées de France et spolié, avec la complicité du régime de Vichy, une grande quantité d'objets d'art ayant appartenu à des familles juives arrêtées et déportées. Au-delà des œuvres d'art et de l'or, de nombreux meubles et bibelots ont aussi été la cible de ce pillage, ainsi que des bibliothèques et archives privées.

Pillages officiels et officieux

Aux spoliations et pillages officiels, organisés et placés sous la responsabilité des services d'Alfred Rosenberg, il faut aussi ajouter les petits larcins commis lors des combats ou en pleine déroute par les simples soldats. Le départ précipité des troupes allemandes de Paris a été l'occasion de scènes cocasses. « On vit des chargements ahurissants : tel ce canapé rouge qui, à lui tout seul, remplissait un camion Todt ou ces caisses de champagnes qui trônaient au-dessus des chenillettes. Ce n'était plus une armée en campagne qui se retirait, mais une bande de naufrageurs encombrés de valises, crevant de son propre butin[1]. »
En revanche, les pièces les plus précieuses devant partir pour l'Allemagne furent parfois sauvées *in extremis*. Telle cette centaine de wagons, gorgés de mobilier, retrouvés dans les gares de Pantin ou d'Aulnay-sous-Bois juste après la libération de Paris.
Sans oublier les divers entrepôts de stockage, disséminés dans Paris et sa banlieue, remplis d'objets hétéroclites allant du piano aux machines à coudre en passant par de simples tables, armoires ou autres lits volés aux Juifs après leur arrestation. Le plus important de ces entrepôts, nommé *Möbel Aktion* (« opération de meubles ») par les nazis, est situé dans l'ancien magasin Lévitan, rue du Faubourg-Saint-Martin. Y a transité le contenu de 38 000 maisons ou appartements de familles juives.

Goering vient faire son marché

Ce sont 100 000 œuvres qui sont transférés de France vers l'Allemagne, en quatre ans, dans le but de créer un grand musée européen d'art à Linz, en Autriche. Raison pour laquelle le pillage concerne tous les pays occupés par l'Allemagne dont la France, premier pays marchand d'art en 1939, constituant un vivier idéal. En 1940, les œuvres sont rassemblées à l'ambassade d'Allemagne à Paris, mais faute de place, trois salles sont réquisitionnées au Louvre, avant que le musée du Jeu de Paume ne devienne le plus important lieu de stockage, par lequel 1 376 œuvres transitent jusqu'en avril 1944.
C'est ici que Goering vient faire son marché personnel à une vingtaine de reprises,

Bien mal acquis ne profite jamais. 23 wagons d'œuvres d'art volées en France par les Allemands sont arrivés à Paris. On déballe et on classe les meubles au musée du Jeu de Paume, tandis qu'à Hambourg on vient de retrouver 47 tableaux de l'école française, "acquisitions" de von Ribbentrop.

entre novembre 1940 et novembre 1942. S'entourant de rabatteurs, pour débusquer les collections de grande valeur, il se sert prioritairement dans les collections déclarées illégales, appartenant aux Français juifs, comme celles des Rothschild ou des Rosenberg, autant que dans la galerie d'un célèbre marchand d'art juif aux Pays-Bas. Les Rembrandt, Van Dyck, Cranach, Poussin, Fragonard, Véronèse et Tintoret s'invitent sur les murs de son musée personnel dans sa demeure de Carinhall, près de Berlin.

La Tapisserie de Bayeux échappe de peu au pillage

Par chance, partout en France, des œuvres échappent à ce pillage. Parmi ce patrimoine, sauvé de justesse, figure la Tapisserie de Bayeux dont Hitler exige le transfert en Allemagne, alors que pendant quatre ans « le service des monuments historiques eut bien du mal à la soustraire à la convoitise des boches[2] ». En effet, elle est étudiée sous toutes ses coutures par des scientifiques de l'Ahnenerbe, à l'abbaye de Mondaye, proche de Bayeux, où la Tapisserie a été mise à l'abri, en juin 1941, avant son transfert au château de Sourches dans la Sarthe, deux mois plus tard. Mais le 26 juin 1944, en raison du Débarquement, le couperet tombe et la Tapisserie est transférée au Louvre. En pleine insurrection parisienne, deux SS sont chargés de la récupérer pour l'emporter en Allemagne. Trop tard, le Louvre vient de passer aux mains de la Résistance. Avant de la restituer à la ville de Bayeux, en mars 1945, elle est exposée, pour la première fois au Louvre, du 12 novembre au 15 décembre 1944. Ce qui fait écrire, avec humour, au journaliste Gabriel Senchet que « si les Parisiens peuvent aujourd'hui admirer ce chef-d'œuvre de technique et de patience, ils le doivent en partie, et bien accidentellement, à M. Hitler lui-même[3] ».

Les *Monuments Men*

En 1943, Eisenhower crée le Programme de sauvegarde de l'art, des monuments et des archives (Monuments, Fine Arts, and Archives program). Afin de mener à bien cette mission, un groupe de 350 hommes de 13 nationalités est créé. Surnommés les *Monuments Men*, ils sont pour la plupart directeurs ou conservateurs de musées, historiens d'art, architectes, artistes, ou universitaires. Suivant de près l'avancée des troupes alliées en Allemagne, ils sont chargés de la sauvegarde de l'art, des monuments et des archives, pillés ou spoliés par les nazis, afin de les restituer à leurs propriétaires.

Ils se rendent dans les centaines de caches où le butin artistique est entreposé. Mines, châteaux forts, fermes isolées ou abris anti-aériens sont ainsi méticuleusement explorés. Prisonniers de guerre, travailleurs forcés mais aussi populations locales leur donnent de précieux renseignements dans leur quête. Ils peuvent aussi compter sur les informations transmises par les conservateurs de musée, comme la française Rose Valland, attachée de conservation au musée du Jeu de Paume, qui a pris soin de noter méticuleusement, à l'insu des Allemands, la liste des œuvres d'art rassemblées en ce lieu avant d'être emportées en Allemagne. Les *Monuments Men* font de spectaculaires découvertes. Le 2 avril 1945, dans une ancienne mine située près de Siegen en Rhénanie, ils découvrent une zone de stockage de plus de 600 tableaux parmi lesquels figurent des Rembrandt, Rubens, Van Dyck, Delacroix, Fragonard, Cézanne, Renoir ou Van Gogh, dont certains provenaient de musées français. Le trésor de la cathédrale d'Aix-la-Chapelle et la partition

originale de la 6e *Symphonie* de Beethoven avaient aussi été aussi entreposés en ce lieu, pour les protéger des bombardements.
En Thuringe, zone pourtant dévolue aux Soviétiques, ils mettent la main, dans une ancienne mine de sel, sur les plus rares œuvres des musées berlinois. Mais surtout, ce dédale de galeries cache une partie de la réserve d'or des nazis avec plus de 8 000 lingots découverts. Pour les besoins de la propagande alliée, les généraux Eisenhower, Bradley et Patton se rendent sur place pour une séance photos, dont certaines sont reproduites dans la presse française.
La collection d'art de Goering est retrouvée par la 101e division aéroportée américaine à Berchtesgaden, tandis qu'en Autriche, dans la mine d'Altaussee, les *Monuments Men* découvrent 6 500 peintures et dessins destinés à alimenter le projet de musée de Hitler à Linz, sauvés *in extremis* du dynamitage par des mineurs autrichiens qui ont intentionnellement désobéi aux ordres des nazis.
Alors que les recherches se poursuivent, sans aucune autorisation des *Monuments Men*, la 8e division d'infanterie américaine crée dans la mine de Siegen, un musée d'art éphémère, où, pendant quelques jours, les soldats peuvent venir admirer les chefs-d'œuvre retrouvés. Ce patrimoine inestimable est alors rapidement transféré à Munich pour être mis en sécurité et inventorié à l'abri des regards indiscrets. Jusqu'en 1951, les *Monuments Men* localisent 5 millions d'œuvres.

La restitution des œuvres spoliées

En 1947, le gouvernement français publie un *Répertoire des biens spoliés en France durant la guerre 1939-1945* qui recense 2 342 victimes individuelles et 412 institutions. Une agence gouvernementale, appelée commission de récupération artistique, est chargée du traitement des restitutions. Sur les 100 000 œuvres transférées de France vers l'Allemagne, 60 000 y reviennent dans les mois qui suivent la fin du conflit. 15 000 œuvres n'ayant pas trouvé de repreneur entre 1950 et 1953, le gouvernement français décide d'en vendre 13 000. Les 2 000 plus importantes sont placées dans des musées parisiens et provinciaux, sous l'appellation « Musées nationaux de récupération » (MNR).
Une sous-commission des livres est chargée de récupérer les archives et bibliothèques privées, volées par les Allemands aux « ennemis du Reich » : Juifs, partis politiques, syndicats, associations comme la Ligue des droits de l'homme ou la LICA, loges maçonniques, etc. Mais une partie de ces archives ont été récupérées en Allemagne par l'URSS, qui est décidée à les conserver pour les exploiter. De plus, les considérant comme un butin de guerre inaliénable, il faudra attendre la fin du régime soviétique pour qu'elles soient restituées à leurs propriétaires, vers 1994-1995.

En France, après la capitulation allemande, le service photographique du ministère de l'Information distribue gratuitement, aux organes de presse, des pochettes hebdomadaires d'une vingtaine de photographies illustrant l'actualité ou un thème particulier à mettre en avant. Celle-ci présente le tri du mobilier entreposé par les Allemands au musée du Jeu de Paume.

OCTOBRE 1945

LA RECONSTRUCTION EN FRANCE

Si au cours de la Première Guerre mondiale, 927 000 immeubles ont été, partiellement ou complètement, détruits, le chiffre est estimé à 1 888 000 en juillet 1945. Des départements sont entièrement sinistrés, comme le Calvados qui représente 1/10e des destructions totales. Pour les populations, commencent alors de longues années de vie dans les ruines puis dans des logements provisoires. En effet, la reconstruction n'est achevée pour les villes les plus détruites qu'au début des années 1960. Si la guerre est bien terminée en 1945, elle n'est pas synonyme pour ces habitants de retour à une vie normale.

Un important taux de destruction des villes

Dans les villes bombardées ou qui ont subi les tirs d'artillerie allemande ou alliée, les populations réfugiées reviennent dans un paysage de désolation.
La commission consultative des dommages de guerre, créée en octobre 1945, évalue les dégâts. Elle estime que 83 départements sont endommagés plus ou moins gravement. 1 838 communes sont déclarées sinistrées, c'est-à-dire qu'un minimum de 30 % de leur parc immobilier est détruit.
Excepté Paris et Grenoble, les 15 autres communes de plus de 100 000 habitants sont dans cette catégorie. Ainsi que 21 des 39 villes comptant entre 50 000 et 100 000 habitants et 154 des 278 villes de 10 000 à 50 000 habitants. Les campagnes ont aussi souffert : le quart des communes sinistrées ont moins de 2 000 habitants. On compte 1 million de familles sans abri, soit 4 à 5 millions d'individus.
Les destructions touchent aussi les édifices publics, les monuments historiques, auxquels il convient d'ajouter 1 900 ouvrages d'art, 11 500 ponts routiers et fluviaux, 115 gares. Les transports sont largement paralysés.
La SNCF n'a plus qu'un wagon de voyageurs sur deux en état de marche, un wagon de marchandises sur trois et une locomotive sur six. De plus, les usines ayant été souvent la cible des bombardements, la reprise économique du pays est ralentie. Sur le plan agricole, la France a perdu plus de 3 millions d'hectares de terres cultivées.
Se rendant, en octobre 1944, dans les villes normandes meurtries, un journaliste belge titre « Dans les campagnes hallucinées[1] », tandis que le Commissaire régional de la République confie au journaliste du *Parisien* que la Manche et le Calvados « ont subi de tels dommages, de telles dévastations, qu'il leur faudra de longues années pour s'en remettre[2] ».

Les lenteurs de la Reconstruction

La commission consultative des dommages de guerre et des réparations étudie, pendant deux ans, les procédures officielles d'indemnisation de dommages de guerre tandis que sont définies les priorités de reconstruction. Pour faciliter la tâche du ministère de la Reconstruction et de l'Urbanisme, les sinistrés doivent se regrouper pour faire valoir leurs droits collectivement[3].

Malgré tout la reconstruction peine à démarrer. La grogne face à cette situation conduit à des manifestations à Caen en septembre 1946 et à Lisieux en mars 1947. La presse nationale s'empare du problème, en interpellant le ministre de la Reconstruction sur des situations d'urgence. À l'image de cette famille de 8 personnes contrainte de vivre dans une seule pièce d'un logement provisoire à Saint-Lô, après avoir « bouché au carton le plafond crevé, obturé les fenêtres avec des planches, rafistolé le toit avec du papier goudronné pour cabanes à lapins[4] ». Et d'alarmer sur « ces pauvres êtres, blottis dans d'innombrables taudis, menacés ou déjà atteints par la tuberculose », dont la recrudescence est attestée par des médecins de Caen et Saint-Lô.

De plus, les sinistrés doivent accepter le principe d'une reconstruction qui ne se fera pas à l'identique, les maisons de ville devant céder la place à l'habitat collectif en immeubles. Autre motif de mécontentement, l'architecte en chef en charge du projet de reconstruction est nommé par le MRU sans consulter les municipalités concernées.

Dans les départements les plus sinistrés, la population est logée dans des baraquements provisoires dont une grande partie est fournie par l'aide étrangère, britannique, américaine, suédoise, finlandaise ou grâce au don des Nations unies. Malgré tout, tout fait défaut : la nourriture, les vêtements, le linge de maison, la vaisselle, etc.

Certains habitants vont vivre pendant près d'un an avec pour seuls vêtements ceux qu'ils portaient sous les bombardements. Là aussi, l'aide nationale et internationale est appréciée[5]. Le système D bat son plein et tout ce qui peut être recyclé est récupéré : la soie des toiles de parachutes alliés pour faire des vêtements, les caisses de munitions transformées en meubles de rangement, le varech ou la paille pour confectionner des matelas, du carton en guise de vitres, etc. À ces logements modestes s'ajoute le manque de gaz, d'électricité, que remplacent les lampes à pétrole et les bougies pendant des mois. Les hivers rigoureux et neigeux d'après-guerre renforcent ce sentiment de précarité. Près de 6 millions de Français manquent de logements définitifs.

Le ministre de la Reconstruction et de l'Urbanisme, conscient de cette détresse, s'adresse aux sinistrés *via* la presse ou la radio : « sinistrés, cet hiver sera encore dur hélas[6] ! », déclare-t-il, fin 1945.

Les sinistrés accusent l'administration d'être tatillonne dans l'indemnisation des victimes de dommages de guerre. Dans les villes les moins sinistrées, la reconstruction prend une dizaine d'années. Mais dans des villes détruites de 45 à 90 %, comme Caen, Saint-Lô, Le Havre, le taux de reconstruction proportionnel à la superficie de la ville en 1944 n'est atteint qu'entre 1960 et 1963.

Les restrictions continuent

L'enjeu de la Reconstruction concerne aussi la relance économique du pays, affaibli successivement par la crise des années 1930 et l'occupation allemande. La production agricole a baissé de 40 %. La récolte de pommes de terre passe de 144 millions de quintaux en 1939 à 61 millions en 1945, et de 73 à 42 millions de quintaux pour la récolte de blé.

La quantité de viande disponible a diminué et la production agricole peine à se redresser en raison de la lenteur du déminage, du manque de chevaux de trait que ne pallie pas l'arrivée de tracteurs américains en trop faible quantité, de la pénurie d'engrais fatale aux rendements et d'une main-d'œuvre insuffisante.

Ces pénuries alimentaires contraignent les autorités à maintenir en vigueur les cartes et titres de rationnement sur de nombreuses denrées jusqu'en 1949. Devant les économies de gaz et d'électricité qui durent aussi, l'impatience de la population s'installe. Beaucoup de Français ont plus le sentiment de survivre que de vivre normalement. La population comme la presse dénoncent les « scandales du ravitaillement ». Le marché noir s'accroît avec des prix exorbitants jusqu'à la fin des années 1940. L'approvisionnement est la question majeure pour les Français selon les sondages menés par l'IFOP.

La production industrielle a énormément chuté, avec une baisse de 60 % comparé à 1938 et de 70 % par rapport à 1929. Cette question de la production devient un enjeu politique comme le rappelle Maurice Thorez en 1946 : « La bataille de la Reconstruction [...] sera l'œuvre de tous les Français, de toutes les Françaises, unis pour gagner la bataille de la production. » Selon lui, le Parti communiste est le premier à avoir appelé le peuple « au travail quotidien, obscur, acharné, quand d'autres le berçaient d'illusions sur notre grandeur. Une grandeur qui est à refaire par notre labeur. »[7]

Les conséquences de la Reconstruction

Mais tout n'est pas si sombre dans cet immédiat après-guerre, en témoigne le taux de natalité élevé, dont l'amorce a commencé en 1943, passant de 15,7 pour mille habitants à 20,7 en 1949. C'est la génération du *baby-boom*, encouragée par les politiques natalistes de la IVe République, qui en portant un coup d'arrêt au vieillissement de la France constitue l'un des moteurs des futures Trente Glorieuses.

De même la réurbanisation des villes reconstruites est souvent accompagnée d'une réflexion sur l'avenir. Les urbanistes imaginent la ville du futur comme modèle de modernité avec des immeubles spacieux et confortables pour remplacer les anciens logements vétustes. Ils élargissent les rues en prévision de la démocratisation de la voiture. Enfin, cette Reconstruction a engendré un bouleversement démographique avec l'emploi massif d'immigrés italiens ou polonais mais aussi de populations issues des pays d'Afrique du Nord ou d'Afrique, membres de l'Union française. Populations qui souvent finissent par s'installer en France pour les besoins de l'extension des villes après leur reconstruction, à partir des années 1960.

Comme de nombreuses villes normandes, Falaise a subi plusieurs bombardements en juin 1944, avant de se trouver au cœur des combats à la mi-août. La photo prise en octobre 1947 montre le tri et la récupération des moellons des maisons détruites. La vue aérienne présente une partie du centre-ville reconstruit au début des années 1950.

LES PROCÈS DE NUREMBERG ET DE TOKYO

De 1941 à 1945, les États alliés adoptent plusieurs déclarations dénonçant la répression des troupes allemandes et du régime nazi. Le 25 octobre 1941, Churchill assigne « au nombre des principaux buts de la guerre » la sanction des crimes commis dans les territoires occupés par l'Allemagne. Enfin, les États-Unis, l'Union soviétique et la Grande-Bretagne déclarent à la conférence de Moscou, le 30 octobre 1943, leur volonté de châtier les criminels de guerre après la victoire. En 1943, s'ouvre le premier procès contre des collaborateurs soviétiques accusés de massacres de civils, à Krasnodar dans le Nord-Caucase.

Crime contre l'humanité et génocide

La spécificité des persécutions antisémites suivies de l'assassinat systématique des populations juives des territoires occupées par les nazis, ainsi que d'une partie des Tsiganes d'Europe centrale et orientale, a conduit les juristes à se pencher sur une nouvelle définition de ce crime.
Le crime contre l'humanité est défini par l'article 6c du statut du Tribunal militaire de Nuremberg comme « l'assassinat, l'extermination, la réduction en esclavage, la déportation, et tout autre acte inhumain inspirés par des motifs politiques, philosophiques, raciaux ou religieux et organisés en exécution d'un plan concerté à l'encontre d'un groupe de population civile ».
En parallèle, les médias commencent à employer le terme de génocide, néologisme créé en 1943 par le professeur de droit américain Raphaël Lemkin, dont il explique l'usage à un journaliste du *Monde* : « Ce principe n'a pas seulement en vue la punition des criminels de guerre de Nuremberg. Il devra également jouer son rôle dans l'avenir pour la protection des minorités en temps de paix[1]. » Le génocide entend « signifier un plan coordonné de différentes actions visant à la destruction de fondements essentiels de la vie de groupes nationaux, dans le but d'exterminer les groupes eux-mêmes. Un tel plan aurait pour objectifs la désintégration des institutions politiques et sociales, de la culture, de la langue, des sentiments nationaux, de la religion et de la vie économique de groupes nationaux, ainsi que la suppression de la sécurité personnelle, de la liberté, de la santé, de la dignité, voire de la vie des personnes appartenant à ces groupes. Le génocide vise le groupe national en tant qu'entité, et les actions en question sont dirigées contre des individus, non pas ès qualité, mais en tant que membres du groupe national[2]. »

Le procès de Nuremberg

L'accord de Londres est adopté le 8 mai 1945 par les États-Unis, le Royaume-Uni et l'URSS. Il entérine l'instauration d'un tribunal militaire international (TMI), déjà pensé lors de la conférence

1 **A NUREMBERG** : l'U. R. S. S., la GRANDE-BRETAGNE, les ÉTATS-UNIS et la FRANCE, au nom des Nations Unies, jugent, depuis le 20 Novembre 1945, les grands responsables de cette guerre.

Photo A. F. P.

2 **21 grands criminels nazis** sont jugés au cours de la 1re Session du procès de Nuremberg. L'accusation porte sur : crimes contre la paix, crimes de guerre et crimes contre l'humanité. On reconnait au premier rang : Gœring, Hess, Ribbentrop...

de Potsdam, de juillet à août 1945, pour prévoir ce que feraient les vainqueurs à l'issue de la guerre.
L'accord de Londres est l'aboutissement de ce processus de prise de conscience progressive de l'ampleur des crimes nazis par les dirigeants des nations alliées. Il innove surtout par la mise au point et l'adoption inédite de définitions juridiques communes à des pays de traditions, cultures et pratiques judiciaires différentes. En cela, un pas décisif est franchi vers une justice pénale internationale.
Ce sont les États-Unis qui décident tout d'abord du procès de Nuremberg, suivis du reste des Alliés, afin d'empêcher à l'avenir l'avènement des États totalitaires. Il se veut pédagogique avec l'objectif de dénoncer au monde entier la barbarie nazie. Les Alliés choisissent symboliquement Nuremberg, où Hitler a organisé, de 1933 à 1939, le rassemblement annuel du congrès du Parti nazi. Le président du tribunal rappelle son caractère historique : « Le procès qui va commencer est unique dans les annales du droit mondial et d'une importance extrême pour des millions de personnes du monde entier[3]. »
Si 22 hauts dignitaires nazis sont accusés puis jugés de novembre 1945 à octobre 1946, Hitler et Goebbels se sont suicidés avant tout jugement. Parmi ces accusés, on compte Hermann Goering, à présent le plus haut responsable du IIIe Reich, Alfred Jodl et Wilhem Keitel, respectivement chef de l'état-major de la conduite des opérations militaires au haut commandement de la Wehrmacht et commandant en chef de la Wehrmacht.
Les chefs d'accusation retenus sont les crimes contre la paix et le complot, les crimes de guerre et les crimes contre l'humanité. Cette dernière notion Cette dernière notion n'a pas vocation à punir le génocide des Juifs en particulier. Ce sont les persécutions que l'ensemble des civils, principales victimes, ont subis qui sont jugées dans le procès. Les témoins juifs sont enfin entendus sur le génocide au cours du procès Eichmann en 1961.
À Nuremberg, les témoins ne sont pas les Juifs mais des déportés qui relatent le sort des Juifs et des Tsiganes qu'ils ont vu mourir. C'est le cas de la résistante française Marie-Claude Vaillant-Couturier, déportée à Auschwitz, qui témoigne de ce génocide le 28 janvier 1946. Son récit permet au procureur-adjoint au sein de la délégation française, Charles Dubost, d'introduire la différence entre les camps de concentration et les camps d'extermination[4].
Sur les 22 accusés, 3 sont acquittés, 7 condamnés à la prison tandis que 11 sont exécutés dans le gymnase de la prison, par pendaison. Hermann Goering fait également partie des accusés condamnés à mort, mais il se suicide avec une capsule de cyanure avant son exécution.
Ce procès permet de jeter les bases de la justice internationale et d'insuffler un esprit qui conduit également à la fondation de l'Organisation des Nations unies, en juin 1945, et à l'adoption de la Déclaration universelle des droits de l'homme, le 10 décembre 1948, par l'assemblée générale des Nations unies.
Bien que des hauts gradés de l'armée, des responsables de la police ou encore des médecins ou des juristes soient jugés dans d'autres procès en Allemagne de 1946 à 1949, de nombreux anciens responsables nazis y échappent. Certains s'enfuient dans d'autres pays, quand des postes importants sont échus à d'autres en Allemagne. On garde en mémoire l'exemple marquant de Kurt Kiesinger, membre notoire du Parti nazi qui accède à la fonction de chancelier d'Allemagne de l'Ouest de 1966 à 1969.

Le procès de Tokyo

À l'instar du procès de Nuremberg, un procès est organisé à Tokyo par le tribunal militaire international pour l'Extrême-Orient, du 3 mai 1946 au 12 novembre 1948.
28 prévenus – 19 militaires et 9 civils – sont jugés pour crimes de guerre, crimes contre la paix et crimes contre l'humanité. Sur le banc des accusés, ministres japonais et généraux comparaissent eux aussi ; seul l'empereur Hirohito est absent. Ni accusé ni convoqué comme témoin, Hirohito a été sciemment écarté de toute responsabilité pénale sous l'impulsion des autorités américaines. Pour Washington, l'enjeu était d'assurer la stabilité du Japon occupé afin d'en faire un bastion anticommuniste en Asie.
Lors du procès, cela n'empêche pas le général Tojo de mettre directement en cause la responsabilité de Hirohito quant à la déclaration et la conduite de la guerre, affirmant que « personne n'aurait osé aller contre sa volonté ». De même, les membres de l'Unité 731 de recherche bactériologique, qui ont pourtant pratiqué des expériences sur des cobayes humains (Chinois et prisonniers occidentaux), ne sont pas inquiétés, en échange d'informations sur les résultats de leurs « travaux » à l'armée américaine[5].
Le tribunal, composé de juges issus de 11 nations ayant fait la guerre au Japon[6] rend son verdict le 12 novembre 1948 : 25 des 28 accusés sont condamnés, dont 7 à la peine de mort[7]. Ils seront pendus le 23 décembre. 18 autres accusés sont condamnés à des peines de prison allant de 7 ans à la perpétuité.
La postérité n'a cependant pas retenu ce procès. En cause, la volonté de contrôle des États-Unis, le caractère arbitraire de certaines inculpations et le non-respect des droits de la défense. Cet oubli, doublé de l'absence de la figure de l'empereur ont pesé sur la perception de la guerre par les Japonais et leur prise de conscience des crimes perpétrés par l'armée et le gouvernement japonais durant la Seconde Guerre mondiale.

Ces deux vues présentent la salle d'audience du procès de Nuremberg. D'un côté les magistrats placés sous les drapeaux des quatre nations chargées de juger les dignitaires nazis, assis sur deux rangées et placés sous la surveillance de la police militaire américaine. Ils portent un casque dans lequel sont traduites toutes les prises de parole au cours des audiences. Photographies émanant du service de presse du ministère de l'Information français.

NOTES

LE SECOND FRONT

1- Jean-Luc Leleu, *Combattre en dictature. 1944 – La Wehrmacht face au Débarquement*, Paris, Perrin, 2022.

2- Benoît Rondeau, *Invasion ! Le débarquement vécu par les Allemands*, Paris, Tallandier, 2014.

3- Rapport des Renseignements généraux du Calvados, 12 février 1944.

4- Rapport du délégué à l'Information du Calvados, 27 mai 1944.

5- Rapport du préfet du Calvados, 6 mai 1944.

LES ENSEIGNEMENTS DES DÉBARQUEMENTS ALLIÉS PRÉCÉDENTS

1- Conférence qui s'est déroulée du 22 décembre 1941 au 14 janvier 1942, à Washington, en présence de Roosevelt et Churchill.

2- Jean-Baptiste Duroselle, « Le Conflit stratégique anglo-américain de juin 1940 à juin 1944 », in *Revue d'histoire moderne et contemporaine*, juillet-septembre 1963.

3- Dwight Eisenhower, *Croisade en Europe*, Paris, Nouveau Monde, 2013. Il s'agit de la réédition des mémoires d'Eisenhower publiées en 1948.

4- *Ibid.*

LE MUR DE L'ATLANTIQUE

1- Directive n° 54 du 3 novembre 1943.

2- Chiffres cités *in* Jean-Luc Leleu, *Combattre en dictature, op. cit.*

3- Chiffres cités *in* Jérôme Prieur, *Le Mur de l'Atlantique, monument de la collaboration*, Paris, Points, coll. « Points Histoire », 2017.

4- Déclaration faite en captivité, en mai 1945, à ses interrogateurs alliés. Jean-Luc Leleu, *Combattre en dictature, op. cit.*

LES BOMBARDEMENTS ALLIÉS EN EUROPE

1- Jean-Charles Foucrier, *La Stratégie de la destruction. Bombardements alliés en France*, 1944, Paris, Vendémiaire, 2017.

2- *Ibid.*

3- *Ibid.*

4- Lettre de Roosevelt à Churchill du 16 mai 1944.

DE GAULLE CONTRE L'AMGOT

1- Henri Queuille, *Journal de guerre Londres-Alger avril 1943-juillet 1944*, présenté et annoté par Olivier Dard et Hervé Bastien, Fondation Charles de Gaulle/Plon, 1995.

2- La commission est présidée par André Philip, remplacé par Henri Queuille en mai 1943. Les sept autres membres sont : Francis-Louis Closon, Pierre Tissier, Jacques Soustelle, Adolphe Sicé, Hervé Alphand, Aristide Antoine et Pierre Billotte.

3- Stéphane Lamache, *La Normandie américaine*, Paris, Larousse, 2010.

4- François Coulet, *Vertu des temps difficiles*, Paris, Plon, 1967.

5- Claude Hettier de Boislambert, *Les Fers de l'espoir*, Paris, Plon, 1977.

6- *Ibid.*

7- *Ibid.*

8- *Ibid.*

NOTES

D-DAY

1- Dwight Eisenhower, *op. cit.*

2- Omar Nelson Bradley, *Histoire d'un soldat*, Paris, Gallimard, 1952.

3- Témoignage du lieutenant Hansmann qui arrive à 7 h 45 à proximité d'Arromanches. Sur le secteur d'Utah beach, inversement, un lieutenant de parachutistes allemands qui observe, du clocher de Sainte-Marie-du-Mont, les Américains débarquer, constate qu'à l'exception d'un fortin, « la défense allemande était quasi inexistante ».

LES PORTS ARTIFICIELS

1- *Ce Soir*, 16 septembre 1944.

2- Dwight Eisenhower, *Croisade en Europe*, Paris, Nouveau Monde, 2013.

3- Témoignage d'un habitant d'Asnelles, cité *in* Jean Quellien, *Le Calvados dans la guerre. 1939-1945*, Nonant, Orep, 2017.

PROPAGANDE VICHYSTE ET COLLABORATIONNISTE

1- Rapport du commissaire de police de Condé-sur-Noireau (Calvados), janvier 1944.

2- Rapport des Renseignements généraux du Calvados, 9 janvier 1944.

3- Rapport transmis par la Résistance au BCRA à Londres, 2 juillet 1944.

4- Rapport du 19 juin 1944, cité *in* Olivier Pigoreau, *L'Été chaud des collabos. Sur le front de Normandie et dans les rues de Paris*, Paris, Histoire et collection, 2014.

5- *La France socialiste*, 7 juin 1944.

6- *Le Matin*, 7 juin 1944.

7- *L'Avenir du plateau central*, 7 juin 1944.

8- *Paris-Soir*, 19 juillet 1944, article du journaliste Gérard de Becker, ancien volontaire de la LVF, fait à partir de ses notes prises sur le front dès le 11 juin.

9- Il s'agit de Jean Loustau-Chartez, jeune journaliste de 28 ans, membre du PPF de Doriot, qui fait ce reportage en portant l'uniforme de la Waffen SS dans laquelle il vient de s'engager.

10- Au plus fort des combats, jusqu'à 12 000 civils se sont réfugiés sur quatre sites de ces carrières d'extractions de pierre calcaire, situées à la sortie sud de Caen, pendant plusieurs semaines pour certains.

11- Cité *in* Olivier Pigoreau, *L'Été chaud des collabos, op. cit.*

12- Il s'agit de son uniforme de lieutenant de la LVF lorsqu'il a combattu sur le front de l'Est.

13- Le voyage se déroule du 29 juin au 13 juillet 1944.

14- Olivier Pigoreau, *L'Été chaud des collabos, op. cit.*

15- *Le Franciste*, du 12 août 1944, publie deux photos de femmes membres des « équipes de secours francistes » en Normandie.

16- Le COSI est créé en mars 1942 après le bombardement de Boulogne-Billancourt. La majorité du mobilier distribué aux populations sinistrées provient à leur insu des biens spoliés aux Juifs.

COMBATIVITÉ ET ENDOCTRINEMENT DU SOLDAT ALLEMAND

1- Conférence de Téhéran qui s'est déroulée du 28 novembre au 1er décembre 1943.

2- Jean-Luc Leleu, *Combattre en dictature, op. cit.*

3- Document retrouvé sur des hommes de la 272e division lors de la bataille de Caen ; cité *in* Jean-Luc Leleu, *Combattre en dictature, op. cit.*

4- Ordonnance reprise dans le quotidien clermontois *L'Avenir du plateau central*, 12 juin 1944.

5- Jean-Luc Leleu, *Combattre en dictature, op. cit.*

LE SOLDAT FACE À LA MORT

1- Journal personnel du second lieutenant George Wilson du 22e régiment d'infanterie américain. Antonin Dehays, *Combattre et mourir en Normandie*, Nonant, Orep, 2016.

2- Pour le soldat ayant souscrit à la National Service Life Insurance (Assurance vie pour le service national), cette somme est versée en 120 mensualités au bénéficiaire, pour un montant compris entre 6,50 et 6,80 dollars déduits de la solde mensuelle du GI.

3- Harold Baumgarten, âgé de 19 ans, explique dans un entretien de 2013 : « Je voulais que tout le monde sache que j'étais Juif, surtout les Allemands en face de moi. » Dangereuse provocation car, par prudence, de nombreux soldats de confession juive choisissent plutôt de ne pas mentionner leur religion sur leur plaque de matricule. S'ils étaient capturés par les Allemands, ils ne verraient pas le H pour *Hebrew*. Antonin Dehays, *Combattre et mourir en Normandie, op. cit.*

4- Devant convoyer une soixante de prisonniers allemands d'Omaha pour l'Angleterre, le 6 juin 1944, un policier militaire américain raconte qu'il ne s'est pas approché d'eux « de peur qu'ils [lui] refilent un de leur virus ». Antonin Dehays, *Combattre et mourir en Normandie, op. cit.*

5- Lettre du caporal Robert E. Quirk, 25 mai 1944, quelques jours avant de débarquer en Normandie. Antonin Dehays, *Combattre et mourir en Normandie, op. cit.*

6- Henri Morgan, officier au sein de la 35e division d'infanterie. Antonin Dehays, *Combattre et mourir en Normandie, op. cit.*

7- Sur le théâtre d'opérations européen, du 6 juin 1944 au 8 mai 1945, 147 soldats américains déférés devant une cour martiale sont condamnés à mort et exécutés.

LES CIMETIÈRES MILITAIRES ALLIÉS ET ALLEMANDS

1- Le communiqué est diffusé quotidiennement du 26 novembre au 2 décembre 1946.

2- Les Américains embauchent 289 civils en 1945, 350 en 1946, 730 en 1947 et 157 en 1948. Antonin Dehays, *Combattre et mourir en Normandie, op. cit.*

3- Lettre du père Longley, du 28e régiment d'infanterie, à la mère du sergent Kosinski, tué à Brest, le 5 septembre 1944. Antonin Dehays, *Combattre et mourir en Normandie, op. cit.*

4- Une fiche cartonnée explique la signification du drapeau et les modalités d'utilisation : « Les drapeaux qui seront mal entretenus, souillés par de la terre ou froissés ne pourront pas être montrés en public. Ils peuvent être conservés en privé comme memento ou détruits en privé en les brûlant de telle manière à ce que rien ne suggère un geste irrespectueux ou irrévérencieux. »

5- Lettre du 18 mai 1946.

6- Photographie de Ralph Morse, publiée dans *Life* du 7 août 1944.

7- *Paris-Normandie*, 8 décembre 1949.

8- Association populaire allemande pour l'entretien des tombes de guerre, organisme privé créé après la Première Guerre mondiale pour assurer la gestion des cimetières militaires allemands.

9- La Cambe et Saint-Désir-de-Lisieux dans le Calvados ; Marigny, Orglandes et le mont d'Huisnes dans la Manche ; Champigny-Saint-André dans l'Eure.

10- Excepté la nécropole ossuaire du mont d'Huisnes inaugurée le 14 septembre 1963.

11- La Basse-Normandie compte 16 cimetières militaires du Commonwealth, avec un nombre de sépultures allant de 47 à Chouain-Jérusalem à 4 648 à Bayeux, et deux contenant uniquement des tombes canadiennes, qui dépendaient initialement de la Canadian Graves Concentration Unit.

12- Devenu en 1960 la Commonwealth War Graves Commission.

13- Pour les soldats inhumés en Normandie, ce rapatriement des corps s'élève à 59,5 %.

COMMÉMORER LE 6 JUIN 1944

1- Sébastien Châble, *Les Commémorations du 6 juin 1944 en Normandie : 1984-2004*, mémoire de maîtrise, Rennes, Sciences Po. Rennes, 2010.

2- La plaque offerte par les officiers du 13e bataillon de parachutistes britanniques porte l'inscription suivante : « Ranville, le premier village de France libéré, a été pris aux Allemands, à 2 h 30, le 6 juin 1944, par le 13th (Lancashire) Battalion the Parachute Rgt. »

3- *Liberté de Normandie*, 12 septembre 1944. Le maire est le comte Louis de Rohan-Chabot dont le château du Mariquet, situé sur la commune, a été mis à la disposition des Britanniques pour y établir le QG de la 5e brigade, après avoir réquisitionné par les Allemands sous l'Occupation.

4- André Diethelm, ministre de la Guerre du 10 septembre 1944 au 21 novembre 1945.

5- Louis Jacquinot, ministre de la Marine du 10 septembre 1944 au 21 novembre 1945.

6- Charles Tillon, ministre de l'Air du 10 septembre 1944 au 21 novembre 1945.

NOTES

7- Sébastien Châble, *Les Commémorations du 6 juin 1944 en Normandie : 1984-2004, op. cit.*

8- Alain Peyreffite, *C'était de Gaulle*, t. 2, Paris, De Fallois-Fayard, 1997.

9- Vincent Ansquer, ministre du Commerce et de l'Artisanat du 27 mai 1974 au 25 août 1976.

10- Il s'agit du Luxembourg, de la Grèce, de la Tchécoslovaquie, de la Pologne et du Danemark.

11- La délégation soviétique comprend le président du comité des vétérans, qui a rang de ministre des Anciens combattants, deux vétérans de l'escadrille Normandie-Niemen (unité d'aviation française, envoyée en 1942 pour venir en aide aux Soviétiques sur le front de l'Est) et un journaliste soviétique qui avait « couvert » le conflit.

12- Ce sera le 22 septembre 1984, le « Geste de Verdun », à l'ossuaire de Douaumont, avec l'image de François Mitterrand et Helmut Kohl, chancelier de la RFA, main dans la main durant la cérémonie d'hommage aux victimes de la Première Guerre mondiale.

13- Il s'agit pour Reagan d'occulter la dernière grande journée des primaires de Californie et du New Jersey par la couverture médiatique des cérémonies du Débarquement. Sébastien Châble, *Les Commémorations du 6 juin 1944 en Normandie : 1984-2004, op. cit.*

14- Pierre-Marie Kœnig, natif de Caen, est décédé en 1970. Il est nommé gouverneur militaire de Paris, puis en Allemagne à partir de 1945. La décision de l'élever au maréchalat n'est pas neutre sur un plan mémoriel. En accordant à un officier français de la Seconde Guerre mondiale le plus haut échelon, elle revient à dégrader de fait le général de Gaulle, estime Serge Barcellini, organisateur de cette cérémonie. Sébastien Châble, *Les Commémorations du 6 juin 1944 en Normandie : 1984-2004, op. cit.*

15- Le discours commun évoque le thème des alliances qui sont les mêmes dans le passé pour combattre le nazisme avec celles d'aujourd'hui contre le terrorisme islamiste international.

16- Il s'agit de la cérémonie franco-allemande au Mémorial de Caen avec Jacques Chirac et Gerhard Schröder.

17- « En proclamant à nouveau la grandeur de notre nation, nous savons que la grandeur n'est jamais un dû. Elle doit se mériter. [...] Ce sont ceux qui prennent des risques, ceux qui passent à l'action, ceux qui construisent [...] qui nous ont portés sur ce long chemin escarpé vers la prospérité et la liberté. [...] C'est pour nous qu'ils ont combattu et qu'ils sont morts à Concord et Gettysburg ; en Normandie et à Khe Sanh. » Barak Obama, discours d'investiture, 21 janvier 2009.

18- Dans son discours François Hollande déclare : « Je voulais en ce 6 juin, 70 ans après, être avec vous, parmi vous, ici, au Mémorial de Caen, pour souligner le sacrifice des populations civiles pendant ces jours et ces nuits qui ont permis la liberté et la reconquête de la France. »

19- La rencontre est organisée sous l'égide de François Hollande, en présence de la chancelière allemande Angela Merkel. Depuis, la diplomatie internationale parle de « format Normandie » pour ce type de rencontres informelles, reproduites depuis dans d'autres circonstances.

LA RÉSISTANCE DANS LES COMBATS DE LA LIBÉRATION

1- Philippe André, *La Résistance confisquée ? Les Délégués militaires du général de Gaulle de Londres à la Libération*, Paris, Perrin, 2013.

2- Georges Guingouin, *Quatre ans de lutte sur le sol limousin*, Paris, Hachette, 1974, cité *in* P. André, *op. cit.*

3- Rapports du DMR Paul Leistenschneider, juin et juillet 1944 ; P. André, *op. cit.*

4- Sur la soixantaine d'hommes qui exercent les fonctions de DMR ou d'adjoints, quatorze périssent en mission.

5- Jacques de Sugny est le chef de la délégation municipale du comité local de Libération. Gilles Vergnon, « Se libérer seul et trop tôt : les maquis en action », *in* Philippe Hanus, Rémi Korman, Réseau Memorha, *Prendre le maquis. Traces, Histoires, Mémoires*, Lyon, Libel, 2016.

6- Du 7 juin au 15 août est instaurée la République de Mauriac, soit environ 7 000 habitants sur 224 km^2.

7- Du 6 juin au 23 août, avec environ 2 000 habitants sur 181 km^2.

LA LIBÉRATION DE PARIS

1- Chiffres donnés par Jean-François Muracciole, *La Libération de Paris 19-26 août 1944*, Paris, Tallandier, 2013.

2- Sans le savoir, le quadrilatère ainsi défendu sur les deux rives de la Seine reprend le dispositif de Cavaignac lors de l'insurrection de juin 1848.

3- Omar Bradley, *Histoire d'un soldat*, Paris, Gallimard, 1952.

4- De février à mai 1944, sur les 76 290 mitraillettes Sten et 27 961 pistolets largués par les Alliés sur la France, seuls 114 mitraillettes et 18 pistolets sont destinés à la région parisienne. Jean-François Muracciole, *La Libération de Paris 19-26 août 1944*, *op. cit.*

5- *Combat*, 23 août 1944. Les journaux de la Résistance ont obtenu des autorités du GPRF l'autorisation de paraître le 21 août.

6- Affiche placardée dans les rues, signée Le Colonel, Chef du Grand Paris, Rol, 22 août 1944.

7- *Le Populaire*, 23 août 1944.

8- *L'Humanité*, 24 août 1944.

9- Les articles sont publiés dans *Combat* du 28 août au 4 septembre, avec certainement la participation de Simone de Beauvoir.

10- Rol-Tanguy signe l'acte comme « chef des FFI de l'Île-de-France » et sous la signature de Leclerc est mentionné « commandant la 2e DB ». En revanche aucune modification n'est faite sur l'exemplaire de von Choltitz.

11- Le préfet de police Luizet et les membres de la délégation générale.

12- Charles de Gaulle, *Mémoires de guerre*, Paris, Plon, 1954.

13- Ce changement résulte des coupures d'électricité à répétition qui empêchent les grandes orgues de fonctionner normalement.

LES ARMES SECRÈTES ALLEMANDES

1- Chiffres donnés par Antoine Capet, « Du *Blitz* aux attaques de V1 et V2 : vécu et interprétations des bombardements allemands sur le Royaume-Uni », *in* John Barzman, Corinne Bouillot et Andrew Knapp (dir.), *Bombardements 1944. Le Havre, Normandie, France, Europe*, Mont-Saint-Aignan, Presses universitaires de Rouen et du Havre, 2016.

2- *Front national*, 12 novembre 1944.

3- Exemple cité *in* Jean-Luc Leleu, *Combattre en dictature*, *op. cit.*

4- *Newsweek*, 6 décembre 1946.

« QUI N'A PAS SON LIBÉRATEUR ? »

1- *Stars and Stripes*, 15 juin 1944. Ce journal destiné aux forces américaines en service à l'étranger est lu par des milliers de soldats.

2- Rex North, *Sunday Pictorial*, 18 juillet 1944.

3- Sondage réalisé du 10 au 25 juillet 1944, sur un échantillon de paysans, d'ouvriers, de curés et d'instituteurs.

4- Il s'agit du premier rapport sur les « réactions de la population locale en Normandie » depuis le Débarquement, effectué par la Psychological Warfare Division, 11 juillet 1944.

5- Deux à Flottemanville-Hague, le 18 novembre et un à Saint-Lô, le 20 novembre.

6- J. Robert Lilly, *La face cachée des GI's. Les viols commis par les soldats américains en France, en Angleterre et en Allemagne pendant la Seconde Guerre mondiale, 1942-1945*, Paris, Payot, 2003.

7- « La population a une antipathie grandissante à l'égard des Américains. [...] Leur égoïsme, la désinvolture de leurs agissements annihilent toutes les sympathies qu'ils avaient pu acquérir. » Rapport du préfet de la Manche, 27 novembre 1944.

8- *La Presse cherbourgeoise*, 17 octobre 1944.

9- *France Libre*, 23 septembre 1944.

10- *Ibid.*

11- « Marseille n'est plus en France », publié dans *V*, 21 juillet 1945.

12- *France Libre*, 15 novembre 1944.

13- *Franc-Tireur*, 2 novembre 1944.

L'OPÉRATION BAGRATION

1- Du nom de Pierre de Bagration, héros russe lors des campagnes napoléoniennes.

2- Anthony Beevor, *La Chute de Berlin*, Paris, De Fallois, 2002.

NOTES

3- Cette offensive mobilise le double d'hommes que l'Allemagne et ses alliés avaient lancé sur l'URSS, lors de l'opération Barbarossa du 21 juin 1941.

4- Le NKVD, commissariat du peuple aux Affaires intérieures, est la police politique soviétique présente sur tous les fronts militaires autant pour surveiller les soldats de l'Armée rouge que leurs adversaires capturés.

5- SMERSH, contraction de *smert shpionam* (« mort aux espions »), nom qui aurait été choisi par Staline lui-même, désigne le service de contre-espionnage, en tant que « département spécial » du NKVD, attaché aux formations de l'Armée rouge.

6- La Volkssturm (tempête du peuple) est décidée mi-octobre 1944, avec un enrôlement des hommes concernés dès le 1er novembre. Ces hommes, âgés de 16 à 60 ans sont chargés d'épauler la Wehrmacht dans la défense du territoire du Reich. Pour Goebbels, il s'agit autant d'un programme militaire que politique d'encadrement de la population pour la fanatiser face à l'avancée des Alliés.

7- Rapport du NKVD.

8- Ce surnom leur est donné par les soldats de l'Armée rouge qui les redoutent autant que les Allemands.

9- Chaque camp possède un projecteur cinématographique, une radio avec haut-parleur, des accordéons, une bibliothèque contenant les brochures du Parti et des milliers de portraits du camarade Staline.

10- Abréviation de *Hilfswilligen*. À leur création, à l'automne 1941, sur le front de l'Est, les *Hiwis* sont employés pour les servitudes en lien avec l'approvisionnement et la maintenance. Ils sont recrutés dans un premier temps parmi les prisonniers et déserteurs de l'Armée rouge puis parmi les civils soviétiques des deux sexes.

11- Sur le front occidental, les *Hiwis* englobèrent des Italiens ayant choisi de poursuivre le combat après la capitulation de leur pays, en septembre 1943, mais aussi 2 048 volontaires français. Jean-Luc Leleu, *Combattre en dictature*, *op. cit.*

12- Ces créations s'effectuent sous l'égide du Comité militaire d'action (COMAC), des Comités départementaux de Libération (CDL) et des Milices patriotiques, composées de militants communistes, avant leur dissolution. Georges Coudry, « Soldats de Vlassov et détachements soviétiques en France (1943-1945) », *Matériaux pour l'histoire de notre temps*, n° 39-40, juillet-décembre 1995.

13- *Libération* du 27 septembre 1944.

14- *Front National* du 11 septembre 1944.

15- Il s'agit du lieutenant Lucie Pestova, « aviatrice russe, évadée d'Allemagne qui a combattu auprès des FFI », selon ce même journal.

LES CIVILS ET L'ARMÉE ROUGE

1- « Champions de la justice », *Les Nouvelles de Moscou*, 24 mars 1945.

2- Anthony Beevor, *La Chute de Berlin*, *op. cit.*

3- *Ibid.*

4- *Ibid.*

5- Les 3 femmes ont ensuite tenté de se suicider en se taillant les veines du poignet, ainsi qu'à leurs enfants, sans y être parvenues. *Ibid.*

LA GUERRE PSYCHOLOGIQUE

1- « Psychological Warfare and how to wage it », *Current History*, n° 51, janvier 1940.

2- Conférence réunie à Washington, du 22 décembre 1941 au 14 janvier 1942.

3- Chiffre donné par Anthony Eden, ministre des Affaires étrangères britannique.

4- Chiffres extraits d'un rapport de la PWD. *The Psychological Warfare Division, Supreme Headquarters Allied Expeditionary Force: An Account of Its Operations in the Western European Campaign, 1941-1945*, Bad Homburg, 1945.

5- Rapport du 7e service du premier front biélorusse, mai 1945.

6- En référence au général von Seydlitz-Kurzbach, fait prisonnier après la défaite de Stalingrad, qui collabore entre 1943 et 1945 avec le pouvoir soviétique pour inciter les soldats allemands prisonniers à créer une armée de libération antinazie.

7- Une des lettres est ainsi rédigée : « On nous avait dit que les Russes abattaient leurs prisonniers, mais ce n'est pas vrai. Ils nous traitent bien, m'ont nourri et m'ont réchauffé. La guerre va bientôt finir et je vais vous revoir, mes chers parents. »

8- Anthony Beevor, *La Chute de Berlin, op. cit.*

9- Stéphane Lamache, *La Normandie américaine, op. cit.*

OPÉRATION TERRE BRÛLÉE EN ALLEMAGNE

1- Ordre du jour du 13 mars 1945.

2- Anthony Beevor, *La Chute de Berlin, op. cit.*

3- Le Panzerfaust est un lance-grenades antichars sans recul à un seul coup, produit à partir de 1942, pour doter les soldats de la Wehrmacht d'une arme individuelle portable à coût réduit.

4- Anthony Beevor, *La Chute de Berlin, op. cit.*

5- *Cf.* chapitre « Les bombardements alliés en Europe ».

6- Albert Speer, 8 novembre 1944. Jean-Charles Foucrier, *La Stratégie de la destruction. Bombardements alliés en France, 1944*, Paris, Vendémiaire, 2017.

7- Le nom est choisi en référence au roman *Der Wehrwolf*, publié en 1910 par l'écrivain nationaliste Hermann Löns, tué en 1914, vénéré par les nazis. Ce roman, dont l'intrigue se déroule pendant la guerre de Trente Ans, s'est vendu à plus de 500 000 exemplaires en 1938 et 865 000 en 1945, faisant de Löns l'un des auteurs les plus couronnés de succès en Allemagne à l'époque.

8- En réalité, plusieurs structures nazies rivales créent leur propre mouvement, deux au sein de la SS et un contrôlé par le SD et la Gestapo.

9- Il s'agit des maires d'Aix-la-Chapelle et de Krankenhagen.

10- Les plus compromis profitent de cette nébuleuse secrète pour organiser leur fuite d'Allemagne ou se créer une nouvelle identité. Sous le nom de Freies Deutschland (Allemagne libre) environ 1 500 fanatiques poursuivent l'oeuvre des *Werwolf* jusqu'à l'hiver 1946-1947 en Silésie et Poméranie.

LA CAPITULATION ALLEMANDE

1- Georges Altman, « Nous regardons la mort du Reich », *Franc-Tireur*, 3 mai 1945. Georges Altman, communiste et ancien résistant du Franc-Tireur dont il est rédacteur en chef du journal éponyme dans la clandestinité, à partir de février 1944, puis de la Libération jusqu'en 1948.

2- La photo est prise par Evgueni Khaldeï, souvent surnommé le « Capa soviétique ».

3- *Combat*, 23 avril 1945.

4- Éditorial d'Aymé Guérin, *France Libre*, 15 novembre 1944.

5- Éditorial « Paris... Berlin... » du socialiste Marcel Bidoux, *Le Populaire*, 23 avril 1945.

6- Titre du quotidien *L'Époque*, 8 mai 1945.

7- Il est accompagné de l'amiral Friedeburg lors de la brève entrevue avec Eisenhower.

8- *L'Aube*, 8 mai 1945.

9- *Le Populaire*, 9 mai 1945.

10- Ce sera cette capitulation, signée à Berlin le 8 mai, qui prendra effet à 23 h 01 (GMT). Les signataires sont les maréchaux Joukov (URSS) et Tedder (Grande-Bretagne) comme parties contractantes, et les généraux Spaatz (États-Unis) et de Lattre de Tassigny (France), comme témoins.

11- Seule une poignée de journalistes le soutient estimant qu'il n'a fait que son travail. Edward Kennedy expliquera des années après, qu'il avait fait son devoir de journaliste estimant « absurde d'essayer de retenir une information d'une telle importance ». Décédé en 1953, c'est à titre posthume, le 5 mai 2012, que l'agence lui présente ses excuses officielles.

12- « Ça vient », *Combat*, 8 mai 1945.

13- « Radio Ankara raconte l'histoire de la reddition », *L'Aurore*, 8 mai 1945.

14- « Teitgen saisit *France-Soir* et *France-Soir* poursuit Teitgen en abus de pouvoir », *France-Soir*, 9 mai 1945.

15- *Le Populaire*, 9 mai 1945.

16- *L'Humanité*, 8 mai 1945.

LES POCHES DE L'ATLANTIQUE

1- Elle a absolument souhaité venir à Saint-Malo, en souvenir de la ville d'où elle quitta la France lors de la déclaration de guerre en 1939.

NOTES

2- Lee Miller, « Je reviens de Saint-Malo où j'ai vu la population rivaliser de courage avec nos troupes », *Ce Soir*, 1er septembre 1944.

3- Georges Altschuler, « Je suis entré dans Brest, un jour après les Américains », *Combat*, 21 septembre 1944.

4- Expression donnée par *Libé-Soir*, le 17 octobre 1944 dans un article de Georges Rul intitulé « Sans uniformes, sans souliers, sans couvertures, des Français font en Charente-Maritime la guerre oubliée ».

5- François Poli, « En sabots, en loques et sans vivres, les FFI combattent sur le front de Lorient », *Ce Soir*, 29 septembre 1944.

6- *Ce Soir*, 29 septembre 1944.

7- François Caradec, « Je reviens de Saint-Nazaire encore sous la botte allemande », *Front national*, 16 janvier 1945.

8- Le nom d'« empoché » est donné aux civils qui habitent dans les différentes poches de l'Atlantique.

9- J.P. Dariel, « Je suis entré à Royan avec les tirailleurs algériens », *France-Soir*, 17 avril 1945.

10- Paul Métadier, « Le Drame de la destruction de Royan », Conseiller général de la Charente-Maritime, ancien maire de Royan (de 1923 à 1931 et de 1935 à 1939). Initialement il s'agit d'une lettre ouverte destinée à la presse. Mais quelques passages ayant été supprimés dans le journal *Sud-Ouest*, Paul Métadier l'a fait imprimer à son compte pour une diffusion plus large.

11- *Ibid.*

12- Jean Éparvier, « Dans Dunkerque assiégé, l'amiral Frisius avait fait pendre ceux qui parlaient de se rendre », *Le Figaro*, 9 mai 1945. Jean Éparvier est d'autant plus amer qu'il fut le premier reporter de presse occidentale à entrer dans le bunker de Hitler fin avril.

13- Georges Verpraet, « Dans Saint-Nazaire, dernière ville de France libérée », *L'Aube*, 16 mai 1945.

LA RÉSISTANCE COMME ENJEU POLITIQUE

1- Les résultats du sondage sont publiés dans *Libération* du 8 septembre 1944.

2- *Ibid.*

3- *Midi Libre*, 2 novembre 1944.

4- La presse de l'époque utilise systématiquement le chiffre exagéré de 4 500 fusillés.

5- *Midi Libre*, 2 novembre 1944.

6- *Ibid.*

7- *L'Humanité*, 12 novembre 1944.

8- *Ce Soir*, 12 novembre 1944.

9- *Front national*, 12 novembre 1944.

10- Manifestation organisée à l'époque en réponse à la journée du 6 février 1934.

LES CÉLÉBRATIONS PATRIOTIQUES EN 1945

1- *Le Monde*, 14 mai 1945.

2- Le choix de cette militante et résistante communiste, réside dans le fait qu'elle est morte à Auschwitz deux ans plus tôt, le 9 mai 1943, et qu'elle fut la créatrice en 1936, de l'Union des jeunes filles de France, organisation proche des milieux communistes.

3- Il s'agit des auxiliaires féminines de l'armée de terre (AFAT).

4- Ce sont les généraux Kœnig, Montsabert, de Linarès, Billotte, Béthouard et de Larminat.

5- De Gaulle est entouré des généraux Catroux, Juin, Léger et des amiraux d'Argenlieu et Lemonnier.

6- *France-Soir* du 19 juin 1945.

7- *La Marseillaise. Grand hebdomadaire parisien du Front national*, 12 juillet 1945.

8- Jacques Destrée (pseudonyme de Marcel Renet), *Résistance*, 14 juillet 1945.

9- *L'Aube*, 13 juillet 1945.

10- *Ibid.*

11- *Les Dernières Nouvelles d'Alsace*, 16 juillet 1945.

12- *Paris-Presse*, 14 juillet 1945.

13- Jacques Debû-Bridel, *Front national*, 14 juillet 1945.

14- Éditorial « Après la fête » d'Yves Le Dantec, *Ouest-France*, 16 juillet 1945.

15- *L'Express*, mai 1975.

« ORADOUR N'EST PLUS QU'UN CRI »

1- Récit publié dans *Les Lettres françaises*, dans son édition spéciale, diffusée en août 1944, sous le titre « Sur les ruines de la morale ».

2- *Le Midi Libre*, 6 janvier 1945.

3- Poème publié anonymement dans les *Lettres françaises*, en août 1944, sobrement intitulé « Oradour ».

MONTRER ET DÉNONCER LES CRIMES NAZIS

1- « Alarme sur les prisons de France », *Témoignage chrétien*, juillet 1944. L'article parle de 250 Français « abattus comme des chiens ».

2- Les photos du charnier découvert en septembre sont publiées dans la brochure *Atrocité nazies en France*. Au total, les Allemands auraient massacré plus de 600 prisonniers dans la région lyonnaise entre avril et août 1944.

3- Les Allemands apposent une pancarte, avec des fautes d'orthographe, à l'entrée du château, aveu de leur crime : « À la population française. Quoi que ce château servait pour les terroristes comme fortresse et refuge, les troupes d'occupation l'ont conservé considérant que c'est un monument d'un valeur culturel très considérable. Le Commandant. » Photo de l'affiche reproduite dans *Le Mémorial de l'oppression*, avril 1945.

4- *Le Mémorial de l'oppression*, préface d'Yves Farge. Le fascicule 1 de 188 pages est illustré de 69 photographies et plusieurs cartes, il concerne Lyon et ses environs ainsi que l'Ain.

5- Maurice Chérie, « L'exposition des crimes hitlériens », *Le Monde*, 11 juin 1945.

6- « Crimes hitlériens - Grand Palais - Exposition », catalogue de 32 pages, juin 1945.

LA DÉCOUVERTE DES CAMPS NAZIS

1- « Les portes de l'enfer », *Cadran*, juin 1945. Revue britannique distribuée gratuitement à la population française.

2- Jean Bernard, « Préoccupation grave. Au secours des Déportés », *Temps présent*, 22 septembre 1944.

3- Les troupes américaines découvrent le 5 avril 1945, Ohrdruf, camp annexe de Buchenwald, dans lequel les SS avaient massacré les détenus les jours précédents.

4- Elle est composée de 2 membres de la Chambre des Lords et de 8 membres de la Chambre des Communes, de trois membres du Congrès américain, accompagnés d'officiers du QG d'Eisenhower, guidée par le colonel Williams, commandant de l'hôpital où sont transférés les rescapés.

5- « Des parlementaires britanniques à Buchenwald », *Voir*, juin 1945. Magazine américain distribué gratuitement à la population française.

6- L'une des quatre photos illustrant l'article montre Madame Tate, de la Chambre des Communes, sentant des sels parfumés pour l'aider à soutenir l'odeur insupportable.

7- Des extraits de ce rapport sont publiés dans *Le Monde*, 17 mai 1945.

8- *Ibid.*

9- Il s'agit du lieutenant Walter Rosenfeld soldat américain d'origine allemande, né dans une famille juive de Berlin, émigrée aux États-Unis en 1933 à 14 ans. Il avait opté pour la nationalité américaine afin de porter les armes pour faire la guerre au nazisme.

10- Jorge Semprun, *L'Écriture ou la vie*, Paris, Gallimard, coll. « Folioplus classiques », 1994.

11- J.M. Herry, « La vie dans un camp de concentration », *Le Nouvel Alsacien*, 8 mai 1945.

12- « À Birkenau des femmes dansèrent nues pour divertir Hitler », *L'Espoir de Nice*, 30 juin 1945.

13- « Les Portes de l'enfer », *Cadran*, juin 1945.

PREMIERS TÉMOIGNAGES DANS LA PRESSE

1- « Les principaux camps de concentration de la région de Lublin [...] étaient situés à Maidanek, Deblin, Oświeckim, Chelm, Biala, Podlaska, Sabibor et Treblinka. » Article « Au camp de Maidanek on tuait en série », *Ce Soir*, 19 septembre 1944.

2- Simone Téry, « Paulette, rescapée du camp de la mort accuse », *L'Humanité*, 5 avril 1945.

3- Nicolas Denes, « À Birkenau des femmes dansèrent nues pour divertir Hitler », *L'Espoir de Nice*, 30 juin 1945. Il s'agit du témoignage de Mesdames D. Breiner et V. Singer.

4- Publié aux éditions Réalité, Paris, février 1945, d'après les dossiers du Congrès juif mondial (New-York, Paris). La brochure contient un rapport sur Auschwitz, un autre sur Auschwitz, Birkenau et Majdanek, puis de « nouvelles précisions sur les camps de Pologne » et enfin des récits sur Majdanek.

5- Édité par L. Simon, Paris, mai 1945. Il reproduit uniquement le « Rapport sur le camp de concentration de Auschwitz, en Silésie polonaise », suivi d'un extrait de l'interrogatoire d'un membre du parti nazi à propos des « automobiles à gaz » employés pour assassiner les Juifs. Le titre de ce livre fait référence au titre d'un roman de Dostoïevski.

6- Marc Jarblum est un Polonais, membre du mouvement sioniste socialiste, qui émigre en France en 1907. Il est représentant de l'Agence juive pour la Palestine et du Congrès juif mondial pour la France. Membre de la Résistance juive française, il se réfugie en Suisse pour échapper à l'arrestation, d'où il continue ses activités d'entraide y compris avec le Joint.

7- James de Coquet, « Une atrocité allemande. Kleingladbach, le camp de la déchéance », *Le Figaro*, 18 avril 1945. Son texte est repris intégralement dans *Combat du Sud-Est*, du 21 avril. James de Coquet avait déjà publié « À Struthof, le camp des supplices où 20 000 détenus périrent en deux ans », *Le Figaro*, 3 mars 1945.

8- *Le Figaro*, 19 avril 1945.

9- André Marie, député de Seine-Inférieure et ancien ministre, « Buchenwald, enfer nazi », *Patrie*, 6 mai 1945.

10- Albert Machard, « Lui aussi était à Buchenwald. Pendant 6 mois, j'ai dormi sur un banc, la tête dans les mains », *Ouest-France*, 1er mai 1945. Antoine Labussière a été déporté pour avoir aidé des aviateurs alliés. Interné à Compiègne, il part pour Buchenwald dans le convoi du 27 janvier 1944.

11- René Mossu, « Geneviève de Gaulle révèle à *France-Soir* », *France-Soir*, 4 mai 1945.

12- Simone Saint-Clair, « Huit mois dans l'enfer de Ravensbrück », *Le Monde illustré*, 3 août 1945. Elle publie la même année chez Tallandier, *Ravensbrück, l'enfer des femmes*.

13- Il s'agit de Francesc Boix, républicain espagnol interné à Mauthausen qui, affecté au service d'identification du camp chargé des photos d'anthropométrie des déportés, prend toute une série de photos clandestines et récupère celles prises pour les SS, qu'il réussit à cacher jusqu'à la Libération. Ces photos sont publiées en 1945 dans le livre de Paul Tillard, *Mauthausen*, aux Éditions sociales. Ce dernier est aussi journaliste à *Ce Soir*.

14- Le 18 mai 1944, Pierre Kahn-Farelle, organisateur d'un important réseau de faux papiers, est arrêté par la Gestapo. Il passe par la rue des Saussaies, Fresnes, Compiègne, d'où il part, le 2 juillet 1944 pour le camp du Neckar, annexe du Struthof, avant son transfert à Dachau, jusqu'à sa libération en avril 1945.

15- « Le professeur Champy nous parle du monstrueux savant », *L'Époque*, 8 mai 1945. Il s'agit d'Artur Hirt qui effectua des expériences au gaz moutarde sur des détenus du Struthof afin de constituer une collection de crânes et de squelettes à l'Institut anatomique de Strasbourg.

16- *Franc-Tireur*, 3 mai 1945.

17- Germaine Degrond, « Leurs épouses et leurs mères », *Franc-Tireur*, 8 mai 1945.

DES DÉPORTÉS ATYPIQUES

1- Les chiffres et informations sur ces « déportés d'honneur » proviennent majoritairement de Benoît Luc, *Otages d'Hitler*, Paris, Vendémiaire, 2011.

2- Hitler souhaite ce jugement en représailles des procès des collaborateurs effectués par la France Libre, après le débarquement en Afrique du Nord. Le sort de Mandel doit venger la condamnation à mort de Pierre Pucheu, ministre de l'Intérieur de Vichy. En réalité son procès n'aura jamais lieu, Mandel étant exécuté par la Milice en forêt de Fontainebleau, le 7 juillet 1944, à la suite de l'assassinat de Philippe Henriot, ministre de l'Information et de la Propagande, par la Résistance.

3- « Les déportés d'honneur sont rentrés à Paris », *Libé-Soir*, 10 mai 1945.

4- Ils étaient internés dans la « baraque à personnalités » avec l'ancien chancelier autrichien Kurt Schuschnigg et son épouse, l'ancien Premier ministre hongrois Nicholas Kallay, le pasteur allemand Niemöller et le général allemand von Falkenhausen, ancien gouverneur militaire de la Belgique et du Nord de la France, soupçonné d'avoir pris part à l'attentat raté contre Hitler le 20 juillet 1944.

5- Leur retour les conduit à Ratisbonne, au camp de Dachau, puis dans les Dolomites et enfin à Naples d'où ils regagnent Paris par avion.

6- Statut qui désigne « toute personne qui, en raison de sa situation personnelle, de sa réputation ou des fonctions exercées, a été déportée en Allemagne sans qu'aucune action positive de sa part justifie sa déportation ».

7- Sur les 10 députés présents sur la liste des déportés d'honneur, seuls 2 ont voté contre les pleins pouvoirs au maréchal Pétain. Sur les 7 sénateurs, 6 se sont prononcés pour les pleins pouvoirs.

De même que plusieurs des maires, déportés au printemps 1944, avaient été nommés par le gouvernement de Vichy.

8- Sur les 327 déportés ayant obtenu un titre, on compte 159 « déportés politiques » (dont 54 se sont vu refuser celui de « déporté résistant »), 165 « déportés résistants », et seulement 3 n'ayant que celui d'interné.

9- En revanche le chiffre global de personnes internées, sans nécessairement avoir été déplacées, serait de 17 000 Alsaciens et 10 000 Mosellans. Chiffres extraits d'Andréa Thibault, *Les Patriotes résistants à l'Occupation*, Paris, FNDIRP, 1986.

10- Ils sont exclus des indemnités négociées entre la France et la République fédérale allemande en août 1961. Ce n'est qu'en 1993, qu'une indemnisation leur est accordée. À cette date, beaucoup de PRO sont déjà décédés.

11- Chiffres extraits d'Arnaud Bouligny, *Les homosexuel.le.s en France : du bûcher aux camps de la mort. Histoire et mémoire d'une répression*, Paris, Tirésias, 2018.

12- Le texte de loi est ainsi rédigé : « Un homme qui s'adonne à la débauche avec un autre homme, ou qui accepte de s'y adonner, sera condamné à une peine d'emprisonnement. Si l'un des protagonistes était âgé de moins de 21 ans au moment des faits, le tribunal pourra, dans les cas les plus bénins, renoncer à faire appliquer la peine. »

13- Le nombre de déportés « triangle rose » allemands est estimé entre 10 000 et 15 000 dont 53 % meurent en déportation.

14- Cette unique déportation de Tsiganes depuis la France est à l'origine destiné à combler le manque de volontaires français dans le cadre de la Relève instaurée par Vichy. C'est certainement lors de leur arrivée en Allemagne que leur destin se trouve mêlé à celui des Tsiganes de l'Europe centrale et orientale voués à la déportation comme les Juifs.

ENTRAIDE SOCIALE ET POLITIQUE

1- L'allocation d'accueil est de 1 000 francs. Le congé de libération est basé sur le salaire moyen mensuel départemental de la localité où se retire l'intéressé. Il est de 15 jours pour les travailleurs non volontaires et d'un mois pour les deux autres catégories. Les déportés politiques touchent aussi une allocation supplémentaire d'un minimum de 2 000 francs. *Ouest-France*, 21 avril 1945.

2- Nadia Legrand, « Vacances de paix », *Cadran*, septembre 1945 (revue britannique distribuée gratuitement aux Français).

3- *Agenda 1948* de l'Orphelinat national des chemins de fer. Le siège est 19, rue Pierre Sémard, Paris IXe. Le nom de Pierre Sémard, secrétaire de la fédération des cheminots CGT, fusillé comme otage par les Allemands en 1942, a été donné à cette rue de Paris après-guerre.

4- Willy Aksebrad, « Déporté », *Enfantines*, novembre 1946 ; collectif, « Vercors », *Enfantines*, mai 1947 ; Jean Leblond, « Vie de réfugié », *Enfantines*, Cannes, éditions de L'École moderne française, juin 1951.

5- Le COJASOR, créé en 1945 à l'initiative du Joint, va avoir un rayon d'action national.

6- L'OSE est créé en 1912 à Saint-Pétersbourg par des médecins juifs, elle joue un rôle important sous l'Occupation en France dans l'aide et le sauvetage des « enfants cachés ». Sur les 60 000 à 70 000 enfants juifs cachés, l'OSE prend en charge des orphelins juifs à la Libération (2 000 « enfants cachés » et 486 enfants rescapés de Buchenwald) dans 25 maisons d'enfants différentes.

7- L'ORT est créé en 1880 à Saint-Pétersbourg pour venir en aide aux populations juives en difficulté, en les orientant dans les métiers artisanaux, agricoles et industriels. Son antenne française date de 1921. Elle joue un rôle fondamental dans la réinsertion professionnelle des rescapés de la Shoah.

8- Elie Wiesel, *Tous les fleuves vont à la mer... et la mer n'est pas remplie*, Paris, Le Seuil, 1994.

9- Kathy Hazan et Eric Ghozlan, *À la vie ! Les enfants de Buchenwald du shtetl à l'OSE*, Paris, Le Manuscrit, 2005.

10- Il est grand rabbin de Tel Aviv de 1985 à 1993, puis grand rabbin ashkénaze d'Israël, jusqu'en 2003, avant de reprendre sa précédente fonction. Il est président du Mémorial de Yad Vashem depuis 2008.

11- Parmi les 81 enfants, Elie Wiesel écrira ses souvenirs en yiddish qui donneront lieu à *La Nuit*.

12- Seuls une vingtaine des « enfants de Buchenwald » choisissent de demander la nationalité française, les autres vont s'installer sur les cinq continents, dont plus de la moitié en *Eretz Israël*.

UN FLUX DE RÉFUGIÉS SANS PRÉCÉDENT

1- Les chiffres de ce chapitre sont extraits de *Après la Shoah. Rescapés, réfugiés, survivants. 1944-1947*, Paris, éditions du Mémorial de la Shoah, 2016.

2- Selon un article publié dans le *New York Herald Tribune*, le 27 août 1946, le chiffre global de personnes ne voulant pas retourner dans leur pays d'origine est estimé entre 600 000 à 700 000 (350 000 Polonais, 180 000 Baltes, 24 000 Yougoslaves et 60 000 dont la nationalité n'est pas déterminée mais dont la majorité semble ukrainienne).

3- *Combat*, 23 avril 1945.

4- « Les difficultés du rapatriement », *Les Nouvelles du Matin*, 17 mai 1945.

5- Simone Téry, « SOS Dachau », *L'Humanité*, 15 mai 1945.

6- Armand Cuvilier, « Vite ! Sortons-les des camps de la mort », *Ouest-France*, 22 mai 1945.

7- L'annonce avec les ondes et heures d'écoute est donnée par *Le Figaro*, 5 mai 1945.

8- Féline, « Lutetia, palace des bagnards d'honneur », *Libres, organe du Mouvement national des prisonniers de guerre et déportés*, 17 mai 1945.

9- Jérôme Pointu, « Incroyable mais vrai ! Quel accueil ! », *Le Populaire*, 12 avril 1945.

RÉTABLIR LA SOUVERAINETÉ RÉPUBLICAINE

1- Jean-François Muracciole, *La Libération de Paris 19-26 août 1944*, Paris, Tallandier, 2013.

2- Paul Hutin-Desgrées, « Une grande enquête : comment nos lecteurs voient-ils la réforme de nos institutions politiques », *Ouest-France,* 24 février 1945.

3- « Magnifique succès de notre grande enquête : Ce que les Français veulent ? », *Ouest-France*, 21 avril 1945.

FEMMES À LA LIBÉRATION

1- *Ouest-France*, 14 mai 1945.

2- *Cadran*, septembre 1945. Ce mensuel de propagande britannique, rédigé en français, est distribué gratuitement à la population française, de l'été 1944 à la fin 1945.

3- *Combats*, 8 avril 1944.

4- « Du rouet de ma grand-mère à l'urne de 1945 », *Libé-Soir*, 26 novembre 1944.

5- Suzanne Collette-Kahn, *Femme tu vas voter : comment ?*, Paris, La Liberté, 1945. L'auteure, membre de la Ligue des droits de l'homme, est une active militante socialiste qui a créé, en 1930, au sein de la SFIO le Comité national des femmes socialistes.

6- Simone de Beauvoir, *Le Deuxième Sexe*, Paris, Gallimard, 1949.

L'ÉPURATION ENTRE VENGEANCE ET JUSTICE

1- *Défense de la France*, 15 février 1942.

2- L'histoire de cette femme a fait l'objet du livre de Philippe Frétigné et Gérard Leray, *La Tondue 1944-1947*, Paris, Vendémiaire, 2018 ; rééd. Paris, Tallandier, coll. « Texto », 2020.

3- Chiffres extraits de Fabrice Virgili, *La France « virile ». Des femmes tondues à la Libération*, Paris, Payot, 2000 ; rééd. Paris, Payot, coll. « Petite Bibliothèque Payot », 2004.

4- « Tondues en détresse », *Temps présent*, 30 octobre 1944.

5- Fabrice Virgili, *Naître ennemi*, Paris, Payot, 2009. L'historien estime à 100 000 le nombre de ces enfants.

6- « De l'ordre dans les règlements de compte », *Temps présent*, 30 octobre 1944.

L'ÉPURATION LÉGALE

1- « L'Épuration en France », *L'Alsace libérée*, 11 janvier 1945.

2- *Le Parisien libéré*, 2 septembre 1944. La même photo est publiée par *Belgique, le quotidien des Belges de France*, *Combat* et *France Libre*, le 1er septembre 1944. Par erreur, cette photo a souvent été présentée après-guerre comme étant l'internement des Juifs après la rafle du Vél'd'Hiv des 16-17 juillet 1942.

3- François Poli, « À Drancy, on fume des cigarettes américaines », *Ce Soir*, 7 septembre 1944.

4- Chiffres extraits de Jean-Luc Leleu, François Passera, Jean Quellien, *La France pendant la Seconde Guerre mondiale, Atlas historique*, Paris, Fayard, 2010.

5- Jérôme Prieur*, Le Mur de l'Atlantique, monument de la collaboration, op. cit.*

6- Sur cette thèse, lire Annie Lacroix-Riz, *La non-épuration en France, de 1943 aux années 1950*, Malakoff, Dunod, coll. « Dunod poche », 2023.

LES PRISONNIERS DE GUERRE DE L'AXE, UNE MAIN-D'ŒUVRE COMPLÉMENTAIRE

1- Expression employée par Fabien Théofilakis, *Les Prisonniers de guerre allemands. France, 1944-1949*, Paris, Fayard, 2014.
2- Thomas D. Wilson, *Le Déminage en Normandie, 1944-1948*, Nonant, Orep, 2024.
3- Valentin Schneider, *Un million de prisonniers allemands en France, 1944-1948*, Paris, Vendémiaire, 2011.
4- *Ibid.*
5- Fabien Théofilakis, *op. cit.*
6- Thomas D. Wilson, *op. cit.*
7- Alfred Sauvy, « Évaluation des besoins de l'immigration française », *Population,* janvier-mars 1946.
8- Chiffres cités *in* Claude d'Abzac-Epezy, « La France face au rapatriement des prisonniers de guerre allemands », *Guerres mondiales et conflits contemporains*, 2009, pp. 93-108.
9- Thomas D. Wilson, *op. cit.*
10- Fabien Théofilakis, *op. cit.*
11- Chiffres cités *in* Valentin Schneider, *op. cit.*
12- Valentin Schneider, *op. cit.*

MISE AU PAS DE LA RÉSISTANCE

1- Charles de Gaulle, *Mémoires de guerre*, t.1, Paris, Plon, 1954.
2- *Ibid.*
3- « L'homme qui n'a jamais varié. L'homme qui n'a jamais douté », *France Libre*, 17 septembre 1944.
4- *Nord-Matin*, 30 septembre 1944.
5- La Direction générale des services spéciaux (DGSS) est née en octobre 1943 de la fusion du Bureau central de renseignements et d'action (BCRA) de la France Libre et des Services de renseignements d'Alger. La DGSS est dirigée par Jacques Soustelle.
6- Charles de Gaulle, *Mémoires de guerre*, *op. cit.*
7- Serge Ravanel, *L'Esprit de Résistance,* Paris, Le Seuil, 1995.
8- Georges Ravon, « Le général de Gaulle en Normandie », *Le Figaro*, 10 octobre 1944.
9- Chiffres issu l'enquête de l'université de Caen « Mémorial des victimes civiles, Le dénombrement des civils tués au cours des opérations militaires du 6 juin au 31 décembre 1944 en Normandie ».
10- La Vierge Marie est la patronne principale depuis la décision de Pie XI, le 2 mars 1922.
11- « Acclamez le Chef », *Liberté de Normandie*, 8 octobre 1944.

RÉAFFIRMER L'UNITÉ DE LA FRANCE

1- Les départements d'Alsace et Moselle sont devenus allemands après la défaite de 1871 puis reconquis par la France après la défaite allemande de 1918.
2- De Gaulle assiste à la messe de minuit dans l'église d'Erstein et se rend le lendemain à Sainte-Marie-aux-Mines.
3- Charles de Gaulle, *Mémoires de guerre*, *op. cit.*
4- *Combat du Sud-Est*, 10 avril 1945.
5- Sont admis à voter à Tende les personnes domiciliées avant 1930 et les descendants des familles ayant conservé des biens dans la localité et à La Brigue les personnes domiciliées avant la déclaration de guerre.
6- Mario Brun, « Le 10 juillet, les troupes françaises devront évacuer Tende et La Brigue », *Combat du Sud-Est*, 30 juin 1945.
7- *Ibid.*
8- Les autres villes sont Grenoble, Paris, Vassieux-en-Vercors et l'île de Sein.
9- Les 48 otages sont fusillés à Nantes, Châteaubriant et Paris, après l'assassinat de Karl Hotz, Feldkommandant de la ville, par un commando de 3 résistants communistes venus de Paris.
10- *Ouest-France*, 15 janvier 1945.

NOTES

11- Pierre Cressard, « Pour saluer le général de Gaulle, la Normandie avait semé dans ses ruines, des drapeaux, des fleurs et des Vivats ! », *Ouest-France*, 11 juin 1945.

12- La ville est surnommée « capitale des ruines ».

13- P. O. Martin, « Le général de Gaulle rend visite aux villes normandes », *Patrie*, 13 juin 1945.

14- Charles de Gaulle, *Mémoires de guerre*, t.3, Paris, Plon, 1954.

HÉROÏSATION DE LA RÉSISTANCE

1- Éditorial de *Combat*, 27 décembre 1944.

2- Jean-Pierre Besse, Thomas Pouty, *Les Fusillés. Répressions et exécutions pendant l'Occupation*, Ivry-sur-Seine, Éditions de l'Atelier, 2006.

3- *L'Humanité*, 26 août 1944.

4- Tous ces déportés ne sont pas des résistants, le chiffre global se décomposant en trois catégories : 56 % sont des membres de la Résistance organisée (réseaux, mouvements et maquis), 21 % sont des personnes de la Résistance civile (réfractaires du STO, opinions et comportements antiallemands, aide aux personnes pourchassées et aux pilotes alliés, écoute de la BBC, etc.), et enfin 23 % sont des personnes non résistantes (principalement des otages victimes de rafles pour 50 %, des délinquants de droit commun pour 22 %, des détenteurs d'armes de chasse pour 13 %, des communistes non résistants, des Juifs, des collaborateurs en délicatesse avec l'Occupant, etc.)

5- *Ce Soir*, 8 octobre 1944.

6- *La Marseillaise*, 10 mai 1945.

7- *Ce Soir*, 20 octobre 1944.

8- L'initiative en revient à la société des amis de Georges Mandel, dont les dirigeants sont Winston Churchill, Michel Clemenceau, le général Catroux et André Diethelm, ministre de la Guerre.

9- « Contre ces bastilles : les trusts », article de l'hebdomadaire communiste *La Marseillaise*, 12 juillet 1945.

10- Image éditée par le mouvement de libération nationale de Limoges au profit des œuvres d'entraide sociale (fusillés, déportés).

11- Publicité publiée dans *France-Soir* le 22 novembre 1944. Chaque date est illustrée par un dessin : le bonnet phrygien, Adolphe Thiers, Georges Clemenceau, Charles de Gaulle.

12- En complément du film, commandé par la commission militaire du Conseil national de la Résistance, existe une brochure, *R5 au cœur de la France un champ de bataille secret où périrent dix mille Allemands*, publiée début 1945, dans laquelle sont présentées différentes scènes du film en photos dont celles avec Guingouin.

13- *Le Point*, n° 31, mars 1945. La revue est créée en 1936 par l'amateur d'art Pierre Betz.

14- Publicité publiée dans *France-Soir*, 18 avril 1945.

LE « BLANCHIMENT » DE L'ARMÉE FRANÇAISE

1- Parmi eux se trouvent des métropolitains ayant fui la France par l'Espagne pour éviter le STO, parfois après avoir passé plusieurs mois dans les camps franquistes ; des Juifs d'Afrique du Nord persécutés par le régime de Vichy ; des « rouges » républicains espagnols ; des communistes et antifascistes de diverses nationalités souvent récemment libérés des prisons et bagnes vichystes d'Afrique du Nord.

2- Jean-François Muracciole, *La Libération de Paris 19-26 août 1944*, Paris, Tallandier, 2014.

3- Ce soldat d'origine sénégalaise est né à Versailles en 1923. Fils, neveu et petit-neveu d'officiers français d'origine africaine, il est engagé volontaire à 19 ans dans les FFL.

4- Une fois accompagnant un soldat allemand fait prisonnier, puis assis sur un char pris à l'ennemi et enfin porté par deux camarades, le bras blessé.

5- Frantz Malassis et Éric Lafon, « Dukson, un oublié de l'Histoire de la Libération », *La Lettre de la fondation de la Résistance*, n° 56, mars 2009.

6- De retour à la vie civile, il réquisitionne un garage déserté par l'occupant, s'adonne au marché noir et à de nombreux vols. Arrêté par des FFI, il s'évade du convoi qui l'emmène à la prison du Mont-Valérien. Il reçoit une balle dans la cuisse. Malgré une opération, à 22 ans, il succombe à sa blessure à l'hôpital Marmottan, le 11 novembre 1944.

7- Pierre Voisin, « Un tour de force sans précédent dans l'histoire des armées modernes. Le Blanchiment de la 9e DIC », *Patrie*, 14 avril 1945. Pierre Voisin obtiendra le prix Albert Londres en 1948.

8- Crainte réelle dont l'avenir leur donnera raison dans les combats pour les droits civiques post Seconde Guerre mondiale aux États-Unis

9- Il faudra attendre 2012 pour qu'un président de la République française, en la personne de François Hollande, reconnaisse officiellement le massacre de Thiaroye, évoquant une « part d'ombre de notre histoire ». Même si son discours maintient la version « officielle » de 35 soldats tués.

DE L'EMPIRE FRANÇAIS À L'UNION FRANÇAISE

1- La Ligue arabe est créée le 22 mars 1945 au Caire. Les 6 membres fondateurs sont l'Égypte, l'Arabie saoudite, l'Irak, la Jordanie, le Liban et la Syrie. L'association vise à affirmer l'unité de la « nation » arabe et l'indépendance de chacun de ses membres.

2- « Une interview du chef du gouvernement syrien », *Front National*, 21 juillet 1945. Le Premier ministre est Farès al-Khoury.

3- *J*, 1er juillet 1945. Le journaliste René J. Catelot conclut son reportage en trouvant « fâcheux, que dans toute cette affaire, nous ayons constamment paru négliger un intérêt primordial, celui des peuples de ces régions qui ont pourtant leur mot à dire ! »

4- En réalité, les dernières troupes quittent définitivement la Syrie en avril.

5- *Ouest-France*, 15 mai 1945.

6- Les sources diffèrent toujours entre historiens pour donner un chiffre plus précis.

7- « Donnez du pain et non des bombes ! Arrêter les Vichystes ! », *L'Humanité*, 15 mai 1945.

8- « Sur les problèmes algériens, *Combat* outre-mer précise sa position », *Combat du Sud-Ouest*, 2 juin 1945.

9- La dernière séance se tient le 29 mai 1958. Élus en novembre 1947, les conseillers de l'Union française désignés par l'Assemblée nationale et le Sénat sont renouvelés en juillet 1952. Ceux issus des territoires d'outre-mer et des États associés le sont en 1953.

L'INDOCHINE DANS LA TOURMENTE

1- Colonel F. Bernard, « Le destin de l'Indochine », *Le Figaro*, 12 août 1945.

2- Nicolas Bernard, *La Guerre du Pacifique, 1941-1945*, Paris, Tallandier, 2016.

3- Tract bilingue « Compatriotes annamites », décembre 1945.

4- Le chiffre de 6 000 victimes civiles lors de ce bombardement est toujours en débat parmi les historiens. Le Viêt-minh évoque à l'époque 20 000 morts.

5- La bataille de Hanoï, qui se déroule du 19 décembre 1946 au 18 février 1947, est le premier engagement militaire de la guerre d'Indochine. L'offensive est lancée par Hô Chi Minh afin de libérer Hanoï de la présence française.

6- Pierre Daum, *Immigrés de force, les travailleurs indochinois en France (1939-1952)*, Arles, Actes Sud, 2009.

SIGMARINGEN : VICHY-SUR-DANUBE

1- Les ministres présents sont Jean Bichelonne (Production industrielle), Abel Bonnard (Éducation nationale), Raymond Grasset (Santé), Paul Marion (secrétaire d'État auprès du chef du gouvernement), Pierre Mathé (Agriculture) et Maurice Gabolde (Justice).

2- Louis-Ferdinand Céline, *D'un château l'autre*, Paris, Gallimard, 1957.

3- André Hambourg, « Halte au château des traîtres. Sigmaringen où flotte aujourd'hui notre drapeau victorieux », *Patrie*, 6 mai 1945.

LES ZONES D'OCCUPATION ALLIÉES

1- Nom donné à un ensemble de quatre documents, publiés à Berlin, le 5 juin 1945, par lesquels les quatre puissances alliées victorieuses du IIIe Reich définissent le régime d'occupation auquel l'Allemagne est soumise.

2- Organisme créé lors de la conférence de Moscou d'octobre 1943 pour définir à long terme les actions communes des Trois Grands en Europe après la guerre.

3- C'est-à-dire la Rhénanie-Palatinat, le Württemberg-Hohenzollern, le Bade et la Sarre. Cette dernière est détachée de la ZFO, en décembre 1946, pour intégrer le territoire douanier français.

NOTES

4- « À Baden-Baden, capitale militaire, tous les Français portent un uniforme », *Combat,* 29 juillet 1945.

5- *Patrie,* 29 juillet 1945.

6- *Patrie,* 31 juillet 1945.

TENTATIVES DE GUÉRILLAS CONTRE FRANCO

1- Organisation créée par le Parti communiste français dans les années 1930.

2- L'UNE est une organisation créée en France en 1942 par les dirigeants du Parti communiste espagnol (PCE) dans le but de rassembler largement sous sa direction les réfugiés espagnols.

3- L'Agrupacion de Guerilleros Espanoles (AGE) est le nom donné par l'UNE aux groupes de résistants armés qu'elle constitua en France sous l'Occupation.

4- Maurice Felut, « Troubles en catalogne », *Défense de la France*, 22 octobre 1944.

5- Paul Bodin, « J'ai vu en Haute-Catalogne les premières cités libérées par les Guérilleros », *Combat*, 4 novembre 1944.

6- Ces habitants ne sont autorisés à revenir dans leurs foyers qu'en 1946.

7- « Où va l'Espagne ? », *Liberté de Normandie*, 17 mai 1945.

8- La Phalange est l'organisation politique espagnole nationaliste d'obédience fascisante, fondée en 1933 par José Antonio Primo de Rivera, intégrée au régime franquiste après la victoire de Franco en 1939.

9- Cette décision s'appuie sur un souhait soutenu par la France, lors de la conférence de San-Francisco, en juin 1945.

10- Accords de Potsdam, 2 août 1945.

11- *Patrie*, 6 août 1945.

12- *Ibid.*

13- Cristino Garcia Granda s'est illustré, après le débarquement de Provence, par la libération de Foix et la bataille de La Madeleine dans le Gard, le 25 août 1944, avec le harcèlement des troupes allemandes lors de leur évacuation du sud-est de la France. À partir d'avril 1945, il dirige un groupe de guérilleros clandestins à Madrid et ses environs, jusqu'à son arrestation en janvier 1946. Malgré une protestation internationale, dont un télégramme de Charles de Gaulle, il est fusillé le 21 février. Selon les sources, ce jour-là, ce sont entre 10 et 14 opposants au régime franquiste qui sont exécutés.

LES BOMBES ATOMIQUES

1- « Une petite formation de B-29 a survolé Hiroshima hier matin, peu après huit heures, et a lancé un faible nombre de bombes. À la suite de ce raid, un nombre considérable de maisons furent réduites en cendres et des incendies ont éclaté dans différentes parties de la ville. Ce type nouveau de projectile est soutenu par un parachute et il semble exploser en l'air. Une enquête est en cours sur l'efficacité de cette bombe qui ne doit pas être considérée comme de faible puissance. » Barthélémy Courmont, *Le Japon de Hiroshima, L'abîme et la résilience*, Paris, Vendémiaire, 2015.

2- Lettre du docteur Yoshio Nishina à l'un de ses collègues. Barthélémy Courmont, *Le Japon de Hiroshima*, *op. cit.*

3- Rapport du général Seizo Arisue, 8 août 1945. Barthélémy Courmont, *Le Japon de Hiroshima*, *op. cit.*

4- « La première bombe atomique a été lancée sur le Japon », *L'Aube*, 7 août 1945.

5- *Combat*, 8 août 1945.

6- À partir de 1949 sont découverts chez les survivants situés à 1,5 km de l'épicentre, un taux de leucémie atteignant 356 cas pour 100 000 habitants, au-delà de la moyenne de 19,5 cas pour 100 000 habitants. Leucémies déclenchant ensuite des formes variées de cancers.

7- 314 118 à Hiroshima et 179 226 à Nagasaki, selon les chiffres fournis en 2018 par les mémoriaux des deux villes.

8- Unité militaire japonaise de recherche sur les armes bactériologiques et chimiques.

9- À cette date, les services de censure ont contrôlé 26 000 journaux, 3 800 publications d'agence de presse, 23 000 retranscriptions d'émissions radiophoniques, 5 700 bulletins imprimés, 4 000 magazines, 1 800 livres, 330 millions d'envois postaux et 800 000 conversations téléphoniques. Barthélémy Courmont, *Le Japon de Hiroshima*, *op. cit.*

PILLAGE ET SPOLIATION DES ŒUVRES D'ART

1- *Ce Soir*, 9 septembre 1944.

2- *Front national*, 11 novembre 1944.

3- *Front national*, 11 novembre 1944.

LA RECONSTRUCTION EN FRANCE

1- R. M. Romi, « À travers les provinces françaises meurtries », *Belgique*, 7 octobre 1944.

2- Francis Roques, interview à Rouen de Pierre Bourdeau de Fontenay, Commissaire régional de la République, « La Normandie martyre espère en son avenir », *Le Parisien*, 19 novembre 1944.

3- Dans le Calvados, il y a 26 associations à base cantonales et 6 sociétés coopératives spécialisées, comme celle pour la reconstruction de l'habitat rural ou celle pour la reconstruction des églises.

4- Raymond Laubier, « La reconstruction gâchée », *La France au combat*, 26 décembre 1946.

5- Tels ces 13 km de draps envoyés dans le Calvados par la ville de Carmaux dans le Tarn pour confectionner des habits ou les 2 000 kg de légumes secs, les 1 000 couvertures et les 585 440 francs expédiés depuis le Gers.

6- Raoul Dautry, *Ambiance*, 31 octobre 1945. Le message du ministre est en tête d'une double page du magazine intitulé « Les sinistrés auront-ils un toit cet hiver ? », par Clara Candiani.

7- « Problèmes français, solutions françaises », discours de Rouen prononcé par Maurice Thorez, secrétaire général du Parti communiste français, 4 août 1946, édité par la fédération de la Seine-Inférieure du Parti communiste français.

LES PROCÈS DE NUREMBERG ET DE TOKYO

1- Robert Borel, « Le crime de génocide, principe nouveau de droit international », *Le Monde*, 5 décembre 1945.

2- Raphaël Lemkin, *Axis Rule in Occupied Europe*, publiée en 1944 par la Fondation Carnegie pour la paix internationale.

3- Discours inaugural du juge britannique Geoffrey Lawrence.

4- Les camps d'extermination sont plutôt qualifiés aujourd'hui de centres de mise à mort.

5- L'URSS juge des Japonais responsables de ces armes bactériologiques en 1949, afin de dénoncer les atrocités commises autant que, guerre froide oblige, pour dénoncer le silence américain de 1945 sur ces armes et se rapprocher de la Chine en vengeant les cobayes majoritairement chinois.

6- URSS, États-Unis, Royaume-Uni, France, Australie, Chine, Inde, Nouvelle-Zélande, Philippines, Pays-Bas et Canada.

7- Les anciens Premiers ministres Tojo, Hirota, Doihara, Matsui, Muto, le général Heitaro Kimura et l'ancien ministre de la Guerre Seishiro Itagaki.

TABLE DES SIGLES

AFAT : Arme féminine de l'armée de terre.

AMGOT : Allied Military Government of Occupied Territories (Gouvernement allié des territoires occupés).

BBC : British Broadcasting Corporation (radio britannique).

CFLN : Comité français de libération nationale.

CICR : Comité international de la Croix-Rouge.

CNR : Conseil national de la Résistance.

COSI : Comité ouvrier de secours immédiat.

COSOR : Comité des œuvres sociales des organisations de Résistance.

DB : Division blindée.

DDT : Dichlorodiphényltrichloroéthane (produit chimique insecticide et acaricide).

DFL : Division française libre.

DI : Division d'infanterie.

DIC : Division d'infanterie coloniale.

DMI : Division de marche d'infanterie.

DMR : Délégué militaire régional.

DUKW : véhicule amphibie américain dont le nom provient de la terminologie militaire (D : 1942, année de première fabrication/U : véhicule amphibie/K : toutes les roues sont motrices/W : deux essieux moteurs à l'arrière).

FFA : Forces françaises d'occupation en Allemagne.

FFI : Forces française de l'intérieur.

FFO : Forces françaises de l'ouest.

FNDIR : Fédération nationale des déportés et internés de la Résistance.

FNDIRP : Fédération nationale des déportés et internés résistants et patriotes.

FTP : Francs-tireurs et partisans.

FTP-MOI : Franc-tireur et partisans – Main-d'œuvre immigrée.

GI : Government Issue (surnom donné aux soldats de l'armée des États-Unis d'Amérique).

GPRF : Gouvernement provisoire de la République française.

LCA : Landing Craft Assaut (péniche de débarquement d'assaut).

LCI : Landing Craft Infantry (péniche de débarquement pour troupes d'infanterie).

LSI : Landing Ship Infantry (navire de transport de troupes d'infanterie).

LST : Landing Ship Transport (navire de transport de matériel militaire).

LVF : Légion des volontaires français contre le bolchevisme.

MMAA : Mission militaire aux affaires allemandes.

MMLA : Mission militaire de liaison administrative.

MRP : Mouvement républicain populaire.

MRU : Ministère de la Reconstruction et de l'Urbanisme.

NKVD : Commissariat du peuple aux affaires intérieures.

NBS : Normandy Base Section.

OKW : Oberkommando der Wehrmacht (haut commandement de la Wehrmacht).

ONU : Organisation des Nations unies.

OTAN : Organisation du traité de l'Atlantique Nord.

TABLE DES SIGLES

PC ou PCF : Parti communiste français.

PFAT : Personnel féminin de l'armée de terre.

PK : Propaganda Kompagnie (compagnie de propagande allemande).

PLUTO : Pipeline under the ocean (pipe-line sous l'océan).

PPF : Parti populaire français.

PWD : Psychological Warfare Division (division de guerre psychologique).

PWTE : Prisoners of War Temporary Enclosures (camps de prisonniers temporaires).

RNP : Rassemblement national populaire.

SAS : Special Air Service.

SFIO : Section française de l'Internationale ouvrière.

SHAEF : Supreme Headquarters Allied Expeditionary Force (commandement suprême des forces expéditionnaires alliées).

SIPEG : Service interministériel de protection contre les événements de guerre.

STO : Service du travail obligatoire.

TOA : Troupes d'occupation en Allemagne.

TMI : Tribunal militaire international.

UFF : Union des femmes françaises.

UNADIF : Union nationale des associations de déportés, internés et familles de disparus.

UNRRA : United Nations Relief and Rehabilitation Administration (administration des Nations unies pour le secours et la reconstruction).

USSTAF : US Strategic Air Forces in Europe (force stratégique aérienne américaine en Europe).

ZFO : Zone française d'occupation en Allemagne et en Autriche.

BIBLIOGRAPHIE INDICATIVE

John BARZMAN, Corinne BOUILLOT et Andrew KNAPP (dir.), *Bombardements 1944. Le Havre, Normandie, France, Europe*, Mont-Saint-Aignan, Presses universitaires de Rouen et du Havre, 2016.

Anthony BEEVOR, *La Chute de Berlin*, Paris, De Fallois, 2002.

Anthony BEEVOR, *D-Day et la bataille de Normandie*, Paris, Calmann-Lévy, 2009.

Nicolas BERNARD, *La Guerre du Pacifique. 1941-1945*, Paris, Tallandier, 2016.

Serge BLANCKAERT, *Dunkerque 1944-45. Du débarquement à la résurrection*, Lille, La Voix du Nord, 1995.

Michel BOIVIN, *Les Manchois dans la tourmente de la Seconde Guerre mondiale, t. 5 La Libération,* Marigny-le-Lozon, Eurocibles, 2004.

Arnaud BOULLIGNY, *Les homosexuel.le.s en France : du bûcher aux camps de la mort. Histoire et mémoire d'une répression*, Paris, Tirésias, 2018.

Christophe CASTELLANO et Henri MELICH, *Guérilleros, France 1944. Une contre-enquête*, Paris, Spartacus, 2020.

Jean-Paul COINTET, *Sigmaringen*, Paris, Perrin, 2003.

Barthélémy COURMONT, *Le Japon de Hiroshima. L'abîme et la résilience*, Paris, Vendémiaire, 2015.

Pierre DAUM, *Immigrés de force, les travailleurs indochinois en France (1939-1952)*, Arles, Actes Sud, 2009.

Antonin DEHAYS, *Combattre et mourir en Normandie*, Nonant, Orep, 2016.

Rémy DESQUESNES, *Les Poches de résistance allemande sur le littoral français. Août 1944-mai 1945,* Rennes, Ouest-France, 2011.

Dwight EISENHOWER, *Croisade en Europe*, Paris, Nouveau Monde, 2013.

Jean-Charles FOUCRIER, *La Stratégie de la destruction. Bombardements alliés en France, 1944*, Paris, Vendémiaire, 2017.

Philippe HANUS, Rémi KORMAN, RÉSEAU MEMORHA, *Prendre le maquis. Traces, Histoires, Mémoires,* Lyon, Libel, 2016.

Kathy HAZAN et Eric GHOZLAN, *À la vie ! Les Enfants de Buchenwald du shtetl à l'OSE,* Paris, Le Manuscrit, 2005.

Claude HETTIER DE BOISLAMBERT, *Les Fers de l'espoir*, Paris, Plon, 1977.

Stéphane LAMACHE, *La Normandie américaine*, Paris, Larousse, 2010.

Jean-Luc LELEU, *Combattre en dictature. 1944 – La Wehrmacht face au Débarquement*, Paris, Perrin, 2022.

Jean-Luc LELEU, François PASSERA, Jean QUELLIEN, *La France pendant la Seconde Guerre mondiale, Atlas historique*, Paris, Fayard, 2010.

Christine LEVISSE-TOUZÉ (dir.), *Libérer Paris août 1944*, Rennes, Ouest-France, 2014.

Benoît LUC, *Otages d'Hitler*, Paris, Vendémiaire, 2011.

Jean-François MURACCIOLE, *La Libération de Paris 19-26 août 1944*, Paris, Tallandier, 2013.

Olivier PIGOREAU, 1944. *L'Été chaud des collabos. Sur le front de Normandie et dans les rues de Paris*, Paris, Histoire et collection, 2014.

Emmanuelle POLLACK, *Le Marché de l'art sous l'Occupation : 1940-1944,* Paris, Tallandier, 2019.

Jérôme PRIEUR, *Le Mur de l'Atlantique, monument de la collaboration*, Paris, Points, coll. « Points Histoire », 2017.

Jean QUELLIEN, *Le Calvados dans la guerre. 1939-1945*, Nonant, Orep, 2017.

Benoît RONDEAU, *Invasion ! Le Débarquement vécu par les Allemands*, Paris, Tallandier, 2014.

Henri ROUSSO, *Un château en Allemagne : la France de Pétain en exil, Sigmaringen 1944-1945*, Paris, Arthème-Fayard, coll. « Pluriel », 2012.

Valentin SCHNEIDER, *Un million de prisonniers allemands en France, 1944-1948,* Paris, Vendémiaire, 2011.

Jean-Charles STASI, *Le Vol de la Tapisserie de Bayeux. L'incroyable projet des Nazis*, Paris, Tallandier, 2018.

BIBLIOGRAPHIE INDICATIVE

Fabien THÉOFILAKIS, *Les Prisonniers de guerre allemands. France, 1944-1949,* Paris, Fayard, 2014.

Andréa THIBAULT, *Les Patriotes résistant à l'Occupation*, Paris, FNDIRP, 1986.

Emmanuel THIÉBOT, *Réconciliation par-dessus les tombes. Les cimetières militaires de la bataille de Normandie*, Niestetal, Volksbund Deutsche Kriegsgräberfürsorge e. V., 2005.

Fabrice VIRGILI, *La France « virile ». Des femmes tondues à la Libération*, Paris, Payot, 2000.

Fabrice VIRGILI, *Naître ennemi*, Paris, Payot, 2009.

Olivier WIEVIORKA, *Histoire du Débarquement en Normandie des origines à la libération de Paris 1941-1944*, Paris, Le Seuil, 2007.

Olivier WIEVIORKA, *Histoire de la Résistance 1940-1945*, Paris, Perrin, 2013.

CRÉDITS ICONOGRAPHIQUES

Malgré nos recherches, certains auteurs des documents présentés dans ce livre n'ont pu être identifiés.

Le second front : © Collection auteur ; *L'Amérique en guerre*, 1943 • Les enseignements des débarquement alliés précédents : © AKG Images, 1944 ; photographe inconnu (DR) • Le mur de l'Atlantique : © Collection auteur ; W. Preifs (DR) • Les bombardements alliés en Europe : © Collection auteur ; *Toute la vie*, 1944 ; photo Serge (DR) • De Gaulle contre l'AMGOT : © Collection auteur • D-Day : © Collection auteur ; *Voir n° 4*, 1944 ; photo de l'Office d'information de guerre américain • Les ports artificiels : © Collection auteur ; *La Bataille de France*, 1944 ; photos de l'Office d'information de guerre américain • Une incroyable logistique : © Collection auteur ; *Voir n° 18*, 1944 ; photo de l'Office d'information de guerre américain • Propagande vichyste et collaborationniste : © Collection auteur • Combativité et endoctrinement du soldat allemand : © Collection auteur ; *Front und Heimat*, 1944 • Le soldat face à la mort : © Collection auteur ; *La Bataille de France*, 1944 ; photo de l'Office d'information de guerre américain • Les cimetières militaires alliés et allemands : © Collection auteur ; *La Vie catholique illustrée*, 1946 ; photographe inconnu (DR) • Commémorer le 6 juin 1944 : © Collection auteur ; Legoubey, éditeur de cartes postales • La Résistance dans les combats de la Libération : © Collection auteur ; *Au service de la victoire*, 1945 ; photographe inconnu (DR) ; dessins de Mab (DR) • La libération de Paris : © Collection auteur ; *Les éditions et revues françaises*, 1944 ; dessin de René Bantonne • Les armes secrètes allemandes : © Collection auteur ; *Entente*, 1945 ; photographe inconnu (DR) • « Qui n'a pas son libérateur ? » : © Collection auteur ; dessinateur inconnu (DR) • L'opération Bagration : © Sovfoto/UIG/Bridgeman Images • Les civils et l'Armée rouge : © Collection auteur ; *Cavalcade*, 1945 ; photographe inconnu (DR) • La guerre psychologique : © Collection auteur (DR) • Opération terre brûlée en Allemagne : Membres des Jeunesses hitlériennes à vélo, 1945, Allemagne, Berlin, BPK ; © GrandPalaisRmn/image BPK • La capitulation allemande : © Collection auteur ; *La Voix de l'Ouest*, 1945 ; photographe inconnu (DR) • Les poches de l'Atlantique : © Collection auteur ; *J – Le jeune combattant magazine*, 1945 ; André Sartres (DR) • La Résistance comme enjeu politique : © Collection auteur ; *Front national*, 1944 ; photos l'*Humanité* • Les célébrations patriotiques en 1945 : © Collection auteur ; *Libé-soir*, 1945 ; dessinateur inconnu (DR) •« Oradour n'est plus qu'un cri » : © Collection auteur ; dessinateur inconnu (DR) • Montrer et dénoncer les crimes nazis : © Collection auteur ; Gibel (DR) • La découverte des camps nazis : © Collection auteur ; photo de l'Office d'information de guerre américain • Premiers témoignages dans la presse : © Collection auteur ; *Libération*, 1945 ; photographe inconnu (DR) • Des déportés atypiques : © Collection auteur • Entraide sociale et politique : © Collection auteur ; dessin de Jean Stetten-Bernard (DR) • Un flux de réfugiés sans précédent : © Collection auteur ; *Le Monde illustré*, 1945 ; photographe inconnu (DR) • Rétablir la souveraineté républicaine : © Collection auteur ; Galina B. (DR) • Femmes à la Libération : © Collection auteur • L'Épuration entre vengeance et justice : © Collection auteur ; *Ce Soir*, 1944 ; photographe inconnu (DR) • L'Épuration légale : © Collection auteur ; *L'Aube*, 1945 ; photographe inconnu (DR) • Les prisonniers de guerre de l'Axe, une main-d'œuvre complémentaire : © Collection auteur • Mise au pas de la Résistance : © Collection auteur ; photographe inconnu (DR) • Réaffirmer l'unité de la France : © Collection auteur ; *Combat*, 1948 ; photos Paul Louis, Constantin, Ch Laugiery (DR) • Héroïsation de la Résistance : © Collection auteur ; dessin de Ed. Guod (DR) • Le « blanchiment » de l'armée française : © Collection auteur ; dessinateur inconnu (DR) • De l'Empire français à l'Union française : © Collection auteur • L'Indochine dans la tourmente : © Collection auteur ; dessinateur inconnu (DR) • Sigmaringen : Vichy-sur-Danube : « Les Méchants n'échaperont pas à la justice », Union soviétique, 1944 ; © AKG Images/dessinateur Efim Resnikow (DR) • Les zones d'occupation alliées : © Collection auteur ; cartographe inconnu (DR) • Tentatives de guérillas contre Franco : © Collection auteur ; *Point de vue*, 1945 ; photographe inconnu (DR) • Les bombes atomiques : © Musée du mémorial de guerre d'Auckland • Pillage et spoliation des œuvres d'art : © Collection auteur ; photographe inconnu (DR) • La Reconstruction en France : © photographe inconnu (DR) • Les procès de Nuremberg et de Tokyo : © Collection auteur ; photo A.F.P./service de presse du ministère français de l'Information.

La numérisation des images issues de la collection de l'auteur a été réalisée par Patrick Duchesne.

DU MÊME AUTEUR

La Seconde Guerre mondiale, Mémorial de Caen, 2003
Chronique de la vie des Français sous l'Occupation, Larousse, 2011
Croquer la France en guerre, Armand Colin, 2014
Chroniques du Débarquement et de la Libération, Larousse, 2014
(Avec Isabelle Bournier) *Les Plages du Débarquement*, Gisserot, 2016
Connaissez-vous vraiment la Seconde Guerre mondiale ? Armand Colin, 2019
La Vie des Français sous l'Occupation, Larousse, 2020
Propaganda Hitler, du « sauveur » au monstre, les 1 000 visages du führer, Armand Colin, 2022